Die unbekannteren Göttinnen

Aspekte der Freya, der Frigg, der Sif, der Skadi und der Gerdr sowie eigenständige Göttinnen

Band 29 der Reihe „Die Götter der Germanen"

Bücher von Harry Eilenstein:

- Astrologie (496 S.)
- Photo-Astrologie (428 S.)
- Horoskop und Seele (120 S.)
- Tarot (104 S.)
- Handbuch für Zauberlehrlinge (408 S.)
- Physik und Magie (184 S.)
- Der Lebenskraftkörper (230 S.)
- Die Chakren (100 S.)
- Meditation (140 S.)
- Reinkarnation (156 S.)
- Drachenfeuer (124 S.)
- Krafttiere – Tiergöttinnen – Tiertänze (112 S.)
- Schwitzhütten (524 S.)
- Totempfähle (440 S.)
- Muttergöttin und Schamanen (168 S.)
- Göbekli Tepe (472 S.)
- Hathor und Re 1: Götter und Mythen im Alten Ägypten (432 S.)
- Hathor und Re 2: Die altägyptische Religion – Ursprünge, Kult und Magie (396 S.)
- Isis (508 S.)
- Die Entwicklung der indogermanischen Religionen (700 S.)
- Wurzeln und Zweige der indogermanischen Religion (224 S.)
- Der Kessel von Gundestrup (220 S.)
- Der Chiemsee-Kessel (76 S.)
- Cernunnos (690 S.)
- Christus (60 S.)
- Odin (300 S.)
- Die Götter der Germanen (Band 1 – 80)
- Dakini (80 S.)
- Kursus der praktischen Kabbala (150 S.)
- Eltern der Erde (450 S.)
- Blüten des Lebensbaumes 1: Die Struktur des kabbalistischen Lebensbaumes (370 S.)
- Blüten des Lebensbaumes 2: Der kabbalistische Lebensbaum als Forschungshilfsmittel (580 S.)
- Blüten des Lebensbaumes 3: Der kabbalistische Lebensbaum als spirituelle Landkarte (520 S.)
- Über die Freude (100 S.)
- Das Geheimnis des inneren Friedens (252 S.)
- Von innerer Fülle zu äußerem Gedeihen (52 S.)
- Das Beziehungsmandala (52 S.)
- Die Symbolik der Krankheiten (76 S.)

- König Athelstan (104 S.)

Kontakt: www.HarryEilenstein.de / Harry.Eilenstein@web.de

Herstellung und Verlag: Books on Demand GmbH, Norderstedt   **ISBN:** 9783744890328

Die Themen der einzelnen Bände der Reihe „Die Götter der Germanen"

1. Die Entwicklung der germanischen Religion
2. Lexikon der germanischen Religion

3. Der ursprüngliche Göttervater Tyr
4. Tyr in der Unterwelt: der Schmied Wieland
5. Tyr in der Unterwelt: der Riesenkönig   Teil 1
6. Tyr in der Unterwelt: der Riesenkönig   Teil 2
7. Tyr in der Unterwelt: der Zwergenkönig
8. Der Himmelswächter Heimdall
9. Der Sommergott Baldur
10. Der Meeresgott: Ägir, Hler und Njörd
11. Der Eibengott Ullr
12. Die Zwillingsgötter Alcis
13. Der neue Göttervater Odin   Teil 1
14. Der neue Göttervater Odin   Teil 2
15. Der Fruchtbarkeitsgott Freyr
16. Der Chaos-Gott Loki
17. Der Donnergott Thor
18. Der Priestergott Hönir
19. Die Göttersöhne
20. Die unbekannteren Götter
21. Die Göttermutter Frigg
22. Die Liebesgöttin: Freya und Menglöd
23. Die Erdgöttinnen
24. Die Korngöttin Sif
25. Die Apfel-Göttin Idun
26. Die Hügelgrab-Jenseitsgöttin Hel
27. Die Meeres-Jenseitsgöttin Ran
28. Die unbekannteren Jenseitsgöttinnen
29. Die unbekannteren Göttinnen
30. Die Nornen
31. Die Walküren
32. Die Zwerge
33. Der Urriese Ymir
34. Die Riesen
35. Die Riesinnen
36. Mythologische Wesen
37. Mythologische Priester und Priesterinnen
38. Sigurd/Siegfried
39. Helden und Göttersöhne

40. Die Symbolik der Vögel und Insekten
41. Die Symbolik der Schlangen, Drachen und Ungeheuer
42. Die Symbolik der Herdentiere

43. Die Symbolik der Raubtiere
44. Die Symbolik der Wassertiere und sonstigen Tiere
45. Die Symbolik der Pflanzen
46. Die Symbolik der Farben
47. Die Symbolik der Zahlen
48. Die Symbolik von Sonne, Mond und Sternen
49. Das Jenseits
50. Seelenvogel, Utiseta und Einweihung
51. Wiederzeugung und Wiedergeburt
52. Elemente der Kosmologie
53. Der Weltenbaum
54. Die Symbolik der Himmelsrichtungen und der Jahreszeiten
55. Mythologische Motive

56. Der Tempel
57. Die Einrichtung des Tempels
58. Priesterin – Seherin – Zauberin – Hexe
59. Priester – Seher – Zauberer
60. Rituelle Kleidung und Schmuck
61. Skalden und Skaldinnen
62 Kriegerinnen und Ekstase-Krieger

63. Die Symbolik der Körperteile
64. Magie und Ritual
65. Gestaltwandlungen
66. Magische Waffen
67. Magische Werkzeuge und Gegenstände
68. Zaubersprüche
69. Göttermet
70. Zaubertränke
71. Träume, Omen und Orakel
72. Runen
73. Sozial-religiöse Rituale

74. Weisheiten und Sprichworte
75. Kenningar
76. Rätsel

77. Die vollständige Edda des Snorri Sturluson
78. Frühe Skaldenlieder
79. Mythologische Sagas
80. Hymnen an die germanischen Götter

Inhaltsverzeichnis

I Erscheinungsformen der Freya

24 der 50 unbekannteren Göttinnen, also ungefähr die Hälfte, sind Beinamen oder Erscheinungsformen der Freya, also teilweise oder vollständige Verselbständigungen von bestimmten Beinamen, Aspekten oder Funktionen der Freya.

Die erste Hälfte der Kapitel dieses Buches ist daher auch eine Ergänzung des Bandes 22 über die Göttin Freya.

1. Die Göttin Eir

1. a) Der Name „Eir"

Die Bedeutung des Namens *„Eir"* stimmt völlig mit ihrer Charakterisierung in „Gylfis Vision" überein, da er „Hilfe, Gnade" bedeutet.

1. b) Gylfis Vision

Die klarste, aber leider auch sehr kurze Aussage über Eir findet sich in „Gylfis Vision" in der Edda in einer Aufzählung der Asinnen:

„Die dritte ist Eir, die Beste der Heilerinnen."

1. c) Fiölswin-Lied

Im Fiölswin-Lied, das die Reise des Svipdag zu Menglöd beschreibt, erscheint Eir als eine der Dienerinnen der Menglöd.

Menglöd ist identisch mit Freya, wie ihr Name zeigt, der „die, die ihren Halsreif liebt" bedeutet – mit diesem Halsreif wird Freyas Brisingamen gemeint sein, der wie Odins Ring Draupnir und die Torques der Kelten ein Symbol der erfolgreichen Jenseitsreise ist.

So wie „Menglöd" von „Brisingamen" abgeleitet worden sein wird, so wird auch Freyas Riesinnen-Name „Menja" von diesen beiden Namen abstammen. „Men" bedeutet „Schmuckstück". Das kaum bekannte Wort „brisinga" bedeutet in etwa „Feuer, Bernstein, Sonne, leuchten" – man kann „Brisingamen" in guter Näherung mit „Sonnenring" übersetzten.

Vermutlich wird das Heilen wie in den Mythologien der meisten anderen Völker als eine Erweiterung der Wiedergeburt aufgefaßt worden sein: Derjenige, der den Tod „heilen" kann, kann auch jede Krankheit heilen. Daher sind es fast immer die Toten- und Jenseitsgöttinnen sowie die Schamanengötter, von denen sich die Heiler- und Heilerinnengottheiten abgeleitet haben.

Eir die Heilerin

Eir tritt in der folgenden Szene des Fiölswin-Liedes auf:

Windkald (Tyr-Svipdag):
„*Sage mir, Fiölswin, was ich Dich fragen will*
Und zu wissen wünsche:
Wie heißen die Mädchen, die vor Menglöds Knien
Einig beisammen sitzen?"

Fiölswin (Odin):
„*Hlif heißt eine, die andere Hlifthursa,*
Die dritte Dietwarta,
Biört und Blid, Blidur und Frid,
Eir und Örboda."

Diese neun Mädchen erinnern an die neun Töchter der Meeres- und Jenseitsgöttin Ran und auch an die neun Tage, nach denen von Draupnir acht identische Ringe abtropfen, sodaß es dann neun Ringe sind, sowie andere Stellen, an denen die „9" als die Zahl des Jenseits erscheint. Die neun Mädchen der Menglöd sind daher ein recht sicherer Hinweis darauf, daß die Szene im Jenseits spielt.

Die Bedeutungen der Namen der neun Mädchen sind sich alle sehr ähnlich: „*Eir"* ist das germanische Wort für „Hilfe, Gnade". Dazu paßt gut, daß „*Hlif"* „Schützende" bedeutet und „*Hlifthursa"* „beschützende Riesin". Auch die übrigen Namen der neun Mädchen fügen sich gut in diese Annahme: „*Blid"* und „*Blidur"* bedeuten „Sanfte"; „*Frid"* und „*Fridur"* bedeutet wahrscheinlich „Freundliche" und „*Dietwarta"* vermutlich „Volksschützerin".

„*Biört"* ist die „Glänzende". Aus ihrem Namen wurde später „Bertha", die eine hilfreiche Wintergöttin ist, die in den Märchen auch als „Frau Holle" erscheint.

„Örboda" ist ein Beiname der Göttin Ran. An den Textstellen, an denen Ran „Örboda" genannt wird, heißt Rans Mann Tyr-Ägir „Gymir". Der Name „Örboda" in dieser Aufzählung bestätigt die Vermutung, daß diese neun Mädchen mit Rans neun Töchtern identisch sind. „Örboda" oder „Aurboda" bedeutet „Licht-Botin". Sie ist u.a. die Mutter der Riesin Gerdr.

Da man davon ausgehen kann, daß die Mädchen der Göttin Freya-Menglöd Namen tragen, die Qualitäten ausdrücken, die Menglöd an ihren Schülerinnen schätzt, kann man aus diesen Namen schließen, daß auch Freya-Menglöd selber eine Heilerin ist und daß auch sie selber die Eigenschaften haben wird, nach denen ihre Mädchen benannt worden sind.

Namen der neun Mädchen => Charakter der Heilerin Menglöd-Freya					
Name	*Bedeutung*	*Charakter der Menglöd*			
Eir	Hilfe	Helferin	sanfte Helferin	sonnengleiche Unterweltsgöttin	sanfte, sonnen-gleiche Helferin in der Unterwelt und Wieder-geburts-Mutter der Sonne (Tyr)
Hlif	(Be-)Schützende				
Hlifthursa	(Be-)Schützende Riesin				
Dietwarta	Volksschützerin				
Blid	Sanfte	Sanfte			
Blidur	Sanfte				
Frid	Freundliche				
Biört	Glänzende (Sonne)	Sonnengöttin			
Örboda	Meeresbotin	Meeresgöttin			

Eir im Hügelgrab

Menglöd wohnt auf bzw. in einem Berg, der den Namen „Hyfiaberg" trägt, was „Heilberg" bedeutet. Die Heilung scheint daher in Bezug auf Menglöd eine zentrale Bedeutung gehabt zu haben.

Svipdag ist die Sonne (Tyr), wie sein Name („Tagesanbruch") und auch der Name seines Vaters Solbiart („Sonnenglänzender") zeigt. Menglöd-Freyas Berg ist daher ein Hügelgrab, d.h. das Tor in die Unterwelt, aus der die Sonne jeden Morgen neugeboren zurückkehrt.

Der „Heilberg" ist somit das reale Hügelgrab der Ahnen und das mythologische

Hügelgrab des ehemaligen Sonnengott-Göttervaters Tyr, zu denen man ging, um Hilfe, Rat und Heilung zu erhalten. Diese Bitten scheint man vor allem an Freya-Menglöd und ihre neun Dienerinnen gerichtet zu haben.

Die beiden Strophen im Fiölswin-Lied, die sich auf diesen Berg beziehen, lauten:

Windkald (Tyr-Svipdag)*:*
„Sage mir, Fiölswin, was ich Dich fragen will
Und zu wissen wünsche:
Wie heißt der Berg, wo ich die Braut (Menglöd)*,*
Die wunderschöne, schaue?"

Fiölswin (Odin)*:*
„Hyfiaberg heißt er, Heilung und Trost
Ist er seit langem den Lahmen und Siechen.
Gesund ward jeder, wie alt auch das Übel war,
Der den Steilen erstieg."

Die Bezeichnung des Hyfiaberges als *„steil"* ist vermutlich vor allem eine poetische Umschreibung.

Auch die Riesin Gunnlöd (=Freya?), zu der Odin in der Gestalt einer Schlange reist, wohnt in einem Berg/Hügelgrab.

Das Ritual der Eir

Svipdag und Odin unterhalten sich auch über die Rituale, mit deren Hilfe man die Hilfe der Menglöd und ihrer Mädchen, d.h. auch die Unterstützung der Eir erhalten kann:

Windkald (Tyr-Svipdag)*:*
„Sage mir, Fiölswin, was ich Dich fragen will
Und zu wissen wünsche:
Beschützen sie alle, die ihnen opfern,
Wenn sie dessen bedürfen?"

Fiölswin (Odin)*:*
„Jeglichen Sommer, so ihnen geschlachtet
Wird an geweihtem Orte,
Welche Krankheit auch die Menschenkinder überkommt,
Jeden nehmen sie aus ihren Nöten."

Diese Schlachtopfer werden an verschiedenen Orten in der germanischen Überlieferung beschrieben. Eines der bekannteren Beispiel steht am Beginn der Mythe über
den Raub der Asin Idun durch den Riesen Thiazi bzw. durch Loki: Diese Erzählung
beginnt damit, daß der Schamanengott Odin, der Priestergott Hönir und Loki zusammen ein Opfermahl auf einem Steinaltar unter einer uralten Eiche (Weltenbaum) zu-
bereiten, d.h. einen Stier für Thiazi (Tyr) kochen.

Eir am Weltenbaum

Es wird zwar nicht gesagt, daß der Berg der Menglöd am Weltenbaum steht, aber da
dieser Baum eine wichtige Rolle in dem Gespräch zwischen Svipdag und Odin spielt,
wird er wohl nicht weit von dem Hügelgrab entfernt stehen. Er scheint der „Schlüssel" zu Menglöds Berg zu sein, d.h. der Eingang in die Unterwelt.

Windkald (Tyr-Svipdag)*:*
„Sage mir, Fiölswin, was ich Dich fragen will
Und zu wissen wünsche:
Wie heißt der Baum, der die Zweige breitet
Über alle Lande?"

Fiölswinn (Odin)*:*
„Mimameid heißt er, Menschen wissen selten
Aus welcher Wurzel er wächst.
Niemand erfährt je, wie er zu fällen ist,
Da weder Schwert noch Feuer ihm schaden."

„Mimameid" bedeutet „Mimirs Baum". Da der Tyr-Riese Mimir („Erinnerung") an
der Quelle Hvergelmir („brodelnder Kessel") unter dem Weltenbaum Yggdrasil lebt,
ist Mimameid mit Yggdrasil identisch. Dies ergibt sich auch schon dadurch, daß
Mimameids Zweige über alle Länder ragen – was nur auf den Weltenbaum zutrifft.

Windkald (Tyr-Svipdag)*:*
„Sage mir, Fiölswin, was ich Dich fragen will
Und zu wissen wünsche:
Welchen Nutzen bringt der weltbekannte Baum,
Dem weder Feuer noch Schwert je schaden?"

Fiölswinn (Odin)*:*
„Mit seinen Früchten soll man feuern,
Wenn Weiber nicht wollen gebären.
Aus ihnen geht dann das, was vorher innen blieb:
So wird er der Leute Lebensbaum."

Da auch der Weltenbaum selber eine Quelle der Heilung ist, wird der Berg der Menglöd an seinem Fuße stehen. Diese „mythologische Geographie" entsteht in erster Linie allerdings einfach durch die Assoziation zwischen dem Weltenbaum als dem Weg zwischen Diesseits (Midgard) und Jenseits (Asgard/Hel) einerseits und dem Hügelgrab als dem Tor zwischen den beiden Welten andererseits. Dasselbe gilt auch für die Quelle Hvergelmir zwischen den Wurzeln der Weltesche, die ebenfalls wie alle „tiefen Wasser" ein Symbol für das Jenseitstor ist.

Es ist beachtenswert, daß die „Krankheit", die das Holz des Weltenbaumes heilt, gerade Problemen mit der Geburt sind, da der „Heilberg" der Göttin gehört, die die Toten im Jenseits und die morgendliche Sonne wiedergebiert.

1. d) Kenningar

In der Dichtkunst der Skalden wird der Name *„Eir"* mehrfach benutzt, um eine Frau zu kennzeichnen. Solche Kenningar wie „Eir aura" („Eir der Reichtümer") finden sich nur in den Sagas und Skalden-Lieder als Umschreibung für „Frau", aber nicht in der Edda.

1. e) Thulur

Über die Walküre Eir ist lediglich bekannt, das es sie gegeben hat, da sie in einer der Namens-Listen („Thulur") in dem Skaldskaparmal-Kapitel der Edda aufgezählt wird.

Da Menglöd mit Freya identisch ist und die Walküren aus einer „Vervielfältigung" der Freya heraus entstanden sind (beide haben „Vogelhemden" und sind Odins Todesboten) ist „Walküre" gleichbedeutend mit „Menglöds Mädchen".

Namen der Walküren:

Dies sind nun
Odins Mädchen:
Hildr und Göndul,
Hlökk, Mist, Skögul;
da sind Hrund und Eir,
Hrist, Skuld aufzuzählen.

1. f) Runeninschriften

In Bergen in Norwegen wurden bei einer Ausgrabung 500 Runeninschriften aus der Zeit um 1300 n.Chr. gefunden, die z.T. einfach Besitzangaben waren („dies gehört Arni"), Schuldscheine oder ähnliche Kurznotizen, aber teilweise auch ganze Briefe waren. Auf einem „Brief" eines Händlers an seinen Partner hat der Schreiber unter den Brief noch einen persönlichen Kommentar geschrieben, in dem er „Eir" als Umschreibung für „Frau" benutzt hat:

Die weise Var des Drahtes macht, daß ich unruhig sitze.
Die Eir des Makrelen-Grundes raubt mir oft viel Schlaf.

„Var" ist die Göttin des Rechts und der Verträge und bedeutet hier wohl nur „Frau". Der „Draht" ist wohl die Filigran-Arbeit auf manchen germanischen Schmuckstücken und bedeutet somit „Schmuck". Eine „weise Frau des Schmucks" ist eine „weise und schmucktragende Frau", d.h. eine „edle Frau".

„Eir" ist hier ebenfalls nur eine Umschreibung für „Frau". Der „Makrelen-Grund" ist der Meeresboden, was eine verkürzte Kenning für „Feuer des Meeres" o.ä. und somit eine Umschreibung für „Gold, Schmuck" sein wird.

Vermutlich beziehen sich beide Zeilen auf die Frau des Händlers, die fern von ihm in seiner Heimat ist.

Es ist beachtlich, daß die Germanen selbst in solchen Randbemerkungen (die hier durchaus gefühlsmäßige Natur sind) solche Kenningar benutzten.

Diese Zeilen zeigen vor allem, daß „Eir" ein geläufiger Göttinnen-Name für die Germanen gewesen sein muß.

1. g)   Jakob Grimm: Deutsche Mythologie

Das wilde weib aber darf weise frau oder halbgöttin sein. auch nach schottischer überlieferung zeigt die meerfrau heilkräuter an.

In der edda erscheinen mehrere solcher frauen. Eir gehört unmittelbar in der göttinnen reihe: ›hon er læknir beztr‹. ich bringe ihren namen in verband mit dem gothischen áirus nuncius, angelsächsisch ârjan, altnordisch eira parcere, und dem althochdeutschen Irinc (gothisch Eiriggs?), Eir wird die schonende, helfende göttin und botin sein. in einer andern stelle stellt sie aber bedeutsam unter den neun frauen der weisen Menglöd.

1. h)   Zusammenfassung

Eir ist die beste Heilerin und ihr Name bedeutet „Hilfe". Sie ist wie ettliche andere Göttinnen, die für ein Spezialgebiet zuständig sind, ein Aspekt bzw. in mythologischer Ausdrucksweise eine „Tochter" oder „Dienerin" der Freya.

Eir wohnt auf dem „Hilfeberg" und heilt alle, die die Sommer-Opferrituale richtig durchgeführt haben. Sie könnte auch eine Geburtshelferin gewesen sein.

Dieser „Hilfeberg" ist das Hügelgrab der Freya, d.h. der Eingang in die Unterwelt – dieses Hügelgrab ist gleichbedeutend mit der Halle der Hel. Das Hügelgrab steht neben dem Weltenbaum.

Bei den Goten hieß die Göttin Eir „Airus", bei den Angelsachsen „Arjan" und im Althochdeutschen „Irinc" – wobei bei diesen drei Worten nicht ganz sicher ist, ob es sich nur um Substantive für „Hilfe" oder um eine helfende Göttin handelt.

In späterer Zeit wurde Eir auch zu den Walküren gerechnet, die wie „Menglöds Mädchen" aus den der Vervielfältigung der Freya entstanden sind, die in den Wiedergeburtsvostellungen begündet liegt (siehe den Band 31 über die Walküren).

17

1. i)   Anrufung der Eir

Die folgende Verse sind keine traditionelle Anrufung, sondern eine Neudichtung.

Eir von Eikthyrnirs[1] edlem Baum,
entfacht ist das Opfer-Feuer für die Asin!
Menglöds Mädchen, mächtige Magie-Kennerin,
mahle uns mit Grotti[2] Heilung und Stärke!

Wunden-schließende Walküre, Wohltat-Bringerin,
wende Not und Leid von uns fort!
Heilerin vom Hilfsberg, Hlifs Freundin[3],
helfe uns, gesund zu bleiben allezeit!

1. j)   Traumreise zu Eir

„Eir, ich möchte Dich gerne besser kennenlernen. "
„Was willst Du wissen? "
„Kannst Du mir etwas über Deinen Charakter sagen oder bei welchen Gelegenhei-
ten die Germanen Dich um Hilfe gebeten haben? "
„Schau her. "
Ich sehe einen Kirschbaum blühen. Halb sehe und halb fühle ich die Göttin.
„Eir, kannst Du mir deutlicher machen, was Du mir zeigen willst? "
„Komm her. "
Dieser Kirschbaum ist extrem naturalistisch – der ist sehr deutlich zu sehen ... Ich
sehe den Erdboden – es ist lehmiger Boden, aber er ist ziemlich trocken; es liegen
kleine Steine da – Kalkstein-Brocken, glaube ich ...
„Was willst Du mir zeigen? "
„Wie fühlt sich das an? "
„Wie Heimat. "
„Das ist das, was ich bin. "
„Heimat? "
„Zuhause, Geborgenheit, Sicherheit – ein Stück Land, auf das man sich in Frieden
hinsetzen kann ... "

---

1   Eikthyrnir = der Hirsch am Weltenbaum
2   Grotti = die magische Mühle der beiden Riesinnen Menja (Freya) und Fenja (Frigg)
3   Hlif = eins von Menglöds Mädchen; deren Freundin = hier: Eir

„Gibt es noch etwas, was Du mir zeigen magst?"

„Ist das nicht genug?"

„Doch, auf jeden Fall – das ist ganz viel wert. Ich habe einfach gemeint, ob es noch andere wichtige Aspekte gibt."

„Das ist das, was ich bin."

„Danke, Eir!"

2. Die Göttin Hleidr

2. a) Der Name „Hleidr"

Dieser Name ist vermutlich eine Bildung zu dem Adjektiv „hle" für „geschützt". „Hleidr" wäre dann die „Beschützerin".

Es ist jedoch auch eine Ableitung von dem Adjektiv „hledr" für „berühmt" denkbar.

„Hleidr" ist somit entweder die „Beschützerin" oder die „Berühmte" – oder, falls hier eine absichtliche und bewußte Doppeldeutigkeit vorliegen sollte, „die allen bekannte Beschützerin".

2. b) Huldar-Saga

In der Huldar-Saga ist Hleidr die Tochter des Tyr-Riesen Svadi. Sie selber wurde in dieser Saga zu einer Völva, d.h. zu einer Seherin. Man kann sie daher als „zauberkundige Riesin" ansehen. Als Tyr-Tochter wird sie recht sicher auf die Jenseitsgöttin zurückgehen – dieselbe Umdeutung findet sich auch bei Freya, Gerdr, Thrudr u.a. Göttinnen.

Als Tyr-Tochter wird sie letztlich auf Freya zurückgehen. Sie wird sich über folgende Stufen in Hleidr verwandelt haben:

1. Freya als Wiederzeugungs-Geliebte und Wiedergeburts-Mutter des ehemaligen Göttervaters Tyr
2. Freya als Frau des ehemaligen Göttervaters Tyr
3. Hleidr als Beiname der Freya
4. Hleidr als Tochter des Tyr
5. Hleidr als Riesin (Jenseitsgöttin)
6. Freya als Frau des neuen Göttervaters Odin (ab 500 n.Chr.)
7. Hleidr als eigenständige Göttin/Riesin
8. Hleidr als Seherin in der Sage

Hleidr tritt kurz mehreren Szenen in verschiedenen Kapiteln der Huldar-Saga auf.

1. Kapitel

König Hjörvard der Wikinger war ein Urenkel von König Odin. Als seine Frau niederkam, rief er seine eigene Pflegemutter, die Völva Hleidr zu Hilfe, ein Weib aus dem Geschlechte der Äsir. Mit ihrem Beistand kam der Knabe Hildibrandr zur Welt, den sie dann mit Zustimmung seiner Eltern mit sich in ihre Höhle nimmt, um ihn dort aufzuziehen und nach erreichtem 10. Jahr diesen zurückzugeben.

3. Kapitel

Hleidr selbst aber war eine Tochter des Riesen Svadi, welchen sein Verwandter Asathorr dahin gewiesen hatte, als er wegen Todschlagssachen aus den Byrgis-Tal landesflüchtig geworden war, und der von ihm geraubten Herborg Hadding-Tochter aus Thelamark.

Ihrer zwiespältigen Abkunft wegen konnte Hleidr mit Menschen ebensogut wie mit Unholden verkehren. Von einer Tochter her hatte sie aber einen Enkel Namens Kollr, der schon 12 Jahre alt war, als Hildibrandr zur Welt kam.

8. Kapitel

Als der Königssohn Hildibrandr bei der Hleidr 10 Jahre alt geworden war, hielt deren Vater, der Riese Svadi, ein großes Gastmahl, an dessen Schluß er jenem ein von Zwergen geschmiedetes und von Odinn mit besonderen Kräften begabtes Schwert, dem Kollr aber einen mächtigen Spieß schenkte.

Hleidr bringt nun den Hildibrand seinem Vater zurück und zieht, da ihr Vater inzwischen gestorben und sie nicht gewillt ist, länger unter den Riesen zu wohnen, in eine Waldhütte, nicht weit von König Hjörvards Behausung.

16. Kapitel

Inzwischen war König Visburr herangewachsen, hatte eine Tochter von Audi dem Reichen geheiratet und ihr als Brautgabe drei Höfe und ein goldenes Halsband gegeben.

Er erzeugte mit ihr den Gisli und Ondurr. Dann aber verließ er sie und gewann von einer anderen Frau den Domaldi.

Die erste Frau ging mit ihren Söhnen zu ihrem Vater zurück. Ihre Brautgabe aber erhielt sie nicht heraus und wagte sie auch nicht zu fordern.

Da wandte sich Audi an die junge Völva Hleidr, welche in den schwedischen Tal-Landen wohnte und nach einigen eine Tochter des Riesen Svadi und einer Schwedin war, und sie richtet in seinem Auftrag einen Zauber gegen Domaldi an.

28. Kapitel

Es wird erzählt, daß die Huld Völva eine Tochter namens Dagbjört gehabt habe. Zu der sei einmal Godormr der Tapfere gekommen und habe mit ihr einen Sohn erzeugt, welcher Kollr der Starke hieß. Der wuchs bei der Hleidr auf, habe dann die mit ihr verwandten Riesen aufgesucht und bei ihnen mit Hilfe der Huld große Taten vollbracht und seine Braut den Unholden abgejagt. Von ihnen sollen die Hrafnistumenn abstammen.

Hleidr Völva soll ferner auch den Häuptling Hjörvard aufgezogen haben und weiterhin auch dessen Sohn Hildibrand, welcher weit herumgekommen und mit Hilfe der Huld ein berühmter Mann geworden sei.

Der Name des Hleidr-Sohnes „Dagbiört" bedeutet „Tageslicht", vermutlich im Sinne von „aufgehende Sonne". Dieser Name entspricht dem Namen „Solbiart" („Sonnen-Licht") des Vaters des Tyr-Svipdag im Fiölswin-Lied.

Hleidr ist hier noch als Sonnenmutter erkennbar, was sie der Freya und der Gerdr gleichsetzt.

2. c) Zusammenfassung

Der Name der Seherin, Riesen-Tochter und Asen-Nachkomme „Hleidr" bedeutet „Beschützerin".

Sie ist vermutlich ein verselbständigter Aspekt der Freya, der von der Wiederzeugungs-Geliebten und Wiedergeburts-Mutter des ehemaligen Sonnengott-Göttervaters Tyr zur Tochter des Tyr-Svadi umgedeutet worden ist. Hleidrs Sohn heißt passend zu dieser Deutung „Dagbiört", d.h. „Tageslicht" oder „Sonnenlicht".

Sie war die Hebamme und die Ziehmutter des Königs Hiörvard und seines Sohnes Hildibrand, die ein Urenkel bzw. Ururenkel des Odin waren. Hleidr steht somit an einer ähnlichen Position wie z.B. Lora, die Ziehmutter des Thor.

Diese Funktion ist recht wahrscheinlich eine Rationalisierung des früheren Motivs der Landesgöttin, die sich mit dem jeweiligen König des Landes bei seiner Krönung symbolisch vereint. Diese Vorstellungen lassen sich am deutlichsten bei der Göttin und Tyr-Tochter Skadi erkennen.

Hleidirs Auffassung als Großmutter des Helden Kollr wird auch zu diesem mythologischen Motiv gehören, da die Helden die Königssymbolik teilen.

In der Saga wurde aus der Göttin eine zauberkundige Seherin, die zu den Lebenden und den Toten („Unholde") Kontakt pflegte.

Hleidirs Mutter soll eine Schwedin gewesen sein. Dies ist vermutlich eine Rationalisierung der Jenseitsgöttin, deren Töchter diese Art von Riesinnen in den Mythen ansonsten sind – was bereits eine Einordnung der ehemals eigenständigen Jenseitsgöttin in ein patriarchal geprägtes Sippensystem ist.

2. d)   Anrufung der Hleidr

Die folgende Verse sind keine traditionelle Anrufung, sondern eine Neudichtung.

Hleidr, helfende Hebamme, höre mich,
hier stehe ich bittend in Deinem goldenen Tempel:
Sonnenmutter, Seherin der Asen,
sende mir klugen Rat und schnelle Hilfe!

Tochter des Tyr, Taten-weise Dise[4],
Tag für Tag brauche ich Dein Licht!
berühmte Beschützerin, Dagbiörts mächtige Mutter,
begleite mich in meinem Leben mit Deiner Magie!

2. e)   Traumreise zu Hleidr

„Hleidr ..."
„Komm' her! Geh' mit!"
Hm, eine so forsche Göttin habe ich noch nicht erlebt.
Sie geht in Richtung Wald. Ich gehe links von ihr.
In dem Wald ist ein Pfad; es geht etwas bergan. Da ist eine Lichtung. Da sind viele Nadelbäume, ein paar Eichen – komische Baum-Mischung ...
Es ist leicht hügelig. Auf der Lichtung ... ja ... steht ein Holzhaus. 'Tempel' wäre etwas übertrieben ... da stellt man sich so was Großes vor ... Das Haus ist relativ

---

4   Dise = Göttin

schlicht.

„Komm' mit rein!"

Sie öffnet die Tür; das ist eine Tür mit einfachem Riegel. Es ist ein bißchen dämmrig drinnen. Es ist ein einzelner Raum, ein bißchen länger als breit – ungefähr 2,5m mal 4m. An den schmäleren Seiten (an einer von ihnen ist die Tür) sind die Giebel – es ist ein Schrägdach. Unter dem Dach sind Öffnungen oben in den Wänden, durch die Licht einfällt – und auch durch die offenstehende Tür.

An der gegenüberliegenden Seite steht eine Statue ... nein, da sitzt eine Statue – eine Göttin.

„Das bin ich."

Da sind noch andere Dinge links und rechts, die ich aber gerade nicht so genau erkennen kann.

„Kannst Du mir etwas über Deinen Charakter sagen?"

„Spürst Du den nicht?"

„Ich spüre Entschiedenheit und Willen."

„Ja."

„Das fühlt sich aber eigentlich nicht kriegerisch an – eher entschieden und schützend. Mehr wie eine Burg auf einem Berg – nicht so sehr wie Schwert und Speer.

„Ich beschütze die, die mich um Hilfe bitten."

„Bist Du eine Zauberin?"

„Ich bin eine Göttin! Aber in manchen Sagen bin ich zu einer Zauberin geworden."

„Bei welchen Gelegenheiten ist es gut, Dich um Rat zu bitten?"

„Es ist nicht gut, mich bei einer besonderen Gelegenheit um Rat zu bitten – Du kannst mich um Schutz und Führung in Deinem Leben bitten. Und wenn Du aufrichtig bist und das paßt, dann werde ich Dir das geben."

„Danke, Hleidr!"

„Bitte."

„Ich gehe dann jetzt wieder."

Sie nickt.

Ich verbeuge mich.

Ich kehre zurück.

3.   Die Göttin Heid

Heid ist eine Asin oder Riesin, die einst anscheinend von großer Bedeutung gewesen ist, über die es jedoch nur noch eine spärliche Überlieferung gibt.

3. a)   Der Name „Heid"

„Heid" bedeutet „Licht" oder „strahlend-Schöne", was vermutlich eine Umschreibung für die Sonne ist, die auch als eine Göttin aufgefaßt worden ist. Sie könnte auch eine Sonnenmutter gewesen sein.

Der Göttinnenname „Heid" ist nicht mit dem Wort „Heide" für „Wildnis mit flachem Bewuchs" verwandt. Der christliche Begriff „Heide" für „Nicht-Christen" bezieht sich auf diese Wildnis und nicht auf die Göttin.

Zu der Göttin Heid als Sonnenmutter und somit auch als Jenseitsgöttin paßt, daß weise Frauen und Seherinnen oft „Heid" genannt wurden – schließlich erhielten sie ihre Weisheit von der Jenseitsgöttin.

Der Name „Heid" ist auch als „Heith", „Lofnheid" und „Lyngheid" bekannt. Möglicherweise gehört auch Tyrs schöne Mutter zu ihnen, die im Hymir-Lied wie folgt beschrieben wird: *„Eine andre kam allgolden hervor, weißbrauig, und brachte das Bier dem Sohn."*

„Heid" ist letztlich die Jenseitsgöttin Freya, die auch mit den beiden Kenningar „Menglöd" („Halsreif-Glückliche") und „Gullveig" („Gold-Frau" = „Sonnen-Frau") umschrieben wird. Diese beiden Kenningar beziehen sich auf ihre goldenes „Men", also auf ihren Halsreif, der die Sonne und die Wiedergeburt symbolisiert.

Über die Göttin „Gullveig" wird ausdrücklich gesagt, daß sie identisch mit „Heid" ist. Sie wird von den Asen erstochen (abendlicher Tod der Sonnengöttin), sie wird von ihnen dreimal verbrannt und sie wird dreimal wiedergeboren (Umdeutung der Wiedergeburt der Sonnengöttin).

3. b)   Die Vision der Seherin

Über „Heid" wird nur in diesem alten Lied berichtet. Die folgende Übersetzung ist nicht der „klassische Text" von Karl Simrock, sondern eine möglichst wörtliche Übertragung aus dem altnordischen Original.

Ich erinnere mich an den Krieg der Völker,
den ersten in der Welt,
als sie Gullveig mit Speeren stießen
und sie in der Halle des Hohen verbrannten:

dreimal verbrannt,
dreimal geboren,
oft, nicht selten,
und doch lebt sie.

Der erste Krieg war der zwischen den Asen und den Wanen. Er begann, als „sie",
also die Asen, die Gullveig („Gold-Frau") mit Speeren erstachen (siehe auch „Gullveig" in Kapitel 4 in diesem Buch). Es ist daher anzunehmen, daß „Gullveig" eine
Wanen-Göttin gewesen ist.
Es sind nur vier Wanen bekannt:

> 1. Njörd,
> 2. Njörds nicht namentliche genannte Schwester-Frau, die jedoch wahr-
> scheinlich mit Nerthus identisch ist,
> 3. Freyr, der Sohn von Njörd und Nerthus, und
> 4. Freya, die Tochter von Njörd und Nerthus.

Von diesen würde „Gullveig" („Gold-Frau") gut als Kenning für „Freya" passen, da
Freyas wichtigster Besitz ihr goldener Halsreif „Brisingamen" („strahlender Hals-
reif") ist, von dem sich auch die Freya-Kenning „Menglöd" („Halsreif-Glückliche")
ableitet.
Die Asen haben Freya-Heid-Gullveig in ihrer Halle verbrannt, was nach einer
Umdeutung eines Bestattungsfeuers klingt. Dieses Feuer-Motiv wird auch mit der
Waberlohe, innerhalb derer Odin die Walküre Brünhilde gefangenhielt, identisch sein.
Freya müßte dieser Symbolik zufolge eine Jenseits-Göttin sein – was ganz ihrer übri-
gen Mythologie entspricht.
Die Zahl „3" ist ein Symbol für den Sonnenzyklus, weshalb Freya-Heid-Gullveig
die Sonnenmutter sein wird.
In diesen Versen wird nicht gesagt, warum die Asen die Freya-Gullveig zu töten
versuchten – möglicherweise diente dieses Motiv nur dazu, um den ersten Krieg zu
erklären. Vermutlich sind die Wanen die nordgermanischen Götter gewesen und die
Asen die südgermanischen Götter, die sich um 500 n.Chr. bei den Nordgermanen
wieder zu einem Götterkreis zusammengeschlossen haben – was nicht ganz ohne
Streit vor sich ging. Dabei wurde u.a. der ehemalige nordgermanische Götterkönig
Tyr durch den südgermanischen Götterkönig Odin als Göttervater abgesetzt.

Sie nannten sie Heid,
wo auch immer sie zu den Häusern kam,
eine Stabträgerin mit großer Sehergabe
sie wirkte Gandr-Zauberkunst,

sie braute Seidir-Tränke, wo immer sie konnte
sie braute Seidir-Tränke in frohem Gemüt,
sie war stets eine Wohlduftende
für die hinterhältige Frau.

Freya wurde auch die Göttin der Zauberkunst angesehen. Der Stab („gand") ist als Symbol des Weltenbaumes und somit auch des Weges zwischen Diesseits und Jenseits das wichtigste Kennzeichen der Seherinnen gewesen.

Der „gandr" ist ursprünglich das Ritual der Priester-Seher und der Priesterinnen-Seherinnen gewesen durch das die Götter und die Ahnen herbeigerufen wurden. Später wurden daraus der Zauberstab und die Zauberkunst.

Der „seidir" ist die Braukunst, die sich vor allem auf den rituellen Trank bezog, der von den meisten indogermanischen Völkern gut bekannt ist und der in der historischen Zeit bei den Germanen bereits zum „Skaldenmet" geworden ist.

„Wohlduftende" ist eine Umschreibung für „Freundin, Gefährtin, Willkommene".

Der Begriff „hinterhältige Frau" in dem letzten Vers klingt so, als ob die Seherinnen zu der Zeit, in der dieses Lied verfaßt worden ist, bereits nicht mehr den besten Ruf hatten und teilweise schon als „Hexen" angesehen worden wären.

3. c)   Fridthjof der Kühne

In dieser Saga wird über eine Zauberin mit dem Namen Heid berichtet. Anscheinend ist „Heid" zu einer Bezeichnung für „Seherin" geworden.

Die ganze Geschichte dieser Zauberin mit dem Namen „Heid" findet sich in dem Kapitel „Wal" in Band 44 und in dem Kapitel „Windzauber" in Band 64.

Dann ließen sie zwei Zauberinnen, Heid und Hamglom, herbeirufen und gaben ihnen Lohn dafür, daß sie über Fridthjof und seine Männer einen so gewaltigen Sturm herbeiriefen, daß er sie alle vernichten würde.

Da sangen die Zauberinnen ihre Zauberlieder und stiegen auf das Magie-Gerüst mit Zauberei und Anrufungen hinauf.

Als Fridthjof und seine Männer jedoch aus dem Sogn-Fjord hinausgefahren waren, brach über sie ein heftiger Sturm und ein großes Gewitter über sie herein und die See wogte gewaltig.

3. d)   Landnahme-Buch

Hier tritt ebenfalls eine Seherin mit dem Namen „Heid" auf:

Ihr Sohn war Ingimund der Alte; er wurde in Hefn bei Thorir, dem Vater Grims und Hromunds, aufgezogen.

Die Wahrsagerin Heidr weissagte ihnen allen, sie würden sich in dem Lande ansiedeln, das unentdeckt westwärts im Meere liege.

Aber Ingimund sagte, er würde das Gegenteil tun.

Die Wahrsagerin sagte, das würde er nicht können, und gab als Wahrzeichen an, daß ein Amulett aus seiner Tasche verschwinden und sich erst wiederfinden würde, wenn er in jenem Lande seine Hochsitzsäulen eingraben würde.

3. e)   Die Saga über Pfeile-Odd

Auch kommt eine Seherin mit dem Namen „Heid" vor:

Eine Frau wurde Heidr genannt, sie war eine Seherin und Zauberin und wußte durch ihre Zauberkunst von ungeschehenen Dingen. Sie fuhr zu Festen weit im Lande umher, dorthin, wo die Bauern sie einluden. Sie sagte den Menschen ihr Schicksal und die Witterungsverhältnisse und andere Dinge voraus.

Sie hatte dreißig Leute bei sich: fünfzehn Jungen und fünfzehn Mädchen. Es war ein großes Gefolge, weil dort viele Zauberlieder gesungen werden sollten, wo sie sich aufhielt.

Es trug sich zu mit ihrer Reise, daß sie auf einem Fest in der Nähe Ingjalds war.

... ...

Ingjald sprach: „Ihr sollt die Seherin hierher zum Fest einladen."

... ...

Asmund ging nun mit noch vier Männern und lud die Seherin nach Berurjodr ein.

Sie empfing ihn wohlwollend und sagte, daß sie kommen würde, und am selben Abend traf sie mit ihrem ganzen Gefolge ein.

Ingjald ging ihr mit großer Mannschaft entgegen und führte sie in die Halle, wo ein gutes Gastmahl bereitet wurde.

... ...

Ingjald und die Seherin hatten in der Nacht einen großen Zauber vor. Sie ging zu der Zeit mit ihren Leuten hinaus, um den Zauber auszuüben, als die andern schlafen gingen.

Am Morgen danach ging Ingjald zu Heidr, um Auskunft über das Orakel zu holen und fragte, wie der Zauber verlaufen sei.

„Das glaube ich", sagt sie, „daß ich gewiß die Dinge erfahren habe, die für Dich von Bedeutung sind, und die Du mich gebeten hast zu erfragen."

„Dann nehmen wir unsere Plätze ein, und jeder wird für sich das Orakel befragen."

3. f)   Der Piesterinnen-Name „Heid"

Der Name „Heid" tritt auffällig oft als Name einer Priesterin oder Seherin auf:

„Heid"				
Name	**Bedeutung**	**Stellung**	**Textquelle**	**Anmerkung**
Heidr	„Licht"	Seherin	Saga über Pfeile-Odd	Pfeile-Odd = Saga-Variante des Tyr
Heidr	„Licht"	Seherin	Saga über die Leute aus dem Vatnsdal	-
Heidr	„Licht"	Seherin, Zauberin	Ausspruch der Seherin	Berufsname oder Beiname der Gullveig
Heidr	„Licht"	Seherin	Hrolf Kraki und seine Recken	die Saga ist eine Umdeutung der Tyr-Mythen
Heidr	„Licht"	Seherin	Landnahme-Buch	-
Heid	„Licht"	Seherin	Saga über Fridthjof den Kühne	-

In einem Fall ist „Heid" entweder ein Beiname oder eine Berufsbezeichnung für „Seherin".

In zwei Fällen tritt die Seherin Heid in einer Saga auf, die auf die Mythen des ehemaligen Sonnengott-Göttervaters Tyr zurückgeht.

- - -

Es gibt viele Personennamen, die mit „Heid" gebildet worden sind. Sie lassen sich in die drei Gruppen „alt", „evtl. eine Neubildung" und „neu" unterteilen. Die zweite dieser beiden Gruppen kann noch vor dem Hintergrund alter Vorstellungen entstanden sein, während dies bei der dritten Gruppe schon sehr unsicher ist.

1. Personennamen - alt		
Namen		**Bedeutung**
Männer	*Frauen*	
a) Sonne, Sonnengöttin		
	Dagheid	Tages-Licht, Sonnen-Licht
	Baugheid	Ring-Licht, rundes Licht (Sonne)
	Foldheid	Erd-Licht, Erden-Licht
	Thjodheid	Volks-Licht
	Heidbjört	Licht-Glanz
	Adalheid, Adelheid	edles Licht, Licht-Erbhof
	Botheid, Botheidr	helfendes Licht
	Fastheid	(stand-)festes Licht

=> *Die Sonne scheint am Tag (Dagheid), erhellt die Erde (Foldheid) und ist rund (Baugheid). Ihr kostbares, verläßliches, helles Licht (Adalheid, Fastheid, Heidbjört) scheint für alle Menschen (Thjodheid) und hilft ihnen (Borheid).*

Die Sonne ist als Göttin aufgefaßt worden, da alle diese Namen Frauennamen gewesen sind.

1. Personennamen - alt		
Namen		**Bedeutung**
Männer	*Frauen*	
b) der ehemalige Sonnengott-Göttervater Tyr		
Heidrek		Lichtkönig (Beiname des Tyr)
Heidingi		„der aus dem Lichtland" oder „der aus der Heide" (Umschreibung für „Wolf")
Nerheid		errettendes Licht
Heidbjört		Licht-Glanz
	Alfheid	Alfen-Licht (wurde auch mehrfach als Umschreibung für „Sonne" verwendet: „Alfen-Bestrahlerin")
	Äsheidr, Asheid, Astheidur	Asen-Licht
	Arnheid	Adler-Licht (Adler = Seelenvogel des ehemaligen Sonnengott-Göttervaters Tyr)
	Sveinheid	junges Licht (wiedergeborene Sonne)
	Jorheid	Keiler-Licht, König-Licht
	Ragnheid	Rat-Licht, Königs-Licht, Götter-Licht

=> *Der ehemalige Sonnengott-Göttervater Tyr ist die Sonne (Heidbjört; auch: Solbiört) und der Lichtkönig gewesen (Heidrek, Jorheid, Ragnheid). Er war ein Ase (Asheidr) und lebte in dem Lichtland (Heidingi), d.h. in Muspelheim, wo auch die „Alfen" genannten Totenseelen wohnten (Alfheid). Er wird an jedem Morgen als Adler-Seelenvogel wiedergeboren (Sveinheid, Arnheid) und er hilft den Menschen (Nerheid).*

Bei diesen Namen findet sich sowohl die Vorstellung der Sonnengöttin (Frauennamen) als auch des Sonnen-gleichen Göttervaters Tyr (Männer).

1. Personennamen - alt		
Namen		**Bedeutung**
Männer	*Frauen*	
		c) Sonnen-Mutter (Göttin)
	Heidrun	Licht-Rune, Licht-Geheimnis (Name der Ziege in Walhall => urspünglich vermutlich Freya)
	Lyngheid	Heide-Licht (eine der beiden Töchter des Tyr-Hreidmar => ursprünglich die Jenseitsgöttin = Frigg/Freya)
	Lofnheid	Lob des Lichtes (eine der beiden Töchter des Tyr-Hreidmar => ursprünglich die Jenseitsgöttin = Frigg/Freya)

=> Die Ziege Heidrun ist sehr wahrschenlich einst eine der Herdentier-Gestalten der Jenseitsgöttin (Freya) bei der Wiederzeugung, bei der Wiedergeburt und bei dem Wiederstillen gewesen.

Lyngheid und Lofnheid werden wie Fenja und Menja und andere Göttinnenpaare ursprünglich Frigg und Freya gewesen sein.

Der Namensbestandteil „heid" zeigt, daß diese Göttinnen einst als die Mutter der Sonne, d.h. des Tyr angesehen worden sind.

1. Personennamen - alt		
Namen		**Bedeutung**
Männer	*Frauen*	
	d) Sonnen-Priesterin	
	Gislheid	die dem Licht Geweihte
	Heidvik	die dem Licht Geweihte

=> Diese beiden Namen sind die einzigen Namen, die mit Sicherheit einst Titel von Priesterinnen, vermutlich Sonnen-Priesterinnen gewesen sind.

1. Personennamen - alt		
Namen		*Bedeutung*
Männer	*Frauen*	
e) Sonstige		
	Gunnheid	Kampf-Licht
	Thorheid	Thor-Licht
	Ulfheid	Wolf-Licht

=> „Wolflicht" bezieht sich evtl. auf die Wolfskrieger-Gestalt (Fenrir) des Tyr – aber das ist unsicher.

„Thorheid" ist recht sicher ein Name, der aus der Zeit nach der Absetzung des Thor als Göttervater stammt.

„Gunnheid" ist ein zu allgemeiner Name, um ihn sicher deuten zu können – es könnte evtl. der endlose, zyklische Kampf zwischen Tyr und Loki gemeint sein.

1. Personennamen - evtl. neu		
Namen		*Bedeutung*
Männer	*Frauen*	
a) Sonnengöttin		
	Heiddis	Licht-Göttin
	Heidbrun	Licht-Brünne, Licht-Gelbbraun („Hellgoldene")
Heidr	Heidi, Heidr	Kurzform von mit „Heid" gebildeten Namen
b) helfende Sonnengöttin		
	Heidveig	Licht-Macht/Kraft
	Heidborg	Licht-Schutzort

	c) Sonnen-Priesterin	
	Heidvör	Licht-Frau/Braut

	d) Sonnengott (Tyr)	
	Marrheid	Meeres-Licht, Pferde-Licht
	Ingheid	Yngvi-Licht
	Heidvig	Licht-Kampf

	e) Sonstige	
	Gestheid	Gast des Lichtes
	Torfheid	Torf-Licht

=> *Abgesehen von den beiden letzten Namen passen diese Namen, deren Alter nicht sicher ist, gut zu den bereits besprochenen Gruppen.*

1. Personennamen - neu		
Namen		**Bedeutung**
Männer	*Frauen*	
a) Sonnen-Mutter (Göttin)		
	Brynheid	Brünnen-Licht, gelbes Licht
	Magnheid	mächtiges Licht
b) Sonnengott-Göttervater Tyr		
Heidmar		Licht-Ruhm
Heidmann		Licht-Mann
Heidmund		Licht-Hand (Schwertgott Tyr)
	Valdheid	Herrschafts-Licht

c) wiedergeborene Sonne (Göttin oder Tyr)

	Heidny	neues Licht, Morgensonne

d) sterbende Sonne (Göttin oder Tyr)

	Elinheidur	altes Licht (Abendsonne)
	Skarpheid	geschrumpftes Licht
	Ormheid	Schlangen-Licht, Drachen-Licht

e) beschützende Sonne (Göttin oder Tyr)

	Mundheid	Beschützer-Licht

f) Sonnen-Land

	Borgheid	Schutzort-Licht

g) Sonnen-Priesterin

	Laugheid	die dem Licht Versprochene
	Heidlaug	die dem Licht Versprochene

h) offensichtliche Neubildungen (Frauen)

	Hrafnheid	Raben-Licht
	Svanheid	Schwanen-Licht
	Heidlos	Licht-Goldregenpfeifer
	Heidbjörk	Licht-Birke
	Heidlinde	Licht-Linde
	Laufheid	Laub-Licht
	Heidros	Licht-Rose
	Stigheid	Steg/Weg-Licht
	Danrheid	Dänen-Licht

i) offensichtliche Neubildungen (Männer)		
Björnheid		Bären-Licht
Heidher		Licht-Heer
j) Neubildungen mit nicht-germanischen Elementen		
	Heidbritt	Licht-Edle (germanisch-keltisch)
	Heidlor	Licht-Hannelore
	Jonheid	Johanna-Licht
	Palheid	Paul-Licht (germanisch-christlich)

=> *Auch diese Namen passen zum größten Teil in die vorigen Kategorien oder lassen sich von ihnen ableiten wie die Ergänzung der Morgensonne (Heidny) durch die Abendsonne (Skarpheid) oder dem Sonnengott-Göttervater Tyr in der Unterwelt als Drache (Ormheid).*

Das Wort „Heid" bedeutet zwar generell „Licht", aber es bezeichnet in der germanischen Überlieferung recht sicher die Sonne, die Sonnengöttin und den ehemaligen Sonnengott-Göttervater Tyr.

Es gibt in den Liedern und Sagas sechs Seherinnen mit dem Namen „Heidr", von denen eine als Umdeutung der Muttergöttin erkennbar ist und zwei aus Sagas stammen, die umgedeutete Tyr-Mythen sind.

Dazu finden sich noch als sichere alte Namen, die auf einen Titel der Sonnenpriesterin zurückgehen, „Gislheid" („die dem Licht Geweihte") und „Heidvik" („die dem Licht Geweihte"). Auch „Heidvör" („Licht-Frau/Braut") könnte ein alter Name sein. Die beiden neuen Namen „Laugheid" und „Heidlaug" („die dem Licht Versprochene") sind offenbar neue Varianten zu „Heidvör" und zu „Gislheid", da „laug", „vör" und „gisl" alls drei einen Eid, eine Widmung, ein Versprechen und ähnliches bezeichnen, womit hier die Bestimmung einer Frau zu einer Sonnen-Priesterin gemeint ist.

3. g) Zusammenfassung

> Der Name der Göttin/Riesin „Heid" bedeutet „Licht, Strahlen". Sie ist entweder wie Aurboda eine Morgenrot-Göttin und somit eine Sonnenmutter oder selber eine Sonnengöttin.
>
> Sie ist mit den beiden Töchtern Lyngheid und Lofnheid des Tyr-Zwerges Hreidmar eng verwandt.
>
> Sie wurde schon von den Germanen als identisch mit Gullveig angesehen, die wiederum eine Entsprechung zu Freya ist.
>
> Heid ist somit einer der vielen Namen der Wiedergeburts-Mutter der Sonne – und daher auch der Wiederzeugungs-Geliebten der Sonne. Dies Motiv muß schon recht alt sein, da bei den West-Indogermanen die Sonnenmutter zur Sonne selber geworden ist.
>
> Sie war eine zauberkundige Seherin, Galdr-Sängerin und Seidir-Brauerin. Auch Freya hat diese Fähigkeiten und Kenntnisse.

3. h) Heid bei früheren Völkern

Der Name „Heid" ist vermutlich bereits bei den West-Indogermanen und nicht erst bei den Germanen zu einer Bezeichnung der Jenseitsgöttin geworden, da sich bei mehreren west-indogermanischen Volkern das Motiv der Sonnengöttin findet, das seinerseits aus den Wiedergeburts-Vorstellungen stammt.

Ursprünglich gebar immer dieselbe Göttin die Sonne am Morgen. Als sich jedoch auch die Göttin selber jeden Morgen so wie die Sonne verjüngte, wurde auch sie in die Wiedergeburts-Symbolik miteinbezogen wurde. Dadurch gebar sie dann an jedem Morgen nicht nur den Sonnengott, sondern auch sich selber aufs wieder.

Diese Entwicklung wurde u.a. durch den Umbau der Götterwelt von einzelnen Themen-bezogenen Gottheiten zu einer Göttersippe mit einem Stammbaum begünstigt.

Dadurch, daß die Göttin nun sowohl die Sonne als auch sich selber wiedergebar, wurden der Sonnengott und die Jenseitsgöttin zu Geschwistern und ihre Wiederzeugung vor der nächsten Wiedergeburt folglich zum Inzest (siehe „Inzest" in Band 51).

In einem zweiten Schritt trat dann die Jenseitsgöttin, die zu der Mutter, Schwester, Gleiebten und Tochter des Sonnengottes geworden war, an die Stelle des Sonnengottes – wodurch die Sonne sich von einem Gott zu einer Göttin wandelte.

3. i)   Das Aussehen der Heid

Man wird sich die Göttin Heid am ehesten wie eine Priesterin gekleidet vorstellen können, also mit einem langem Gewand und mit Stab, Ring und Handschuhen (siehe dazu auch den Band 58 über die Priesterinnen).

Als Sonnen-Mutter oder Sonnengöttin würde goldblondes Haar gut passen – diese Haarfarbe ist jedoch nirgendwo überliefert.

3. j)   Anrufung der Heid

Die folgende Verse sind keine traditionelle Anrufung, sondern eine Neudichtung.

Heid die Helle! Heidrun die allen Helfende!
Hüterin des Lichtes! Gib' uns heute wieder Lebenswärme!
Seherin und Trägerin des Stabes! Sonnen-Priesterin!
Schütze uns vor drohenden Schatten und Schaden!

Sonnenmutter! Strahlende Dise des Lichtes!
Schenke uns Seidr-Tränke und Gandr-Gesänge!
Wandernde Zauberin der Asen! Wiedergeborene Wanen-Frau!
Wir bitten Dich um Leben hier und im Jenseits!

3. k)   Traumreise zu Heid

„Heid, ich möchte Dich gerne besser kennenlernen."
„Du kennst mich doch schon recht gut."
„Meinst Du das, was ich geschrieben habe?"
„Ja. Du hast es gut erkannt."
„Danke. Gibt es etwas, was Du mir sagen oder zeigen magst? Etwas, was mir vielleicht hilft, Dich noch besser zu verstehen?"
Sie steht da ... sehr bewußt, sehr aufrecht ... und – Wie soll ich sagen? – unerschütterlich, so wie ein Berg – den kann man auch nicht erschüttern.
Sie hebt die Arme – die Oberarme gehen nach vorne unten und die Unterarme dann wieder nach oben und etwas nach vorne, die Handflächen nach vorne, die Mitten der Handflächen sind etwas über Schulterhöhe.
Das ist so ein Gefühl, als wenn sie am Horizont stehen würde. Das fühlt sich an wie

die Geste der Gerdr, wenn sie die Himmelstüre am Horizont öffnet, damit die Sonne aufsteigen kann.

„Das ist es."

Von ihren Händen strahlt Helligkeit aus. Das ist eine Geste wie Segnen, Beschützen, wie Lebendigkeit geben, Lebenskraft – ja, Lebensmut, also wie gut begründeter Optimismus, so wie 'Die Nacht ist vorbei, der Tag hat begonnen, und jetzt werde ich Dinge tun, die gut sind für mich, und mich an den Früchten meiner Taten erfreuen.' So fühlt sich das an.

„Danke, Heid!"

„Warte!"

„Ja?"

„Du hast mein Geschenk nicht angenommen."

„Oh! Das war mir nicht deutlich, daß das für mich ist. Ich dachte, das sei für alle."

„Gehörst Du da nicht dazu?"

„Oh! Hm ... Ja ..."

Ein sehr, sehr tiefer Seufzer ...

Ich stelle mich, ohne mir das überlegt zu haben, in dieselbe Haltung ihr gegenüber und fühle mich wie ein Priester, der morgens die Sonne anruft – als würde der Diar (Tyr-Priester) mit der Sonnenmutter sprechen. Die Sonnenmutter antwortet, öffnet das Himmelstor, die Sonne erscheint und sendet ihr Licht zu dem Diar, er hält seine Handflächen dem Licht entgegen, und er läßt das Sonnenlicht durch seine Handchakren in seinen Körper fließen.

Das Erlebnis kenne ich gut. Das tut gut! Das tue ich immer wieder gerne.

„Danke, Heid!"

„Jetzt ist es gut."

„Danke."

Ich kehre zurück.

„Ho!

4. Die Göttin Gullveig

4. a) Der Name „Gullveig"

Der Name der Göttin setzt sich aus dem Wort „gull" für „Gold" und aus dem Wort „veig" zusammen, dessen Bedeutung weniger eindeutig ist.

„Veig" bedeutet sowohl im Altnordischen als auch im Germanischen „Kraft". Davon leitet sich „veig" für „starker Trank" (wie das heutige „Starkbier") ab.

Das Wort „veig" mit der Bedeutung „Frau" leitet sich von dem Adjektiv „ve" für „geweiht, heilig" ab und bezeichnet eine Priesterin.

Die Bedeutung „Gold, Goldfaden", die „veig" auch haben kann, kann man hier wohl ausschließen, da der Name „Gullveig" sonst „Gold-Gold" bedeuten würde.

„Gullveig" scheint somit die „Gold-Frau" zu sein. Da Gold fest mit der Sonne assoziiert worden ist wie z.B. die Gold-Kenning „Sonne im Meer" zeigt, kann man „Gullveig" auch mit „Sonnen-Frau" übersetzen. Da das Substantiv „veig" außerdem ursprünglich „geweihte Frau" im Sinne von „Priesterin" bedeutet hat, sollte Gullveig eine Sonnenpriesterin sein.

Man kann Gullveig daher als Priesterin des ehemaligen Sonnengott-Göttervaters Tyr ansehen, wodurch „Gullveig" mit dem Begriff „Dise", der die Feminin-Form zu „Tyr" (Diar) ist, übereinstimmt.

Gullveig wird daher bis 500 n.Chr., als Tyr durch Thor und Odin abgesetzt worden ist, eine Bezeichnung für die Tyr-Priesterin gewesen sein, die evtl. auch mit der Sonnenmutter-Göttin assoziiert worden ist.

Das Wort „veig" bildet auch den zweiten Teil der altnordischen Frauennamen Rannveig, Sölveig und Thorveig. „Söl" ist die Sonne und „Thor" ist der Donnergott. Weniger eindeutig ist „Rann", das eigentlich „Langhaus" bedeutet, aber evtl. auch „Raub" bedeuten könnte oder die Göttin „Ran" („Räuberin") bezeichnet.

Das Wort „veig" findet sich somit in mehreren Priesterinnennamen:

Söl-veig	= Sonnen-Priesterin = Tyr-Priesterin
Gull-veig	= Gold-Priesterin = Sonnen-Priesterin = Tyr-Priesterin
Thor-veig	= Thor-Priesterin
Rann-veig	= Ran-Priesterin

Ran als die Meeresgöttin und als die Frau des Tyr als der Meeresriese Agir-Gymir wäre der Sonnen-Priesterin identisch. Dazu paßt, daß die Sonnenmutter-Göttin Gerdr als Tochter des Tyr-Gymir angesehen worden ist und daher mit Ran identisch sein sollte.

Der Name Thorveig ist möglicherweise erst nach 500 n.Chr. in Analogie zu „Gullveig" und „Sölveig" entstanden, als Thor, Odin und Freyr fast die gesamten mythologischen Motive des Tyr übernommen haben.

Gullveig wurde auch „Heid", also „Licht" genannt. Dieser Name entspricht dem „Gold" und auch der „Sonne" in dem Namen „Sölveig".

Dieser Alternativ-Name der Gullveig bestätigt, daß die Sonne eine größere Rolle in den Mythen dieser Göttin gespielt hat.

4. b)   Die Vision der Seherin

Über Gullveig wird ausschließlich in der „Vision der Seherin" berichtet. Die folgende Übersetzung folgt nicht ganz der „klassischen Version" von Rudolf Simrock, sondern hält sich möglichst eng an das Original.

Ich erinnere mich an den Krieg der Völker,
den ersten in der Welt,
als sie Gullveig mit Speeren stießen
und sie in der Halle des Hohen verbrannten:

dreimal verbrannt,
dreimal geboren,
oft, nicht selten,
und doch lebt sie.

Gullveig wurde in der „Halle des Hohen", also wohl in der Halle des Göttervaters Tyr/Odin erst erstochen und dann verbrannt, aber sie wurde dreimal wiedergeboren.

Diese Szene erinnert daran, daß die zauberkundige Griechin Medea ihren Geliebten Jason dadurch verjüngte, daß sie ihn zerstückelte und dann neu entstehen ließ. Der verbannte Königssohn Jason ist u.a. an seinem fehlenden Schuh, den er verlor, als ihn Hera über den Jenseitsfluß trug, als Nachfolger des Sonnengottes im Bereich der Sage erkennbar – man hat sich die Sonne früher einmal als Wanderer vorgestellt, weshalb die Schuhe dieses Gottes wichtig waren. Bei den Germanen hat sich diese Schuh-Symbolik bei dem Asen Widar erhalten können, der u.a. dem keltischen Schuster-Sonnengott Lugh entspricht.

Es könnte sich bei dieser Mord-Szene, deren Ursache nicht erwähnt wird, also um die Übertragung von Ritualszenen in den Bereich der Mythe handeln. Auch der dreifache Mord spricht für diese Deutung, da die „3" ein Symbole des Sonnenzyklus gewesen ist.

Auch bei den Kelten hatte der symbolische Einweihungstod der Druiden eine solche dreifache Symbolik: Sie wurden 1. an einen Baum gebunden, 2. in die Tiefe gestoßen und 3. ertränkt – dies bezieht sich darauf, daß die Einzuweihenden an einen Stamm gebunden in einen wassergefüllten Schacht hinabgelassen wurden und dort unter Wasser ein sehr reales Nahtod-Erlebnis, d.h. hatten, d.h. ins Jenseits reisten. Dieser Ritual-Tod wurde daher „dreifacher Tod" genannt.

Das Erstechen der Gullveig mit Speeren erinnert zudem an den am Weltenbaum hängenden Odin, der ebenfalls von einem Speer verwundet gewesen ist: *„Ich weiß, daß ich hing am windigen Baum, neun lange Nächte: vom Speer verwundet, dem Odin geweiht, ich selber mir selbst, am Ast des Baums, dem man nicht ansehen kann aus welcher Wurzel er sproß."*

Die Vermutung, daß die Entstehung des ersten Krieges von der Symbolik der Einweihungsrituale abgeleitet worden ist, ist somit recht wahrscheinlich. Ein denkbarer Zusammenhang zwischen beiden Themenbereichen ist die rituelle Tötung des Einzuweihenden im Jenseitsreise-Ritual, die ja ein absichtlicher, wenn auch nur symbolischer „Mord" ist. Der Krieg ist ein absichtlicher (realer) Mord an vielen Menschen.

Eine zweite Wurzel dieses „ersten Krieges" könnte auch die Auseinandersetzung zwischen den nordgermanischen Göttern, die vermutlich den Wanen entsprechen, und den südgermanischen Göttern, die vermutlich den Asen entsprechen, sein. Dieser Krieg endeten ganz Mythen-untypisch mit einem Waffenstillstand zwischen den Asen und Wanen – was jedoch gut zu einer Neuformierung des nordgermanischen Götterkreises aus den nord- und südgermanischen Gottheiten paßt.

Dieser Krieg wird in der übernächsten Strophe der Völuspa beschrieben. Zunächst wird jedoch berichtet, daß Gullveig auch „Heid" genannt wurde:

Sie nannten sie Heid,
wo auch immer sie zu den Häusern kam,
eine Stabträgerin mit großer Sehergabe
sie wirkte Magie mit Gandr-Zauberkunst,

sie braute Seidir-Tränke, wo immer sie konnte
sie braute Seidir-Tränke in frohem Gemüt,
sie war stets eine Wohlduftende
für die hinterhältige Frau.

Eine zauberkundige („Gandr") Frau, die auch den Göttermet zu brauen wußte („Seidr"), wird sich auch mit den Einweihungsritualen ausgekannt haben.

In den Mythen der Germanen ist die Göttin im Jenseits in ihrer aus der Wiederzeugung stammenden Geliebten-Funktion vor allem Freya und die Riesinnen.

Die Schilderung der Gullveig gleicht in einem Punkt der Schilderung der Freya im Ynglingatal: „*Njörds Tochter Freya war die Opfer-Priesterin und lehrte als erste den Menschen des Asen-Landes die magischen Künste, wie sie bei den Menschen des Wanen-Landes üblich waren.*" Freya erscheint auch in der „Saga über Hegin und Högni" als eine zauberkundige Göttin. Sie ist auch eine Totengöttin, da sie sich mit Odin die gefallenen Krieger je zur Hälfte teilt.

„Gullveig" scheint somit ein Beiname der Göttin Freya zu sein, den diese Asin möglicherweise im Zusammenhang mit den Einweihungsritualen der Germanen trug. Diese Rituale werden u.a. auf den beiden Goldhörnern von Gallehus und auf dem Runenstein von Ardre dargestellt.

Eine ausführliche Beschreibung dieser Bilder findet sich in meinen Büchern „Die Drachen der Germanen" (Band 41) und „Cernunnos".

Die Todessymbolik wurde anscheinend von den Jenseitsreisenden selber auf die Göttin im Jenseits übertragen. Gullveig wird die Göttin gewesen sein, mit der sich die Jenseitsreisenden in der Unterwelt vereinten, um danach wiedergeboren zu werden. Dieses Motiv findet sich in den vier Nächten, die Freya mit vier Zwergen-Schmieden verbrachte wieder, für die sie dann ihren goldenen Halsreif Brisingamen erhielt, der ein Symbol der erfolgreichen Jenseitsreise ist – der Torque der Kelten und der Draupnir des Odin. Diese rituelle Jenseitsreise findet sich auch bei Odin, der sich in eine Schlange verwandelte (Toter als Drache auf dem Schatz im Hügelgrab), sich dann mit Gunnlöd vereinte (Wiederzeugung mit der Jenseitsgöttin), dann den Göttermet trank („Wiederstillen") und schließlich als Adler zurück nach Asgard flog (Wiedergeburt als Seelenvogel).

Diese Jenseitsreise-Symbolik wird sich in enger Assoziation zu der nächtlichen bzw. winterlichen Jenseitsreise des ehemaligen Sonnengott-Göttervaters Tyr entwickelt haben.

Der letzte Vers der oben angeführten Strophe aus „Die Vision der Seherin" ist wohl ein Anklang an die Furcht vor dem Tod, der aus der Großen Mutter im Jenseits nicht nur die Jenseits-Geliebte, sondern auch die Todesgöttin Hel entstehen ließ.

Es ist nicht sicher, ob die beiden nächsten Strophen noch zu den beiden vorhergehenden Strophen dazugehören. Falls sie eine Einheit bilden sollten, dann wäre der Streit mit Gullveig der Auslöser für den Krieg zwischen den Asen und den Wanen gewesen.

Odin warf seinen Speer auf das Volk, das dort stand,
das war der erste Krieg in der Welt.
Gebrochen war die Außenmauer der Burg der Asen
die Wanen kannten Kriegs-Zauber, sie zerstampften das Tal.

Da gingen all die Götter zu ihren Rat-Sitzen
die hochheiligen Götter hielten Rat,
ob die Asen ihnen Sühne-Geld zahlen müßten
oder ob sie all den Götter den Schaden ersetzen müßten.

4. c) Zusammenfassung

Gullveig ist sehr wahrscheinlich der Name der Göttin Freya im Zusammenhang mit Einweihungen. Ihr Name bedeutet „Sonnen-Priesterin" und ist eine Parallelbildung zu den beiden Namen „Solveig" und „Ranveig".

Der Übergang zwischen Sonnengöttin und Sonnen-Priesterin ist bei Gullveig nicht ganz deutlich. In ähnlicher Weise schwankt auch die Bedeutung von „Dise" zwischen „Göttin" und „Tyr-Priesterin". Entweder sind die Tyr/Sonnen-Priesterinnen nach der Sonnenmutter-Göttin benannt worden oder die Priesterinnen wurden fast als „Göttinnen auf der Erde" angesehen.

Gullveig wurde vermutlich eng mit Freya als der Wiederzeugungs-Geliebten und der Wiedergeburts-Mutter des ehemaligen Sonnengott-Göttervaters Tyr assoziiert.

Der dreifache Tod der Gullveig, aus dem sie dreimal wiedergeboren wird, bezieht sich auf den symbolisch-rituellen Tod der Jenseitsreisenden in den Einweihungs-Ritualen.

4. d) Gullveig bei früheren Völkern

Bei den Kelten erscheint die Sonnenmutter u.a. als die Riesin-Göttin Ethne, die die Tochter des Riesen-Königs Balor ist, der Tyr als Riesenkönig Thiazi-Geirröd-Hrungnir entspricht. Eine weitere, zauberkundige Sonnenmutter ist Cerridwen. Auch die Erdmutter und Wasserjenseits-Göttin Dana, die die Mutter des keltischen Göttervaters Dagda ist, entspricht der Gullveig.

4. e) Das Aussehen der Gullveig

Da Gullveig der Göttin Heid entspricht, kann man über ihr Aussehen dieselben Vermutungen wir über Heid anstellen:

44

Sie wird am ehesten wie eine Priesterin gekleidet vorstellen können, also mit langem einem Gewand und mit Stab, Ring und Handschuhen (siehe dazu auch den Band 58 über die Priesterinnen).

Als Sonnen-Mutter oder Sonnengöttin würde goldblondes Haar gut passen – diese Haarfarbe ist jedoch nirgendwo überliefert.

4. f) Anrufung der Gullveig

Die folgende Verse sind keine traditionelle Anrufung, sondern eine Neudichtung.

Gullveig, Gold-Frau, große, gütige Asin,
gib jedem Tag das Licht und die Wärme!
Solveig, Sonnen-Priesterin, strahlende Dise,
schenke jedem Jahr die Fülle und gute Ernte!

Ranveig, Mutter des Rig, Göttin der Regin[5],
rege das Feuer des Herzens in mir an!
Freya, Fürstin der Asen, Freundin des Fornjotr[6],
förd're die Liebe zum Leben in meinem Herzen!

4. g) Traumreise zu Gullveig

„Gullveig, ich würde Dich gerne besser kennenlernen."
„Seit einer Weile sprichst Du alle mit diesem Satz an."
„Er trifft es am besten – das, was ich möchte."
„Und was möchtest Du von mir?"
„Dich verstehen – und, ja, ich möchte auf diese Weise schauen, ob ich noch eine Bestätigung erhalte, daß das, was ich geschrieben habe, richtig ist, oder ob ich vielleicht etwas übersehen habe."
„Ich bin die Priesterin.
 Ich bin die Zauberin in den Mythen.
 Aber eigentlich bin ich die Sonnenmutter.
 Ich bin die goldene Frau, die goldene Göttin.

---

5 Regin = „König, Herrscher" = Götter
6 Fornjotr = „alter Riese" = Tyr als Riesenkönig in der Unterwelt

Ich bin die Zauberin.

Ich gebe Licht und Heilung."

...

"Gibt es etwas, was Du, ja, vorzugsweise heilst?"

"Das Herz. Das Selbstwertgefühl. Die Hoffnung. Die Tatkraft. Das im-Leben-stehen. Die Sonne im Herzen."

"Hm ... Und Du bist die Sonnenmutter? Bist Du deshalb dreimal gestorben?"

"Ja. Das ist die Sonnensymbolik. Das hast Du richtig beschrieben."

... ...

"Ich mag Deine Ausstrahlung und Deine Qualität. Darf ich ... so etwas einer Göttin sagen?"

"Die Wahrheit ist immer gut."

"Hm ... das sehe ich eigentlich auch so, ja. Gibt es noch etwas, was Du mir sagen oder zeigen möchtest?"

"Rufe mich, wenn Du die Hoffnung verloren hast, wenn Du nicht weiterweißt, wenn Du nicht weißt, was das alles gerade soll."

"Danke, das klingt gut, ja."

Sie lächelt und ich lächle zurück.

"Danke, Gullveig."

Dann kehre ich zurück.

"Ho!"

5.   Die Göttin Lofn

5. a)   Der Name „Lofn"

Das germanische Verb „lof" bedeutet „loben, preisen, erlauben" und hat auch den Aspekt von „mild und gnädig handeln" – mit diesem germanischen Wort hängen die beiden deutschen Substantive „Erlaubnis" und „Urlaub" zusammen.

Die Göttin Lofn ist somit die Personifizierung des Freiraums, der Freiheit und auch der Gnade. Sie wird ursprünglich ein Aspekt der Freya gewesen sein.

5. b)   Gylfis Vision

Die achte, Lofn, ist den Anrufenden so mild und gütig, daß sie von Allvater oder Frigg Erlaubnis hat, Männer und Frauen zu verbinden, was dem auch für Hindernisse oder Schwierigkeiten entgegenstehen mögen.

Daher ist nach ihrem Namen die Erlaubnis benannt und ebenso alles, was Menschen loben und preisen.

Hier wird der Lebensbereich, auf den Lofn einwirkt, näher als die Beziehungen zwischen Männern und Frauen beschrieben. Allvater (Odin) und Frigg bezeichnen hier das machtvollste Götterpaar – sozusagen die „Götter-Eltern"

5. c)   Thulur

In den Thulur am Ende der Snorri-Edda wird Lofn unter den Asinnen aufgeführt:

Nun nenne ich
alle Asinnen-Namen:
Frigg und Freyja,
Fulla und Snotra,
Gerdr und Gefjun,
Gna, Lofn, Skadi,
Jörd und Idunn,
Ilmr, Bil, Njörun.

Hlin und Nanna,
Hnoss, Rindr und Sjöfn,
Sol und Saga,
Sigyn und Vör,
Var und Syn
sind die edlen Namen,
aber zum Schluß müssen noch
Thrudr und Ran genannt werden.

5. d) Huldar-Saga

In dieser Saga tritt eine Frau mit dem Namen „Lofn" auf. Da in der Huldar-Saga viele Gottheiten zu Menschen umgedeutet worden sind, könnte das Schicksal der Lofn in dieser Saga aus einer früheren Lofn-Mythe stammen.

Später ward ihnen noch eine Tochter geboren, die Yrpa.

Irpa ist die jüngere Schwester der Thorgerdr, da sie erst nach ihr geboren wurde. Diese beiden Göttinnen sind die beiden Töchter der Göttin Huldar.

Heimgestr aber kam auf einer Reise, die er unternahm, um den Holgi zu besuchen, zu dem Bauern Kleggi und erzeugte mit dessen Tochter die Lofn, welche er als sein Kind anerkannte und bei Holgi erziehen ließ. Bald darauf ernannte ihn dieser als Häuptling über Naumudal.

„Holgi" bedeutet „Heiler, Heiliger" und ist ein Beiname des Tyr. Lofn scheint also eine Tochter des Tyr gewesen zu sein – und die Töchter der Götterväter der Germanen sind in der Regel die umgedeutete Jenseitsgöttin, die ursprünglich die Wiederzeugungs-Geliebte und die Wiedergeburts-Mutter des Sonnengott-Göttervaters Tyr gewesen ist.

… … …

Eines Sommers fuhr Holgi wieder auf Heerung aus. Andererseits gehen aber auch Heidir Gnapa-Sohn und Sölvi Auda-Sohn, welche inzwischen bei Audi dem Reichen aufgewachsen waren, auf Abenteuer aus.
Heidir, welcher von seinem Vater das gute Schwert Hraugudarnaut bekommen hatte, das dieser einem Waldbewohner abgenommen hatte, wandte sich zunächst

nach den Tälern, wo er viel Land urbar macht, und heiratete dann die 15-jährige Lofn, Heimgests Tochter, mit welcher er den Hildir und den Dagr erzeugte.

„Waldbewohner" ist im Harbard-Lied eine Umschreibung für die Toten in ihren Hügelgräbern. Das Schwert Hraugudarnaut könnte folglich aus einem Hügelgrab stammen und wäre dann das Schwert des Tyr.

Der Name „Dagr" bedeutet „Tag, Sonne" und ist ein Beiname des Tyr. Lofn, die Mutter des Dagr, könnte daher auf Freya, Gerdr oder eine andere Wiedergeburts-Mutter des Tyr zurückgehen.

Sölvi dagegen zog westwärts und machte da eine Landschaft urbar, welche man nachmals Soleyjar nannte und wurde deren Häuptling.

Als nun Gisli und Öndurr einigermassen herangewachsen waren, erklärten sie dem Audi, daß sie die Brautgabe ihrer Mutter (Lofn) einfordern wollten. Er aber hieß sie zuvor seine Freundin Huld herbeiholen.

Diese meint zwar zuerst, in Abwesenheit ihres Mannes dessen Reich nicht verlassen zu können, ließ sich aber schließlich doch durch die von Audi ihr gemachten Geschenke zur Reise überreden und übergab die Fürsorge für das Reich ihren Töchtern.

Als nun die beiden jungen Leute von Visbur die Brautgabe ihrer Mutter forderten und von ihm mit aller Härte abgewiesen wurden, legten sie, von Huld dazu ermächtigt, auf das Halsband den Fluch, daß es dem besten Manne aus Visburs Geschlecht den Tod bringen solle.

Ihre Mutter (Lofn) aber erklärte, ihn selbst durch Zauberei töten lassen zu wollen und verlangte dazu die Hilfe der Huld. Diese erwiderte, da sie früher bereits den Vanlandi durch Zauberkunst getötet habe, könne sie sich hierauf nur unter der Bedingung einlassen, daß zugleich auf das Geschlecht der Ynglingar der Fluch steten Verwandtenmordes gelegt werde.

Da die Beteiligten darin einwilligten, ging der Zauber vor sich. Weil aber Öndurr verbotswidrig dabei zugesehen hatte, erklärt Huld, daß die Brüder zur Strafe weder die Brautgabe noch einen Anteil am Reich erhalten würden.

Nun reiste sie mit ihnen zu Heidir, um ihn zu bitten, ihnen zu helfen, und dieser ließ sich, obwohl anfangs abgeneigt, durch seine Frau Lofn dazu bewegen.

Während Huld heimkehrt, überfiel er mit den Brüdern den König Visbur und verbrannte ihn in seinem Haus. Gisli und Öndurr ertranken jedoch auf der Heimreise, wonach Domaldi seines Vaters Reich übernahm.

Das verfluchte, todbringende Halsband erinnert stark an den Halsreif Brisingamen der Freya, da dieses Schmuckstück sehr wahrscheinlich mit Odins Draupnir identisch gewesen ist und ein Symbol der Jenseitsreise war. Da fast alle guten Dinge, die im Zusammenhang mit dem Tod und der Jenseitsreise standen, zu Ursachen des Todes wurden, wenn sie in in die Sage übertragen wurden, könnte der Halsreif der Lofn, den sie als Brautgabe mit in ihre Ehe brachte, durchaus Freyas Brisingamen sein.

Die Göttin Lofn wäre dann ursprünglich ein Aspekt der Freya als Liebesgöttin, d.h. als Wiederzeugungs-Geliebte gewesen.

In anderen nordischen Sagas wird die Brautgabe zurückgefordert, weil der Ehemann seine Braut verstoßen hat. Dies Motiv könnte auf die „lange Reise" des Odr, des Mannes der Freya zurückgehen, die ursprünglich die Jenseitsreise des Odin gewesen ist.

Die beiden Söhne werden innerhalb dieser Jenseitsreise-Symbolik vermutlich die beiden Alcis sein, also die beiden Pferdesöhne des früheren Sonnengott-Göttervaters Tyr, die am Abend bzw. im Herbst zusammen mit ihm starben (siehe den Band 12 über die beiden Alcis).

Lofn als der Liebesgöttin-Aspekt der Freya wird aufgrund des starken Bezuges der Lofn zur Jenseitsreise-Symbolik die Jenseitsgeliebte des Toten sein, mit der er sich im Jenseits wiederzeugt, damit er von der Göttin wiedergeboren werden kann. Lofn entspricht somit der Menglöd, die ebenfalls die Jenseitsgeliebte des Tyr-Swipdag (und allgemein der Toten) ist.

Die Förderung der Beziehungen zwischen Mann und Frau durch Lofn wird daher auf die Wiederzeugung des Tyr und allgemein der Toten durch Freya-Lofn zurückgehen.

5. e) Skaldskaparmal

Der Name der Göttin Lofn wurde in Kenningarn für „Frau" verwendet. Snorri Sturluson zitiert dazu eine Strophe in seiner Auflistung der Umschreibungen für „Meer":

Gischt-Fleck, wie Omr sang:

Die falkengleiche, achtsame Dame
hat jegliche Tugend: Sie ist eine Lofn
des Flammen-Goldes der Gischt-Flecken,
treu als Freund, ohne jeden Makel.

Die „Gischt-Flecken" sind das Meer. Die „Flammen des Meeres" sind Gold: Eine „Lofn" ist eine Frau: Eine „Frau des Goldes" ist eine reiche, geschmückte Frau.

Das Wort „Gold" ist in dieser Kenning überflüssig, da „Flammen des Meeres" bereits die Bedeutung „Gold" hat – „Flammen der Gischt-Flecken" hätte genügt.

5. f) Katrinardrapa

In dieser Drapa des Skalden Kalfr Hallson finden sich zwei mit „Lofn" gebildete Frauen-Kenningar:

„Lofn des Feuers des Landes der Wale"

Das „Land der Wale" ist das Meer. Das „Feuer des Meeres" ist das Gold. Die „Lofn (Göttin) des Goldes" ist eine Frau.

„Samt-Lofn"

Diese „Samt-Göttin" ist eine Frau, die wertvolle Kleider trägt.

5. g) Fragment des Skalden Bjarni Ason

In diesem Loblied, das sich vermutlich auf König Magnus den Blinden bezieht, tritt Lofn in der Funktion der Jenseitsgöttin auf.

Seht, was diesem Fürsten geschah:
Eine Wut-Tat: Ihm wurden die Augen herausgeschlagen
(das war eine Fehde!) von den Männern –
Dem Heimdall, dem Baum des Honigs.

  Heimdall = Fürst
  Hönig = Gold; Gold-Baum = reicher Krieger = reicher Fürst

So kam es, daß von dem Haupt des Eiben-Herrn,
der ein Ausgestoßener wurde,
der bitter unter dem Himmel wanderte,
rotes Blut herabrann.

  Eibe = Bogen; Eiben-Herr = Bogenschütze = Krieger = Fürst

Der Fürst nahm den Insel-erfüllten Weg
durch den Erd-Gürtel nach Vierzig-Stäbe.

   Insel-erfüllter Weg = Meer
   Erd-Gürtel = Meer rings um Midgard
   Vierzig-Stäbe = unklare Kenning für „Jenseits"

Ägir gibt mir einen Ankerplatz,
er war Dir gnädig;
Zum Kostbar-Rad sprechen:
Die Mark-Heime sind im Schnell-Berg.

   Ägir = Tyr im Jenseits; Ankerplatz bei Ägir = im Jenseits ankommen
   Kostbar-Rad = Sonne
   Mark-Heim = Knochen
   Schnell-Berg = Hügelgrab (schnell zufallendes Grabkammer-Tor)

Und Lofn befreite den starken Mann
(als das Heer vom Land-Raub erschöpft schlief)
am langen Steuerruder auf dem See-Hirsch
von oben.

   starker Mann = König Magnus der Blinde
   befreien = Lofn gibt Magnus dem Blindem in seinem Hügelgrab bei ihr Ruhe
   Land-Raub = Krieg
   See-Hirsch = Drachenschiff = Jenseitsreise-Schiff

5. h) Zusammenfassung

   Lofn verbindet Männer und Frauen miteinander, egal welche Hindernisse und Schwierigkeit dem auch entgegenstehen.
   Wahrscheinlich ist sie eine enge „Freundin" der Liebesgöttin Sjöfn und vielleicht auch der Var, der Göttin der Verträge und der Ehe.
   Sie wird zunächst wie Menglöd der Aspekt der Wiederzeugungs-Geliebten der Freya gewesen sein, bevor sie auch im Diesseits zu einer Liebesgöttin geworden ist.

5. i)   Anrufung der Lofn

Die folgende Verse sind keine traditionelle Anrufung, sondern eine Neudichtung.

Lofn, Liebesgöttin in Midgard und Niflheim,
lenke Lächeln und Küsse in Fülle zu uns!
Gnädige Göttin, Gespielin des Geirröd[7],
gib uns eine gute Geburt in Gimle[8]!

Lofn, Lebengeberin, Licht-haarige Braut,
laß das Feuer des Leibes in uns lodern!
Milde Mutter des Dag, des mächtigen Asen,
mehre glühende Liebe in meinem Leben!

5. j)   Traumreise zu Lofn

„Lofn ...“

„Ich bin Freya, das hast Du richtig erkannt. Die Göttin der Wiederzeugung, die Wiederzeugungs-Geliebte.“

„Und bist Du auch die Göttin der Liebenden? Also der ganz normalen irdischen Liebe im Diesseits?“

„So etwas weitet sich immer aus, überträgt sich von der einen auf die andere Seite, aber es wäre gut, die Quelle im Blick zu behalten, den Weg, auf dem diese Bilder entstehen – dann bleibt man näher an der Wirklichkeit und vermischt nichts miteinander.“

„Hm ... das finde ich generell auch. Gibt es noch etwas, was Du mir sagen oder zeigen möchtest?“

„Das ist gut so.“

„Danke, Lofn.“

...

„Wolltest Du mich nicht noch etwas fragen?“

„Hm ... ja ... Ich glaube, ich habe noch immer nicht so ganz verstanden, was Liebe eigentlich ist. Gibt es da etwas, was Du mir sagen magst?“

„Liebe ist das Licht Deiner Seele. Du bist am lebendigsten, wenn Du sie strahlen läßt. Und Du bist am glücklichsten, wenn Du immer die Quelle der Liebe im Blick

---

7   Geirröd = Tyr in der nächtlichen/winterlichen Unterwelt als Riesen-König
8   Gimle = „Alte" = Jenseitshalle (vermutlich des Tyr)

behältst – Dich selber, Deine Seele, Dein Herz. Du bist die Sonne, Deine Liebe sind die Strahlen – sie wärmen Dich und sie wärmen andere. Achte immer darauf, daß Du Deine Mitte bei Dir behältst: bei der Sonne – und nicht bei den Sonnenstrahlen. Die Sonnenstrahlen sind der Selbstausdruck, die Ausdehnung, der Kontakt zur Welt – aber Du bist es, der sich ausdrückt, der sich ausdehnt, der Kontakt zur Welt aufnimmt. Wenn Du liebst, vergiß nie Deine Seele, Dein Herz – denn das ist der Ort, an dem die Liebe entsteht."

...

"Danke, Lofn. So deutlich und entschieden und poetisch habe ich das noch nicht formulieren können. Das macht es mir ein gutes Stück klarer. Danke!"

"Bitte. Kommt ruhig, wenn ihr Fragen dazu habt."

"Danke, Lofn!"

Ich kehre zurück.

"Ho!"

6.   Die Göttin Hnoss

Hnoss ist eine der nur sehr selten erwähnten Göttinnen. Sie ist vor allem ein Aspekt der Freya.

6. a)   Der Name „Hnoss"

Der Name dieser Tochter der Freya bedeutet „Schmuckstück, Schatz". Sie ist offensichtlich eine Personifizierung von Freyas Halsreif Brisingamen.

6. b)   Thulur

Hnoss wird wie ihre Mutter zu den Asinnen gezählt:

Namen der Asinnen:

Nun nenne ich
alle Asinnen-Namen:
Frigg und Freyja,
Fulla und Snotra,
Gerdr und Gefjun,
Gna, Lofn, Skadi,
Jörd und Idunn,
Ilmr, Bil, Njörun.

Hlin und Nanna,
Hnoss, Rindr und Sjöfn,
Sol und Saga,
Sigyn und Vör,
Var und Syn
sind die edlen Namen,
aber zum Schluß müssen noch
Thrudr und Ran genannt werden.

6. c) Thulur

In einer anderen Namensliste des Snorri Sturluson wird Hnoss als Freyas Tochter bezeichnet:

Freya weinte
Gold(-Tränen) für Odi.
Ihre Namen sind
Hörn und Thrungva,
Syr, Skjalf und Gefn
und auch Mardöll.
Ihre Töchter heißen
Hnoss und Görsemi.

6. d) Skaldskaparmal

In der Skaldskaparmal wird noch einmal bestätigt, daß Hnoss die Tochter der Freya ist:

„Wie soll man Freya umschreiben?"
„So: Indem man sie ... 'Mutter der Hnoss' ... nennt."

6. e) Gylfis Vision

Hier wird Freya als die Mutter der Hnoss noch einmal bestätigt:

Freyja ist die vornehmste nach Frigg. Sie ist einem Manne vermählt, der Odhr (Odin) *heißt. Deren Tochter heißt Hnoss: Sie ist so schön, daß nach ihrem Namen alles genannt wird, was schön und kostbar ist.*

Snorri leitet generell die Bezeichnungen der Gegenstände von den Götternamen ab – der tatsächliche Zusammenhang ist umgekehrt.

6. f)   Heimskringla

Freya hatte noch viele andere Namen. Ihr Mann wurde Odr genannt und ihre Töchter Hnoss und Gerseme. Sie waren so schön, daß später die wertvollsten Edelsteine mit ihren Namen bezeichnet wurden.

6. g)   Skaldskaparmal

Und hier hat Einarr Freya auch dadurch umschrieben, daß er sie 'Mutter der Hnoss' und 'Frau des Odr' nennt, so wie hier unten steht:

Das starke Eis des Daches des Rodi gegen den Sturm,
trägt unvermindert sein Tränen-Gold,
den Augen-Regen der Bettgenossin des Odr:
So nutzt der König sein Leben.

Eis = Metall; Rodi = Seekönig; metallenes Dach des Seekönigs = Schild
Sturm = Kampf
Augen-Regen = Tränen; Bettgenossin des Odr = Freya; Tränen der Freya = Gold
letzte Zeile: Der König führt Kriege und raubt Gold.

Und er sang auch so:

Ich besitze Hörns ruhmreiches,
Gold-gekleidetes Kind.
Wir haben große Schätze erhalten.
An dem Schild-Zerstörer befindet sich Meeres-Feuer.
Freyrs Nichte trägt ihrer Mutter Augenlider-Regen.

Hörn = Freya; ihr Kind = Hnoss = Gold
Schild-Zerstörer = Axt
Meeres-Feuer = Gold
  Freyrs Nichte = Freyas Tochter = Hnoss = Gold; Mutter der Hnoss = Freya; Augenlider-Regen = Tränen; Freyas Tränen = Gold

6. h)   Skaldskaparmal

Snorri zitiert in seinem Lehrbuch über die Skaldenkunst ein Lied des Skalden Einarr Klingel-Waage, in dem Hnoss mit „Maid der Gefn" umschrieben wird:

Der ehrfurchtgebietende Kriegstreiber
des Odin, der den heftigen Kampf
beginnt, gab mir
die Mut-unerschütterliche Tochter
der Wanen-Braut, meine schöne Axt;
Der kühne Herr der Schwert-Treffen
geleitete Gefns Maid zu meinem Bett,
bedeckte es mit den Gold-Arbeiten der Meeres-Flammen.

Kriegstreiber des Odin = Fürst
Wanen-Braut = Freya; ihre Tochter = Hnoss = Personifizierung des Goldes; die mit Hnoss identifizierte Axt = goldgeschmückte Kriegsaxt
Schwert-Treffen = Kampf
Gefn = Freya; ihre Maid = ihre Tochter = Hnoss = Gold
Meeresflammen = Gold; Gold-Arbeiten = Schmuck

Diese Stelle klingt fast nach den Grabbeigaben bei einer Bestattung, aber da ein Toter kein Lied für sich selber dichten kann, wird der Fürst hier wohl den im Kampf verletzten Skalden mit Goldringen belohnt haben, die er an an dessen Krankenlager gebracht hat.

6. i)   Zusammenfassung

Hnoss („Schmuckstück, Schatz") ist als Tochter der Freya die Personifizierung des vermutlich goldenen Halsreifs der Freya sowie der Tränen dieser Göttin, die zu Gold wurden.
   Die beiden Töchter Hnoss und Görsemi der Freya wurden vermutlich wie die beiden Söhne Modi und Magni des Thor, die beiden Söhne Baldur und Hödur des Odin, die beiden Söhne Vali und Narfi des Loki usw. den beiden Alcis-Söhnen des Tyr nachgebildet.

Für die Anrufung der Hnoss und die Traumreise zu Hnoss siehe das folgende Kapitel über ihre Schwester Görsemi.

7. Die Göttin Görsemi

7. a) Der Name „Görsemi"

Der Name der Freya-Tochter „Görsemi" bedeutet „Kostbarkeit" und bezieht sich wie der Name ihrer Schwester Hnoss auf Freyas Brisingamen.

7. b) Thulur

In diesen Namenslisten des Snorri Sturluson wird „Görsemi" als Name einer Tochter der Freya angeführt:

Namen der Freya:

Freya weinte
Gold(-Tränen) für Odi.
Ihre Namen sind
Hörn und Thrungva,
Syr, Skjalf und Gefn
und auch Mardöll.
Ihre Töchter heißen
Hnoss und Görsemi.

7. c) Zusammenfassung

Der Name der Freya-Tochter „Görsemi" bedeutet „Kostbarkeit" und bezieht sich wie der Name ihrer Schwester Hnoss auf Freyas Brisingamen.

59

7. d)   Anrufung der Hnoss und der Görsemi

Die folgende Verse sind keine traditionelle Anrufung, sondern eine Neudichtung.

Hnoss, Du huldreiches Kind der hehren Freya,
hole Gold und Horte in unser Leben!
Schützerin des Schatzes der schönen Syr[9],
spende uns Silber in Fülle alle Tage!

Görsemi, goldene Tochter der Halsreif-Göttin,
gib uns den Gold-Ring, wenn wir Geirröd begegnen[10]!
Kennerin der Kostbarkeiten von Kyrmirs Mutter[11],
komme zu uns mit Deinen reichen Gaben!

7. e)   Traumreise zu Hnoss und Görsemi

„Hnoss ... und Görsemi ... seid ihr eigentlich dieselbe Göttin?"
Sie lachen ...
„Wir sind zwei Göttinnen, aber wir sind eine Göttin."
„Heißt das, ihr seid zwei, weil ihr den Alcis nachgebildet worden seid, aber ihr verkörpert beide das Brisingamen?"
„So ist es."
„Gibt es etwas, was ihr mir zeigen möchtet oder sagen möchtet?"
„Du darfst Dir etwas mehr Wohlstand vom Leben wünschen. Schaffe Dir in Dir selber einen Platz dafür. Halte Deine Hände auf."
„Ja, das tue ich."
Ich muß ganz breit grinsen ... und lache leise vor mich hin ...
Ein ganz tiefer Seufzer ...
„Danke, Hnoss ... Danke, Görsemi."
„Es ist genug für alle da, es ist Fülle da."
„Ja ... danke!"
Ich kehre zurück.
„Ho!"

---

9   Syr = „Sau" = Freya als Jenseitsgöttin in der Gestalt einer Wildsau
10 Geirröd = Tyr-Riese im Jenseits; ihm begegnen = sterben; (Geirröds) Goldring = Symbol der Wiedergeburt im Jenseits
11 Kyrmir = Tyr-Riese; seine Mutter = Freya

8.   Die Göttin Iwidie

8. a)   Der Name „Iwidie"

Der Name „Iwidie" bedeutet „All-Weite" – analog zu dem Tyr-Titel „Iwaldi", der „All-Walter" im Sinne von „All-Herrscher" bedeutet. Eine Göttin mit dem Namen „All-Weite" ist sehr wahrscheinlich eine Erdgöttin.

Das altnordische Adjektiv „ivid" für „böse, arg, übel", zu dem es auch das Substantiv „ivid" für „Bosheit" gab, ist von der Auffassung der Iwidie als „böse Frau" oder „Hexe" abgeleitet worden.

Eine Göttin, die zugleich eine Erdgöttin und ein Hexe ist, sollte ursprünglich eine Jenseitsgöttin gewesen sein, da das Jenseits unter der Erde liegt und die Jenseitsgöttin oft zur „bösen Riesin" umgedeutet worden ist.

8. b)   Odins Rabenzauber

In einem Vers aus „Odins Rabenzauber" wird „Iwidie" genannt, die eine Riesin oder Göttin ist.

Allvater waltet, Alfen verstehen,
Wanen wissen, Nornen weisen,
Iwidie nährt, Menschen dulden,
Thursen erwarten, Walküren trachten.

8. c)   Zusammenfassung

„Iwidie" bedeutet „All-Weite" und wird ein Beiname der Freya und/oder der Frigg als Erdgöttin und Totengöttin gewesen sein.

Als Erdgöttin war Iwidie wie Sif auch eine „nährende Göttin".

8. d)   Anrufung der Iwidie

Die folgende Verse sind keine traditionelle Anrufung, sondern eine Neudichtung.

Iwidie, Idun der Kräuter[12], Midgard-Insel[13],
in Deinen großen Händen liegt alle Speise;
Göttin der Erde, Dein weites Gesicht lächelt
gütig Deinem Sohn, der Sonne zu.

Blüten knospen, Sträucher blühen,
bald grünt Skadi[14] und gebiert die Toten;
Getreide reift wie gold'nes Haar,
Götter sprechen und sagen: Iwidie nährt.

8. e)   Traumreise zu Iwidie

„Iwidie ... ich würde Dich gerne besser kennenlernen."

...

„Mein Name ist eine allgemeine Bzeichnung für 'Göttin'. Ich bin keine spezielle Göttin."

„Hast Du denn einen Charakter?"

„Ich bin die Erde und ich bin die Jenseitsgöttin – und ich bin die Mutter ... Ich bin die Nährende."

Das fühlt sich auch ganz ... ja ... weich und warm an und ... willkommen – so wie mich anlehnen können oder, ja, eigentlich ankuscheln können ... hm ... so wie ein kleines Kind sein bei den Eltern ...

Iwidie lächelt ...

... ...

Da gibt es irgendwie nichts zu fragen ... einfach da sein und das genießen ...

„Danke, Iwidie!"

Ich kehre jetzt zurück.

„Ho!"

---

12 Idun = Apfel(baum)göttin; Idun der Kräuter = Kräutergöttin, hier: Erdgöttin

13 Midgard-Insel: Die Erde wurde als große Insel im Weltmeer aufgefaßt. Die Erde ist der Leib der Erdgöttin.

14 Skadi = Erdgöttin

9. Die Göttin Jorunn

9. a) Der Name „Jorunn"

Der Frauenname *„Jorunn"* kann auf verschiedene Weise gedeutet werden:

Jor-unn = „Keiler-Liebende"	= „Keiler-Frau"	
Jor-unn = „Keiler-Woge"	= „Keiler-Frau"	
Jor-unn = „Roß-Liebende"	= „Roß-Frau"	
Jor-unn = „Roß-Woge"	= „Roß-Frau"	

„Jorunn" ist somit entweder die „Keiler-Frau" oder die „Roß-Frau". Beide Herdentiere konnten bei der Bestattung eines Toten geopfert werden, um ihm deren Zeugungskraft magisch zu übertragen, damit er seine Wiederzeugung im Jenseits erfolgreich vollbringen konnte. Die „Keiler-Frau" bzw. die „Roß-Frau" wäre dann die Jenseitsgeliebte des Toten bei dessen Wiederzeugung, die seiner Wiedergeburt durch diese Göttin vorausgeht. Der Tote und die Göttin wurden bei der Wiederzeugung entweder zu Keiler und Bache oder zu Hengst und Stute.

Das Motiv der Wiederzeugung findet sich in den Mythen u.a. in der Vereinigung des Odin mit Gunnlöd und in der Vereinigung der Freya mit vier Zwergen, die ihr ihren Halsreif Brisingamen geschmiedet hatten.

Als „Keiler-Frau", d.h. als die Wiederzeugungs-Geliebte des Toten, der durch die Identifizierung mit dem für ihn geopferten Keiler zu einem Keiler geworden ist, wird auch die Göttin Freya im Jenseits bei der Vereinigung mit dem Keiler-gestaltigen Toten zu einer Wildsau – wie ihr Beiname „Syr" („Sau") und ihr Wildschwein-Reittier zeigen, das im Hyndla-Lied noch als „Freyas Geliebter" bezeichnet wird. Auch Freyrs Bruder-Geliebter Freyr reitet auf einem Keiler.

„Jorunn" könnte somit eine Umschreibung für Hel-Freya sein, die die Göttin der Wiederzeugung gewesen ist – wobei diese Funktion bei Hel nur noch an wenigen Stellen deutlich wird, da sie bereits fast vollständig zur gefürchteten Herrin des Totenreiches geworden ist.

9. b) Odins Rabenzauber

In „Odins Rabenzauber" wird die Göttin Idun auch „Jorunn" genannt.

So sahen die Asen den Zustand der Jorunn:
überschwemmt von Sorgen, als keine Antwort von ihr kam.
Sie drängten stärker, als die Antwort verweigert wurde,
doch all ihre Worten waren ohne Nutzen.

Iduns Äpfel, die den Götter ihre ewige Jugend verliehen, sind eine Variante des Motivs des Göttermets, der in den meisten indogermanischen Religionen die Unsterblichkeit verleiht. Der Unsterblichkeits-Trank ist wiederum ein rituelles Elemente, die aus dem Motiv des Wiederstillens der Toten im Jenseits durch die Jenseitsgöttin entstanden ist. Dieses Wiederstillen schloß sich an die Wiedergeburt an.

Idun wird also unter durch den Namen „Jorunn" als die Wiederzeugungs-Geliebte der Toten im Jenseits bezeichnet, die die Toten anschließend an deren Wiederzeugung wiedergebiert, sodaß sie im Jenseits weiterleben können. Dieses „Weiterleben im Jenseits" ist genau das, was Idun auch durch ihre magischen Äpfel bewirkt.

9. c) Zusammenfassung

„Jorunn" bedeutet „Keiler-Frau" oder „Roß-Frau" und ist ein Name der Freya als Wiederzeugungs-Geliebte des Toten in Wildsau-Gestalt oder Stuten-Gestalt im Jenseits.

Bei dieser Wiederzeugung des Toten bzw. des Freyr in Keiler-Gestalt oder des Tyr in Roß-Gestalt nimmt Freya die Gestalt einer Wildsau bzw. einer Stute an. In der Gestalt der Wildsau wird Freya auch „Syr" („Sau") genannt.

9. d) Jorunn bei früheren Völkern

Das Motiv der Jenseitsgöttin als Sau läßt sich weit zurückverfolgen, da das Motiv der Absicherung der Zeugungskraft für die Wiederzeugung durch das Opfer eines Schweins schon sehr alt ist.

Zwei Beispiele sind die griechische Göttin Circe, die die Männer, die zu ihrer (Jenseits-)Insel kamen, in Schweine verwandelte, und die ägyptische Himmels- und Jenseitsgöttin Nut, die wie Freya den Beinamen „Sau" trug.

Die frühesten Bilder zu diesem Motiv finden sich um ca. 10.000 v.Chr. in Göbekli Tepe.

9. e) Anrufung der Jorunn

Die folgende Verse sind keine traditionelle Anrufung, sondern eine Neudichtung.

Jorunn, Jenseits-Jörd, Sonnen-Schwester[15]:
der Keiler sucht die im Gjallar[16] suhlende Bache,
der Eber strebt zur goldborstigen[17] Sau,
Freyr sehnt sich nach der schönen Freya.

Leben erschafft Leben aus Sehnsucht nach sich selber,
Liebe erschafft Leben in beiden Welten:
die Lebenden in Midgard, die Toten bei Laufey[18],
alles Leben entspringt dem Schoß der lichten Asin[19].

9. f) Traumreise zu Jorunn

„Jorunn ...“
„Ja?“
„Habe ich Dich richtig beschrieben?“
„Ja ...“
„Das 'Ja' klingt ein bißchen wie ein 'Ja, aber'?“
„Es gibt Qualitäten, die Du nicht beschrieben hast.“
„Was ist das?“
„Das ist Wildheit und Stärke. Die Kraft, die eine Stute hat, die wild in einer Herde lebt. Und die Kraft, die ein Wildschwein hat, das im Wald lebt. Diese Kraft bin ich auch.“
„Aber in erster Linie die Göttin der Wiederzeugung?“
„Ja – aber da liegt Kraft drinnen, Stärke ...“
„Danke, Jorunn.“
...
„Wenn Du Selbstbewußtsein brauchst und festes Dastehen, dann kann ich Dir

---

15 Sonnen-Schwester: Die Erdgöttin ist die Mutter, Schwester, Geliebte und Tochter des Sonnengott-Göttervaters Tyr.

16 Gjallar = Jenseitsfluß

17 goldborstig = Freyrs Eber hat goldene Borsten, die wie die Sonne leuchten

18 Laufey = „Laubinsel“ = Jenseitsgöttin, Jenseitsinsel

19 lichte Asin = die Jenseitsgöttin hatte als Sonnen-Mutter goldenes Haar und strahlte mit ihren Hände Licht aus (siehe „Gerdr“ in Band 28)

helfen. "
  „ Danke. "
  Ich kehre zurück.
  „ Ho! "

10.   Die Göttin Syr

10. a)   Der Name „Syr"

Dieser Beiname der Freya bedeutet „Sau". Er wird lediglich an vier Stellen genannt: in den Thulur-Listen und in „Gylfis Vision" des Snorri Sturluson, in der „Sigurdardrapa" des Skalden Kormak und in den Fragmenten des Arnorr Jarl-Skalde Thordar-Sohn.

Dieser Beiname hat seinen Ursprung in der Wiederzeugungs-Symbolik: Da sich der Tote im Jenseits in den Keiler verwandelt, der für ihn bei seiner Bestattung geopfert wird, um die seine Zeugungskraft auf den Toten zu übertragen, nimmt die Wiederzeugungs-Geliebte des Toten, also die Göttin Freya, die Gestalt einer Wildsau an – Keiler und Wildsau sind die Verkörperung von Zeugungskraft und Fruchtbarkeit, durch die die an die Wiederzeugung anschließende Wiedergeburt des Toten magisch abgesichert wird.

10. b)   Thulur

Namen der Freya:

Freya weinte
Gold(-Tränen) für Odin.
Ihre Namen sind
Hörn und Thrungva,
Syr, Skjalf und Gefn
und auch Mardöll.
Ihre Töchter heißen
Hnoss und Görsemi.

10. c)   Gylfis Vision

Freyja hat viele Namen: ... ... Sie heißt Mardöll, Hörn, Gefn und Syr.

10. d)   Sigurdardrapa

In seinem Lied „Sigurdadrapa" hat der Skalde Kormak die folgende Strophe verfaßt:

Sohn der aufrichtigen Eberesche des Harald,
höre nun den Hefe-Rhein der tatkräftigen Männer
der Syr der Zähne des Sumpfes,
den ich nun lebhaft erschallen lasse!

Eberesche = Mann; Mann des (Königs) Harald = Krieger
Zähne des Sumpfes = Felsen = Hügelgrab; Syr („Syr") = Freya; Hügelgrab-Freya =
Riesin; Männer der Riesin = Riesen; Rhein = Wasser; Hefe-Wasser = Bier; Bier der
Riesen = Skaldenmet = Lied
letzter Vers: Der Skalde Kormakr bittet um Ruhe für sein Lied.

10. e)   Lied-Fragment des Arnorr Jarl-Skalde Thordar-Sohn

In diesen beiden kurzen Versen wird ein Hügelgrab als „Syr-Hügel" bezeichnet.

Glücklich ist dieser Syr-Hügel:
verflucht ist der Knochen-Ritt.

Knochen = Skelett, Leiche; deren Ritt = Reise in das Jenseits

10. f)   Zusammenfassung

Freya trug bei der Wiederzeugung den Namen „Syr" („Sau"), weil sie sich dabei in
eine Wildsau verwandelte, damit sie und der Tote, der die Gestalt eines Keilers an-
nahm, „zusammenpaßten".
Ein Hügelgrab konnte aufgrund dieser Symbolik „Hügel der Syr" genannt werden.

10. g)   Syr bei früheren Völkern

Siehe dazu die Kommentare zu dem vorigen Kapitel über Jorunn.

10. h)   Anrufung der Syr

Die folgende Verse sind keine traditionelle Anrufung, sondern eine Neudichtung.

Syr, Du Sau des hohen Hügelgrabes,
Schwein am Gjallar[20], Bache an der Brücke[21],
Hildiswin[22], Du starke Höhlen-Huldar[23]:
Hilf mir über die tosende Gefahr[24]!

Gullinborsti[25], gold'ner Freund der Freya,
Gaben-schenkender Keiler des freundlichen Freyr,
Slidrugtanni[26], Stoßzahn-bewehrter Eber:
sende mir Sonnenlicht[27] auf den Myrkvid-Wegen[28]!

---

20 Gjallar = Jenseitsfluß; das Schwein dort = Freya als Sau oder auf ihrem Wildschwein reitend
21 Bache = Wildsau; Brücke = Jenseitsbrücke über den Gjallar; Bache an der Brücke = Freya-Syr
22 Hildiswin = „Kamfschwein" = Name des Reit-Schweines der Freya
23 Höhle = Grabkammer eines Hügelgrabes („Hel"); Huldar = Göttin; Grabkammer-Göttin = Jenseitsgöttin, hier: Freya-Syr
24 tosende Gefahr = der Jenseitsfluß Gjallar („Tosender")
25 Gullinborsti = „Goldborste" = Freyrs golden leuchtender Reit-Eber
26 Slidrugtanni = „Kampfzahn" = ein anderer Name für Gullinborsti
27 Sonnenlicht: Hinweis darauf, daß Gullinborsti die Gestalt des ehemaligen Sonnengott-Göttervaters Tyr in der Unterwelt ist.
28 Myrkvid = „Düsterwald" = Weg ins Jenseits, das Jenseits selber, allgemein für „schwierige und gefährliche Reise"

10. j)   Traumreise zu Syr

„Syr ..."

„Ja?"

Oh – ich lande in einer Szene, in der ich auf einer früheren Traumreise gewesen bin, als ich mit einer Freundin nach Asgard gereist bin. Sie ist zu Freya gegangen. Wir sind den Bifröst hoch und dann nach rechts zu einer Wiese, da stand ein Baum – das war wie so'n flacher Hügel, vielleicht anderthalb Meter hoch, der von seiner Grundfläche her wie so'n etwas weiter geöffnetes Hufeisen war. Da innen saß Freya wie auf einer Bank aus Erde und Gras. Dahinter auf dem Hügel stand der Baum, nicht sehr hoch, so sechs Meter vielleicht, und ein paar Sträucher links und rechts ... ein sehr schöner, geborgener Platz.

„Freya ... Syr ... gibt es da einen Unterschied?"

...

„Schau her."

...

Hm ... sie ist mehrmals hin- und hergewechselt zwischen Freya und Syr. Ihre äußere Gestalt blieb gleich, aber jedesmal, wenn sie Freya war, wirkte das freundlicher, auch erotischer, und ... ja, mehr wie Venus, mehr wie Blüten, mehr wie Duft, mehr wie Schmetterlinge. Und wenn sie zu Syr gewechselt ist, dann war das wilder, stärker, mehr so wie Jorunn, wie Mars – es lag eine ganz andere Kraft darin.

„Und Du bist beides?"

„Ja – ich habe verschiedene Seiten."

„Hm ... deshalb die vielen Namen?"

„Ja."

„Gibt es etwas, was Du mir noch zu Syr zeigen magst?"

„Du hast es gesehen oder Du weißt es schon."

... ...

„Hm ... also, wenn Du diese beiden Ausstrahlungen hast, kann man sich leicht in Dich verlieben."

„Das ist ja auch mein Wesen."

Ich muß wegen ihrer Antwort leise vor mich hin lachen ...

„Danke, Freya!"

Sie lächelt mich an ... ich lächle auch ... darin liegt so eine tiefe Freude ...

„Danke!"

„Nimm' die Freude und die Wärme mit."

„Ja, gerne."

Ich kehre zurück.

„Ho!"

11. Die Göttin Hörn

11. a) Der Name „Hörn"

„Hörn" ist ein Beiname der Göttin Freya und bedeutet vermutlich „Flachs". Diese Umschreibung kennzeichnet sie vermutlich als Spinnerin und somit als Schicksalsgöttin (Norne).

Es wäre auch denkbar, daß sie einfach die Flachsgöttin ist – so wie Sif die Korngöttin ist.

11. b) Der Beiname „Hörn" der Göttin Freya

Dieser Beiname findet sich an den folgenden Stellen:

Asin	Hörn		Kalfr Hall-Sohn	Katrinardrapa
Freya	Hörn		Pfeil-Stjörnu Helga-Sohn	Geirvidadrapa
			Snorri Sturluson	Thulur
			Einarr	Skaldskaparmal
			Thorbjörn Hornklaue	Lausavisur
			anonym	vierte grammatische Abhandlung
				Oxarflokkr
				Geisli
Gold	Hörns Kind		Einarr	Skaldskaparmal

11. c) Zusammenfassung

Der Beiname „Hörn", d.h. „Flachs" kennzeichnet die Göttin Freya entweder als Spinnerin und somit auch als Norne oder als „Flachsgöttin". In dieser zweiten Funktion gleicht Freya der Korngöttin Sif.

71

11. d)   Anrufung der Hörn

Die folgende Verse sind keine traditionelle Anrufung, sondern eine Neudichtung.

Hörn, Huldar des Flachses[29], Hertha des Leinens[30],
hole mir reiche Ernte auf mein Feld!
Sif des Spinnens[31], Sigyn des Webens[32],
schaffe mir warme Kleidung im kalten Winter!

Hörn, Du hälst den Schicksalsfaden in Deinen Händen,
hebst die Nornen-Schnur aus dem Brunnen,
Wirkst als Walküre das weite Schicksals-Gewebe;
weise Freya der Felder[33], beschütze mich!

11. e)   Traumreise zu Hörn

„Hörn, ich würde Dich gerne besser kennenlernen."
...
Nachdem ich das gesagt habe, spüre ich eine Qualität ... Es ist wie ein Raum ... es hat etwas Dunkles, Kühles, Festes – aber gar nicht unangenehm ... Es hat so eine Klarheit und Nüchternheit, aber ... ja, es klingt ein bißchen ungewohnt: so eine freundliche Nüchternheit.
„Was ist das, Hörn?"
„Die Grabkammer eines Hügelgrabes ... mein Schoß."
„Oh! ... Ja ... das bist Du?"
„Das bin ich."
...
„Du bist die Göttin der Wiedergeburt?"
„Ja."
... ...
Es tut gut, einfach hier zu liegen. Es ist friedlich. Es gibt nichts mehr, was getan werden muß.

---

29 Huldar = Jenseitsgöttin, Flachs-Göttin = Hörn
30 Hertha = Jenseitsgöttin, Leinen-Göttin = Hörn (Leinen wird aus Flachs hergestellt.)
31 Sif = Korngöttin; Göttin des Spinnens = Hörn
32 Sigyn = Jenseitsgöttin; Göttin des Webens = Hörn
33 Freya der Felder = Sif = Hörn

Hörn: „Den Vorteil haben die Schlafenden und die Toten ... und die, die meditieren."

„Oh ... in der Meditation ins Hügelgrab reisen? Sozusagen eine Utiseta-Meditation?"

„Ja."

„Hat das mit der Kundalini zu tun?"

„Probiers mal aus."

Das tue ich.

... ...

Ein 'weicher', entspannender Seufzer ...

... ...

Ich kann mein Wurzelchakra ein bißchen spüren ... und im Sonnengeflecht entsteht eine sanfte Hitze ... und es ist eine Gelassenheit da, so eine tiefe Gelassenheit ... Das ist eine Kundalini, die in der Stille erwacht ... und nicht durch Konzentration ... oder durch Rhythmus oder andere Methoden ...

Hm ...

... ...

„Danke, Hörn! ... Mit so etwas habe ich ja jetzt garnicht gerechnet!"

Sie lächelt ...

... ...

Das Wurzelchakra ist immer deutlicher zu spüren ... Es ist so mühelos ... das gefällt mir daran ... Ich muß nichts tun dafür ... Ich muß nur 'nichts tun' ... Es einfach da sein lassen ... Das gefällt mir ... das gefällt mir gut ... Das ist eine Kundalini-Erweckung, durch 'entspanntes im Hier und Jetzt sein' ... Das ist elegant ...

„Danke, Hörn!"

Sie lacht leise ...

Ich kehre jetzt zurück.

„Ho!"

12.   Die Göttin Skjalf

12. a)   Der Name „Skialf"

Der Name dieser Göttin bedeutet entweder „Schüttlerin" oder „Schelf, Schäre", also „flache Insel, die bei Flut überflutet ist". Mit dieser Insel könnte die Jenseitsinsel Walaskialf („Toteninsel") gemeint sein, auf der das Jenseitstor steht und die deshalb auch „Hlidskialf", also „Tor-Insel" genannt wird.

Sowohl das Schütteln als auch die bei Flut überschwemmte Insel stellen eine rhythmischen Vorgang dar. Man könnte „skialf" daher evtl. treffender mit „Rhythmus" oder „Zyklus" übersetzten.

Skialf ist wahrscheinlich die Göttin der Jenseitsinsel, des Jenseitstores und allgemein der Unterwelt.

12. b)   Thulur

Dieser Beiname der Freya ist nur aus den Thulur des Snorri Sturluson bekannt.

Namen der Freya:

Freya weinte
Gold(-Tränen) für Odi.
Ihre Namen sind
Hörn und Thrungva,
Syr, Skjalf und Gefn
und auch Mardöll.
Ihre Töchter heißen
Hnoss und Görsemi.

12. c)   Heimskringla

Im Ynglingatal wird im Kapitel 22 über die Tochter eines Finnenkönigs mit dem Namen „Skjalf" berichtet. Da auch in der Erzählung über sie eine Halskette eine wichtige Rolle spielt, könnte diese Erzählung mit den Mythen der Freya und ihres Brisingamen-Halsreifs zusammenhängen.

Über Agni Dag-Sohn

Agni war der Name des Sohnes des Dag, der nach ihm König wurde – ein machtvoller und berühmter Mann, begabt und überragend in allen Fähigkeiten.

Es geschah eines Sommers, daß König Agni mit seinem Heer nach Finnland zog und dort landete und plünderte. Die Finnen versammelten ein großes Heer und rückten zum Kampf unter ihrem Anführer Frosti vor. Es kam zu einer großen Schlacht, in der König Agni den Sieg errang und in der Frosti und ein großer Teil seiner Männer fiel.

König Agni zog mit seinen Kriegern durch Finnland, unterwarf es und machte eine gewaltige Beute. Er ergriff Frostis Tochter Skjalf und ihren Bruder Loge und nahm sie mit sich fort.

Als er nach Osten segelte, kam er zu dem Land am Stocksund und richtete dort sein Zelt dort an dem flachen Ufer des Flusses auf, wo ein Wald war.

König Agni besaß zu der Zeit ein goldenes Schmuckstück, das einst Visbur gehört hatte.

Er nahm Skjalf zur Frau und sie bat ihn, ein Begräbnisfest zu Ehren ihres Vaters zu veranstalten. Er lud viele Gäste ein und hielt ein großes Fest. Er wurde durch diese Raubfahrt sehr berühmt und es gab ein großes Trinkgelage.

Als König Agni betrunken geworden war, bat ihn Skjalf, gut auf sein goldenes Schmuckstück zu achten, daß er um seinen Hals trug. Da ergriff er das Schmuckstück und band es fest um seinen Hals bevor er schlafen ging.

Das Land-Zelt stand an der Waldseite und ein hoher Baum über dem Zelt schützte es vor der Hitze der Sonne. Als nun König Agni schlief, nahm Skjalf eine Schlinge und band sie an das Schmuckstück.

Dann stürzten ihre Männer die Zeltpfosten um, warfen die Schlinge hinauf über die Äste des Baumes und zogen an dem Seil, sodaß der König nun kurz unter den Ästen hing und starb. Und Skjalf und ihre Männer rannten hinab zum Schiff und ruderten davon.

Da wurde König Agni an diesem Ort bestattet, der ab da Agnifet genannt wurde. Er liegt auf der Ostseite des Tauren westlich von Stocksund.

Agni: Dieser Name ist im Grimnir-Lied der Name des Tyr oder des Loki.

Dag: Dieser Name bedeutet „Tag, Sonne" und ist ein Beiname des Tyr.

Frosti: Diesen Namen trägt auch einer der Nachkommen des Tyr-Riesen Fornjotr.

Loge: Dies ist auch der Name des Feuergottes, der der Sohn des Tyr-Riesen Fornjotr ist.

Agnifet: Dies ist vermutlich eine Kurzform von „Agnifetill", was „Agnis Fessel" bedeutet und der Name für das Seil sein wird, mit König Agni erhängt worden ist.

So singt Thjodolfr (im Ynglingatal) *darüber:*

Ich halte es
für eine erstaunliche Sache,
daß Agnis Leute
Skjalfs Taten
ganz normal fanden,
als Logis Schwester
den Fürsten
an seinem goldenen Halsband emporhob:

ihn, der dazu bestimmt war,
das eiskalte Roß
des Mannes des Signy
in Taur zu zähmen.

  - goldenes Halsband = Galgenstrick
  - Mann der Signy = Hagbard; sein Roß = Galgen
  - zähmen: wenn das Roß ruhig geht, ist es gezähmt; wenn der Erhängte tot ist, hängt der Galgen ruhig

12. d)   Zusammenfassung

Der Beiname „Skjalf" der Göttin Freya bedeutet „(Jenseits-)Insel" und kennzeichnet sie als Totengöttin.
Freya-Skjalfs Halsreif Brisingamen ist im Ynglingatal und in der Heimskringala von einer Hilfe auf der Jenseitsreise zu der Ursache des Todes umgedeutet worden.

12. e)   Anrufung der Skjalf

Die folgende Verse sind keine traditionelle Anrufung, sondern eine Neudichtung.

Skjalf vor Hlidskjalf[34] auf Walaskjalf[35] am Rande der Welt[36]!
Strahlend ist Dein goldenes Brisingamen[37],
Sif des Schicksals[38], Sigyn des Gjallar-Stromes[39],
Sende mir Sonne durch die Öndvegisula[40]!

Freya, Du kennst das finstere Modgud-Tor[41],
fern von Midgard hinter der goldenen Brücke[42];
Fenja der Insel unter den rauschenden Fluten[43],
Fülle an Leben erbitt' ich von Dir!

12. f)   Traumreise zu Skjalf

„Skialf, ich würde Dich gerne besser kennenlernen.“
„Was siehst Du?“
„Die Jenseitsinsel im Westen – Walaskialf.“
„Nach ihr bin ich benannt worden – es ist eine Schäre: bei Flut überflutet und bei Ebbe eine Sandbank.“
...
„Bist Du eine Form der Erdgöttin?“

---

34 Hlidskialf = „Tor-Insel" = Jenseitstor auf Jenseitsinsel
35 Walaskialf = „Toten-Insel" = Jenseitsinsel
36 Rand der Welt = Grenze zwischen dem Diesseits und dem Jenseits
37 Brisingamen = „strahlendes Schmuckstück" = Freyas goldener Halsreif = Symbol der Sonne und der Wiedergeburt
38 Sif = Göttin; Göttin des Schicksals = Jenseitsgöttin
39 Sigyn = Göttin; Gjallar = Jenseitsfluß; Jenseitsfluß-Göttin = Jenseitsgöttin
40 Öndvegisula = „Seelenweg-Säulen" = Tor aus zwei Pfosten und einem Querbalken, das den Eingang in das Jenseits darstellt (steht im Tempel und hinter dem Thron und als Jenseitstor Hlidskialf auf der Jenseitsinsel Walaskialf)
41 Modgud = Walküre auf der Gjallar-Brücke; ihr Tor = Jenseitstor
42 goldene Brücke: Die Brücke über den Jenseitsfluß Gjallar war mit Gold bedeckt, was ein Hinweis darauf ist, daß die (goldene) Sonne morgens und abends diese Brücke überquert.
43 Fenja = Frigg als Jenseits-Riesin; Insel unter den Fluten = Schäre = Jenseitsinsel; Riesin der Insel = Jenseitsgöttin

„Eine Form der Freya."

... ...

„Gibt es etwas, was Du mir zeigen möchtest?"

„Hlidskialf ... das Totentor."

...

Ich sehe zwei geschnitzte Pfosten ... und den nach oben geschwungenen Balken auf ihnen.

„Ist das eigentlich dasselbe Tor wie im Shinto in Japan?"

„Das ist dasselbe."

„Hat es dieselben Ursprünge?"

„Ja."

„Die müßen ja dann in der späten Altsteinzeit liegen. ... Was kann denn da so ein Tor gewesen sein?"

„Nun – denk' mal nach!"

„Die beiden Panther links und rechts vom Eingang der Tempel von Göbekli Tepe? Die beiden Pfeiler in der Mitte des Tempels?"

„Die am Eingang."

„Standen die Panther auch vorher schon in der Altsteinzeit an dem Eingang der Schwitzhütten??? "

(Die ersten Tempel, also die in Göbekli Tepe, sind aus Stein errichtete und vergrößerte Schwitzhütten gewesen. Siehe auch Band 56 über die Tempel.)

„Natürlich."

„Ja, natürlich: 'Natürlich.' Aber, daran habe ich noch nicht gedacht. Das ist natürlich wie ein Tor mit zwei Pfosten und einem Querbalken. ... Hm ... Danke!"

„Willst Du nicht mal hindurchgehen?"

„Ehm ..."

Da fiel mir gerade das Totentor bei Harry Potter ein, das, durch das Sirius durchgefallen ist. Aber ... das ist hier ja wohl nicht bedenklich ... das war nur 'ne Assoziation ... Also, gut.

Ich stehe hier auf dem feuchten Sand der Schäre ... da sind diese Pfosten ... ich kann die Maserung im Holz sehen ... die Pfosten sind so deutlich ... ich kann das Salz riechen ... ich höre die Möwen ... in die beiden Pfosten ist je ein Gesicht geschnitzt worden ...

„Ist das Tyr?"

„Ja."

...

Ansonsten sind sie ziemlich schlicht – also keine Flechtmuster oder dergleichen ...

Ich stehe vor dem Tor ... die Sonne scheint mir auf den Rücken ... jetzt gehe ich hindurch ... das ist wie ... wie von Luft in Wasser übergehen ... wie das Versinken der Sonne im Meer, wie Eintauchen ... auf der Rückseite des Tores ist es kühl und ... ja, so 'ne Dunkelheit, in der gerade mal soviel Licht ist, daß man noch Schemen sieht ...

... ...

Ich schaue mich um ... es ist ein bißchen wie Mondlicht ... auf dieser Seite ... ich sehe sie nicht wirklich, die beiden geschnitzten Gesichter, aber ich habe das Gefühl, als ob sie auch hier da wären ...

Kann ich da ... ... Wenn ich außen um das Tor herumgehe, dann ist auf der anderen Seite auch Nacht ... Wenn ich durch das Tor zurückgehe (das ist wie Auftauchen), dann ist es da drüben wieder Tag ... Und wenn ich von der Tagseite aus um das Tor drumherumgehe, dann ist auch auf der Rückseite Tag ... Das wechselt nur, wenn ich durch das Tor gehe ... hm ...

„Danke, Skialf! ... Ja ... wahrscheinlich wird es noch ab und zu Gelegenheiten geben, bei denen ich durch dieses Tor gehen werde, durch dieses Jenseitstor.“

Sie lächelt ...

„Danke, Skialf! ... Gibt es noch etwas, was Du mir sagen oder zeigen möchtest?“

Sie schüttelt den Kopf und lächelt.

Ich verneige mich.

„Danke, Skialf!“

Ich kehre zurück.

„Ho!“

13. Die Göttin Thröng

13. a) Der Name „Thröng"

„Thröng" ist ein Beiname der Freya und bedeutet „Gedränge", womit eine „Schlacht" gemeint sein wird. Dieser Beiname kennzeichnet folglich Freyas gelegentliche Walküren-Funktion.

13. b) Thorsdrapa

So trank der schnelle Vermehrer der Schlacht,
Thröngs alter Freund, gierig
den erhobenen Trunk des geschmolzenen Klumpens
in der Luft mit dem schnellen Mund seiner Hände.

Vermehrer der Schlacht = Fürst, hier: Thor
Thröng = Freya; Thröngs alter Freund = Thor (die dieser Kenning zugrundeliegende Mythe ist unbekannt)
Diese Zeilen beschreiben, daß Thor das von Tyr-Geirröd nach ihm geworfene Glutstück mit seiner Hand auffing.

13. c) Zusammenfassung

„Thröng" bedeutet „(Schlachten-)Gedränge" und ist ein Beiname der Freya als Walküre.
Die Deutung von „Thröng" als Beiname der Freya beruht vor allem darauf, daß „Thrungva" („Schlachtengedränge-Frau") als Beiname der Freya gesichert ist.

Die Anrufung und die Traumreise zu Thröng findet sich in dem nächsten Kapitel über Thrungva.

14. Die Göttin Thrungva

14. a) Der Name „Thrungva"

„Thrungva" ist ein Beiname der Freya und bedeutet wie ihr Beiname „Thröng" „Gedränge", womit eine „Schlacht" gemeint sein wird. Dieser Beiname kennzeichnet folglich Freyas gelegentliche Walküren-Funktion.

Vermutlich ist „Thrungva" eine Verkürzung von „Thrungveig" für „Schlachten-gedränge-Göttin", „Schlachtengedränge-Priesterin" oder allgemeiner „Schalchten-gedränge-Frau".

„Thrungva" ist recht sicher mit „Thröng" identisch.

14. b) Thulur

Dieser Name wird nur in Snorri Sturlusons Namens-Listen genannt:

Namen der Freya:

Freya weinte
Gold(-Tränen) für Odi.
Ihre Namen sind
Hörn und Thrungva,
Syr, Skjalf und Gefn
und auch Mardöll.
Ihre Töchter heißen
Hnoss und Görsemi.

14. c) Zusammenfassung

„Thrungva" bedeutet „(Schlachten-)Gedränge-Frau" und ist ein Beiname der Freya als Walküre.

„Thrungva" und „Thröng" sind zwei Varianten desselben Freya-Beinamens.

14. d) Anrufung der Thröng/Thrungva

Die folgende Verse sind keine traditionelle Anrufung, sondern eine Neudichtung.

Thrungva, Freundin des Thor[44] und Mutter der Thursen[45],
tief im grünen Hügel[46] ist Dein Heim;
Hedin und Högni kämpfen endlos auf der Insel[47],
Hörn[48], Du bist ihre Mutter in Leben und Tod[49].

Thröng, Herrin des dunklen Tiefentals[50],
tosend fließen die eisigen Gjallar-Wasser[51];
hilf mir auf den Wegen durch Nacht und Gefahr,
hebe, Walküre[52], die Gefahren von mir fort!

14. e) Traumreise zu Thröng/Thrungva

„Thröng ... Thrungva ... seid ihr dieselbe Göttin? "
„Das sind zwei meiner Namen, ja. "
„Bist Du Freya als Walküre? "
„Ja. ... Aber auch Freya als Totengöttin. Dort ist auch ein Gedränge. "
„Ach so ... hm ... auf die Idee bin ich noch garnicht gekommen ... ... Gibt es
etwas, was Du mir sagen oder zeigen möchtest? "
„Das reicht für diesen Namen. "
„O.k. Danke. "
Ich kehre zurück.
„Ho! "

---

44 Freundin des Thor = Freya (bezieht sich auf die unbekannte Mythe aus der Ragnarsdrapa)
45 Thurse = Tyr als Riese; dessen Mutter = Freya
46 Hügel = Hügelgrab
47 Hedin und Högni = Der Sommergott Tyr-Hedin und der Wintergott Loki-Högni kämpfen endlos auf der Jenseitsinsel miteinander, wobei Freya den jeweils getöteten Gott wiedergebiert.
48 Hörn = Freya
49 Leben und Tod = Diesseits und Jenseits
50 dunkles Tiefental = Hel, Unterwelt
51 Gjallar = Jenseitsfluß
52 Walküre = Freya

15. Die Göttin Thungr

15. a) Der Name „Thungr"

„Thungr" ist ein vermutlich ein weiterer Beiname der Freya und bedeutet „Schwere, Bedrückende", womit Freya als Jenseitsgöttin gemeint sein könnte – aber diese Deutung ist unsicher.

15. b) Placitusdrapa

Dieser Name wird nur in der Placitusdrapa genannt, in der eine Frau „Band-Thungr" genannt wird. Mit dem Band ist ein Haarband oder ein Gürtel gemeint.

Vielleicht handelt es sich bei „Thungr" auch um eine Fehlschreibung für „Thröng" oder „Thrungva".

15. c) Zusammenfassung

„Thungr" bedeutet „Schwere, Bedrückende" und ist ein Beiname der Freya – er ist möglicherweise eine Anspielung auf den Tod, da Freya auch eine Jenseitsgöttin war.

15. g) Traumreise zu Thungr

„Thungr, ich möchte Dich gerne besser kennenlernen."
... ...
Da fiel mir bei ihrem Namen das Wort 'Tungl' ein für 'Gestirne', 'Sonne' und 'Mond'.
„Hat das was mit Dir zu tun?"
„Nein."
„Gibt es etwas, was Du mir sagen oder zeigen möchtest?"
„Nein."
„Hm ... Habe ich Dein Wesen richtig verstanden?"
„Ja."

... ...
„Hm ... warum ist das jetzt so kurz – diese Traumeise? "

...

„Nimm es einfach an. "

...

„Ja, gut ... Danke. "
Ich kehre zurück.
„Ho! "

16.   Die Göttin Ilmr

Diese Göttin ist kaum bekannt und wird nur in Snorris Namens-Listen, in der Dritten Grammatischen Abhandlung und im Landnahme-Buch als Göttin genannt.

16. a)   Der Name „Ilmr"

Ihr Name bedeutet „angenehmer Duft" – vielleicht war sie eine Göttin des Räucherwerks oder des Duftes der Blüten …

Möglicherweise ist „Ilmr" auch mit dem Namen „Almr" für Ulme verwandt – doch das ist sehr unsicher.

16. b)   Thulur

Die Göttin Ilmr erscheint in der Edda des Snorri Sturluson in einer Aufzählung von Göttinnen, ohne daß Näheres über sie berichtet wird.

Namen der Asinnen:

Nun nenne ich
alle Asinnen-Namen:
Frigg und Freyja,
Fulla und Snotra,
Gerdr und Gefjun,
Gna, Lofn, Skadi,
Jörd und Idunn,
Ilmr, Bil, Njörun.

Hlin und Nanna,
Hnoss, Rindr und Sjöfn,
Sol und Saga,
Sigyn und Vör,
Var und Syn
sind die edlen Namen,
aber zum Schluß müssen noch
Thrudr und Ran genannt werden.

16. c)   Dritte grammatische Abhandlung

In diesem Werk des Olaf Thordarson Weiß-Skalde, der ein Neffe von Snorri Sturluson gewesen ist, wird eine Frauen-Kenning mit dem Namen „Ilmr" gebildet:

Ilmr des Feuers der Halle des Seelachses

Halle des Seelachses = Meer; Feuer des Meeres = Gold; Imr = Göttin = Frau; Gold-Frau = reiche Frau

16. d)   Landnahmebuch

In diesem Bericht über die Besiedleung Islands wird der Name „Ilm" einmal zur Bildung der Kampf-Kenning „*Ilms Aufruhr*" benutzt. Ilm wurde zu dieser Zeit folglich entweder als Walküre angesehen oder als die Göttin Freya, die manchmal auch Walküren-Funktionen hatte.

16. e)   Zusammenfassung

Der Name der kaum bekannten Göttin „Ilm(r)" bedeutet „Duft". Sie wurde anscheinend auch als Walküre angesehen, was bedeuten könnte, daß „Ilm" ein Beiname der Göttin Freya gewesen ist.

16. f)   Traumreise zu Ilmr

„Ilmr, ich würde gerne wissen, was für eine Göttin Du bist. Willst Du mir dazu etwas sagen oder zeigen?"

... ...

Es geschieht nichts ...

... ...

„Hm, jetzt habe ich schon zweimal versucht, eine Traumreise zu Dir zu machen, Ilmr, und beidemale ist nichts passiert – und jetzt beim drittenmal tut sich auch wieder nichts. Kann mir irgendeiner sagen, warum das so ist? Du vielleicht, Freya?"

...

Jetzt kann ich Freya wahrnehmen. Sie sagt, daß ich unter die Erde reisen soll.

„Kannst Du mich leiten?"

„Gehe los, ich leite Dich."

„Gut."

Ich lasse mich in die Erde sinken. ... Ich kann die Erde als Ymir spüren – als ein großes Lebewesen.

Da ist eine Höhle ... sie ist schon recht weit unter der Erde ... hm, wieviel mag das sein ... fünfzig oder hundert Meter oder so ... also keine Höhle gleich an der Oberfläche ... es fließt ein ziemlich großer Bach oder ein kleines Flüßchen durch die Höhle ... so zwei Meter breit oder so ...

„Ilmr?"

„Ja?"

„Wo bist Du?"

„Hier hinten."

...

Ich fühle mich ein bißchen wie in so einer Steinzeithöhle, also wie in so 'ner Höhle, in der es Höhlenmalereien gibt.

„Ilmr?"

Ich sehe ein kleines Licht weit vor mir – ist sie das? Hm ... bin ich hier wirklich auf der Traumreise zu Ilmr oder bin ich irgendwoanderes gelandet?

„Freya – bin ich hier richtig?"

Ich sehe Freya nicht, aber ich höre sie.

„Gehe weiter."

„O.k."

Der Bach kommt mir entgegengeflossen, er ist rechts von mir. Die Höhle hat einen relativ flachen Boden, der ist links und rechts von dem Bach noch drei, vier Meter, manchmal auch noch ein gutes Stück mehr breit ... die Decke ist rund gewölbt ... Es sieht so aus, als wäre das hier manchmal ein richtig großer Fluß.

„Wo komm' ich denn hier hin? ... Ilmr?"

Ein tiefer Seufzer ...

Freya: „So. Nun wünsch' Dich durch die Erde nach oben. Einfach gerade nach oben."

...

Merkwürdige Reise ... ich frage mich, ob das hier alles so stimmt ...

„Hm ..."

Ich bin oben ... da sind glatte Flächen in verschiedener Höhe und in verschiedenen Größen wie ... nicht wie Stufen – die sind nicht systematisch angeordnet ... also – was kann das denn sein? ... Das ist auf einem Berg ...

„Ilmr, magst Du Dich mir zeigen oder mir sagen, wo Du bist?"

...

„Ich bin die Verborgene."

„Hm ... das scheint mir auch so ... Aber warum? So wie Hel?"

„Du kommst der Sache näher."

...

„Bist Du eine Göttin in einem Hügelgrab?"

„Ja."

...

„Und warum ist so schwer, zu Dir zu kommen?"

...

Keine Antwort ...

...

Noch ein tiefer Seufzer ...

...

„Hm ..."

...

„Freya, kannst Du mir sagen, was das mit dem hier auf sich hat? ... Ich habe manchmal das Gefühl, daß da gar keine Göttin da ist."

...

Noch ein Seufzer ...

...

„Komisch – irgendetwas finde ich sonst immer. ... ... Gut, ich kehre erst einmal zurück und schaue dann später weiter. ... Ho!"

Ich kann nicht sagen, warum diese drei Traumreisen zu Ilmr so verlaufen sind. Bei den ersten beiden ist garnichts passiert und bei der eben geschilderten dritten Reise auch nichts, was sich wirklich klar und eindeutig anfühlt.

Snorri führt Ilmr als Asin an und die beiden überlieferten Kennigar weisen auch darauf hin, daß „Ilmr" der Name einer Asin gewesen ist – aber warum ist sie dann so wenig faßbar?

Die Deutung des Namens als „Duft" oder ganz evtl. auch als „Ulme" führt auch nicht sehr weit.

Ich habe schließlich noch eine vierte Traumreise gemacht:

„Ilmr?"

„Ja?"

„Warum geschieht nichts auf den Traumreisen zu Dir?"

„Du hast jetzt dreimal auf Worte gewartet und die Stille nicht gehört."

„Was? Die Stille? ... Du bist die Stille?"

„Ja. ... Und Du hast mir nicht zugehört. Du hast etwas anderes gesucht."

Ich bin ein bißchen sprachlos ...

„Lausche der Stille."

Ich lausche, ich werde still ... Nada-Brahma, wie das die Inder nennen ... die weiße Leinwand hinter jedem Bild ...

... ...

Ich beginne mein Herzchakra zu spüren ... es ist, als würde das Leuchten meines Herzchakras aus der Stille heraus wachsen ... als wäre die Stille die Heimat meiner Seele ...

„Ilmr, ist die Stille eine Form der Geborgenheit?"

„Sie ist nicht die Geborgenheit, aber Du kannst die Geborgenheit in der Stille finden."

... ...

... ...

... ...

„Ilmr, warum bedeutet Dein Name 'Duft'? Warum bist Du so benannt worden?"

... ...

„Gibt es einen Grund, daß Du nicht antwortest?"

...

„Lausche der Stille."

... ...

... ...

... ...

„Danke Ilmr, danke."

„Bitte."

Ich kehre zurück.

„Ho!"

17.   Die Göttin Biört

17. a)   Der Name „Biört"

„Biört" bedeutet „Glänzende". Aus ihrem Namen wurde später „Bertha", die eine hilfreiche Wintergöttin ist, die in den Märchen auch als „Frau Holle" erscheint. Dieser Name könnte sich auf den sich erhellen Morgenhimmel beziehen, der bei den Indogermanen oft als die Mutter der am Morgen wiedergeborenen Sonne aufgefaßt worden ist.

17. b)   Fiölswin-Lied

„Biört" ist eine der neun Mädchen, die im Fiölswin-Lied zusammen mit der Göttin Menglöd auftreten – die Ähnlichkeit mit den neun Töchtern des Ägir und der Ran ist so groß, daß es zwischen beiden eine Assoziation gegeben haben muß.

Die „neun Schwestern" sind eine Vervielfältigung der einen Jenseitsgöttin – dies ist ein häufiges Motiv im Zusammenhang mit der Jenseitsgöttin bei fast allen indogermanischen Völkern, denn die Zahl „9" ist damals eine Art Adjektiv mit der Bedeutung „zum Jenseits gehörend" gewesen.

Im Fiölswin-Lied werden die neun Schülerinnen der Menglöd-Freya nicht nur aufgezählt, sondern zumindest als Gruppe auch kurz beschrieben:

Windkald (Tyr-Svipdag)*:*
„Sage mir, Fiölswin, was ich Dich fragen will
Und zu wissen wünsche:
Wie heißen die Mädchen, die vor Menglöds Knien
Einig beisammen sitzen?"

Fiölswin (Odin)*:*
„Hlif heißt eine, die andere Hlifthursa,
Die dritte Dietwarta,
Biört und Blid, Blidur und Frid,
Eir und Örboda."

Windkald (Tyr-Svipdag)*:*
„Sage mir, Fiölswinn, was ich Dich fragen will
Und zu wissen wünsche:
Schirmen sie alle, die ihnen opfern,
Wenn sie des bedürfen?"

Fiölswin (Odin)*:*
„Jeglichen Sommer, so ihnen geschlachtet
Wird an geweihtem Orte,
Welche Krankheit überkommt die Menschenkinder,
Jeden nehmen sie aus Nöten."

Diese neun „Mädchen" sind die Muttergöttin, die alle Krankheiten heilt, wenn man ihr im Sommer, vermutlich an einem bestimmten Fest, Opfer bringt. Die Jenseitsgöttin war auch die Heilerin, denn diese Göttin muß, da sie durch die Wiedergeburt sogar den Tod „heilen" kann, auch alle anderen „kleineren Krankheiten" heilen können.

17. c)   Zusammenfassung

Der Name der Riesin „Biört" bedeutet „Glänzende" und ist möglicherweise von dem indogermanischen Motiv des hellen Morgenhimmels als Mutter der Sonne abgeleitet worden.

„Biört" ist eine der neun „Mädchen" der Menglöd-Freya, die Aspekte dieser Jenseitsgöttin sind. Die Zahl „9" ist ein Hinweis auf das Jenseits.

Da die Jenseitsgöttin durch die Wiedergeburt sogar den Tod „heilen" kann, kann sie auch alle anderen Krankheiten heilen. „Biört" und ihre Schwestern waren daher Heilerinnen-Göttinnen. Ihnen opferte man im Sommer, um wieder gesund zu werden bzw. um gesund zu bleiben.

17. d) Anrufung der Biört

Die folgende Verse sind keine traditionelle Anrufung, sondern eine Neudichtung.

Biört, Du Beschützerin der Menschen in Midgard,
Biört, Du Beste von Menglöds frundlichen Mädchen,
Gerdr[53], Du gewaltige Kraft des Morgenrots,
Gerdr, Du gütige Mutter der Sonne, höre!

Der Streitwagen[54] der Sonne steht am Horizont,
geschwind, öffne das Tor zwischen den Säulen[55]!
Der Gold'ne glüht für uns am hohen Himmel,
Gib' uns für das Sommeropfer Gesundheit!

17. e) Traumreise zu Biört

„Biört?"
„Ja?"
„Ich würde Dich gerne besser kennenlernen."
„Dann komm' zu mir."
Ich sehe die Göttin. Sie trägt ein Kleid oder einen Wickelrock oder so etwas – ich kann's nicht genau erkennen. Die Farben sind ein helles Naturweiß und ein leuchtendes Gelb.
„Hm ... bist Du die Sonnenmutter?"
„Ich bin das Morgenlicht, die Morgenröte, und ich öffne den Himmel für Tyr. Und ich bin die Sonnenmutter und Tyrs Geliebte bei seiner Wiederzeugung."
„Gibt es etwas, was Du mir sagen oder zeigen möchtest?"
... ...
Hm ... ich spüre seit einer Weile ihren freundlichen Blick ... es ist, als würde sie schauen, was sie mir jetzt am besten sagt.
„Laß' Dein Herz leuchten. Geh' zu der Geborgenheit bei der Muttergöttin. Wenn Du die Geborgenheit hast, dann ist es auch einfach, Dich an Dein Licht zu erinnern. Dann kannst Du die Tore Deiner Chakren öffnen und das Licht Deines Herzchakras

---

53 Gerdr: Gerdr ist wie Biört eine Sonnenaufgangs-Göttin.
54 Streitwagen: der des ehemaligen Sonnengott-Göttervaters Tyr, der von dessen beiden
    Alcis-Söhnen in Schimmelgestalt gezogen wird
55 Säulen: die beiden Säulen des Seelenweg-Tores, das auch das Horizont-Tor der Sonne ist

in die anderen sechs Chakren fließen lassen. Dann strahlst Du von Deinem Herzen aus und bist, was Du bist und zeigst, was Du bist. Das ist dann Dein Sonnenaufgang."

...

„Das ist dann der 'Golden Dawn' ...“

„Ja, danach hat sich dieser Magier-Orden benannt.“

... ...

„Die Geborgenheit ist das Fundament?“

„Ja. Ohne das Vertrauen darin, daß Dich Dein nächster Schritt zu etwas Gutem führt, kannst Du den nächsten Schritt nicht tun. Und das Tun Deines nächsten Schrittes auf Deinem Weg – das ist das Leuchten Deiner inneren Sonne. Das ist Selbstausdruck.“

...

„Gibt es etwas, was Du mir empfehlen würdest, um noch mehr diese Geborgenheit zu finden?“

Sie lacht leise und sagt: „Sie kommt schon. Das, was Du dafür tust, ist schon richtig. ... Und lad' sie ein. Lad' die Geborgenheit ein und die Fülle – denn diese beiden Dinge sind dasselbe.“

... ...

Ein wohliger Seufzer, wie ein Loslassen, ein sich-Zurücklehnen, Ankommen ...

...

„Danke, Biört!“

Sie lächelt mir zu ... und ich lächle zurück ...

...

Ich verneige mich und dann gehe ich zurück.

„Ho!“

18.   Die Göttin Blid

18. a)   Der Name „Blid"

„Blid" bedeutet „Sanfte".

18. b)   Fiölswin-Lied

Blid ist eine der neun Mädchen der Menglöd, die die Jenseitsgöttin ist, wie schon die Zahl „9" zeigt.

Die betreffenden Strophen des Liedes finden sich in dem Kapitel 17 über die Göttin Biört.

18. c)   Zusammenfassung

Der Name der Riesin „Blid" bedeutet „Sanfte" – diese Qualität ist vermutlich ein Hinweis darauf, daß sie eine Heilerin ist.

„Blid" ist mit „Blidur" identisch: Beide gehören zu den neun „Mädchen" der Menglöd-Freya, die Aspekte dieser Jenseitsgöttin sind. Die Zahl „9" ist ein Hinweis auf das Jenseits.

Da die Jenseitsgöttin durch die Wiedergeburt sogar den Tod „heilen" kann, kann sie auch alle anderen Krankheiten heilen. „Blid" und ihre Schwestern waren daher Heilerinnen-Göttinnen. Ihnen opferte man im Sommer, um wieder gesund zu werden bzw. um gesund zu bleiben.

Die Anrufung und die Traumreise zu dieser Göttin findet sich im folgenden Kapitel über die Göttin Blidur.

19. Die Göttin Blidur

19. a) Der Name „Blidur"

„Blidur" bedeutet „Sanfte". Sie ist recht sicher mit der Göttin „Blid" identisch, da sich die beiden Namen nur dadurch unterscheiden, daß bei „Blidur" die Endung „-ur" erhalten geblieben ist.

19. b) Fiölswin-Lied

Blidur ist eine der neun Mädchen der Menglöd, die die Jenseitsgöttin ist, wie schon die Zahl „9" zeigt. Sie ist mit der Göttin „Blid" identisch.

Die betreffenden Strophen des Liedes finden sich in dem Kapitel 17 über die Göttin Biört.

19. c) Zusammenfassung

Der Name der Riesin „Blidur" bedeutet „Sanfte" – dieser Qualität ist vermutlich ein Hinweis darauf, daß sie eine Heilerin ist.

„Blidur" ist mit „Blid" identisch: Beide gehören zu den neun „Mädchen" der Menglöd-Freya, die Aspekte dieser Jenseitsgöttin sind. Die Zahl „9" ist ein Hinweis auf das Jenseits.

Da die Jenseitsgöttin durch die Wiedergeburt sogar den Tod „heilen" kann, kann sie auch alle anderen Krankheiten heilen. „Biört" und ihre Schwestern waren daher Heilerinnen-Göttinnen. Ihnen opferte man im Sommer, um wieder gesund zu werden bzw. um gesund zu bleiben.

19. d)   Anrufung der Blid(ur)

Die folgende Verse sind keine traditionelle Anrufung, sondern eine Neudichtung.

Ich rufe Dich, Blidur, gib mir heilende Hände!
Ich rufe Dich, Blidur, gib mir heilende Worte!
Ich rufe Dich, Blidur, gib mir heilende Tränke!
Ich rufe Dich, Blidur, gib mir heilende Lieder!

Blidur, gib mir die Kraft der Asen und Asinnen!
Blidur, Gib mir die Sanftheit der Wanen und Waninnen!
Blidur, sende mir das Leben aus der Erde!
Blidur, sende mir das Licht vom Himmel!

Menglöds Maid, hilf mir die Alfen zu rufen!
Menglöds Maid, hilf mir am Hügel[56] zu heilen!
Menglöds Maid, hilf mir, das Leben fließen zu lassen!
Menglöds Maid, hilf mir, alle Wunden zu schließen!

Freyas Freundin, lehre mich die Augen zu öffnen!
Freyas Freundin, lehre mich die Hände zu öffnen!
Freyas Freundin, lehre mich die Herzen zu öffnen!
Freyas Freundin, lehre mich, die Seelen der Menschen zu rufen!

19. e)   Traumreise zu Blid(ur)

„Blid ... Blidur ... "
„Ja? "
„Ich würde Dich gerne besser kennenlernen. Kannst Du mir etwas über Dich zeigen oder sagen? "
„Komm' her. "
Sie trägt braun-grüne Kleidung und ... ja, sie hat tatsächlich braune Haare ... aber so ein Braun habe ich bei Haaren noch nie gesehen ... es ist ein sehr erdhaftes Braun ... ein sehr warmer Farbton, eher dunkel, ganz leicht rötlich ... Sie hat ihre Haare nach links und rechts hin geteilt und mit je einem Band zusammengebunden wie ... ja, wie zwei Pferdeschwänze links und rechts ... ja, so könnte man das nennen.

---

56 Hügel = Hügelgrab (dort rief man die Ahnen um Hilfe an)

... ...

„Du fühlst Dich an ... wie fruchtbare Erde ..."

„Das bin ich auch. Ich bin das Gedeihen. Ich bin das Wachstum, die Freundlich-keit, die Früchte, das Genießen."

...

„Hm – klingt wie das Sternzeichen Stier."

„Dem bin ich sehr ähnlich, ja."

Ich muß schmunzeln ...

...

„Möchtest Du mir noch etwas sagen oder zeigen?"

„Lade diese Qualität in Dein Leben ein – das wird Dir guttun."

„Ja."

Jetzt muß ich ganz breit grinsen ...

„Danke, Blid!"

„Bitteschön. ... Und nimm' reichlich davon!"

Ich muß lachen ...

„Ja, gerne! ... Danke!"

„Bitte."

Ich kehre zurück.

„Ho!"

20. Die Göttin Frid

20. a) Der Name „Frid"

Der Name „Frid" bedeutet „Frieden" – ein passender Name für eine Heilerin-Göttin.

20. b) Fiölswin-Lied

Frid ist eine der neun Mädchen der Menglöd, die die Jenseitsgöttin ist, wie schon die Zahl „9" zeigt.

Die betreffenden Strophen des Liedes finden sich in dem Kapitel 17 über die Göttin Biört.

20. c) Zusammenfassung

Der Name der Riesin „Fried" bedeutet „Frieden". Dies ist ein passender Name sie, da sie eine Heilerin-Göttin ist.

„Frid" ist eine der neun „Mädchen" der Menglöd-Freya, die Aspekte dieser Jenseitsgöttin sind. Die Zahl „9" ist ein Hinweis auf das Jenseits.

Da die Jenseitsgöttin durch die Wiedergeburt sogar den Tod „heilen" kann, kann sie auch alle anderen Krankheiten heilen. Daher waren „Frid" und ihre Schwestern Heilerinnen-Göttinnen. Ihnen opferte man im Sommer, um wieder gesund zu werden bzw. um gesund zu bleiben.

Die Anrufung und die Traumreise zu dieser Göttin findet sich im folgenden Kapitel über die Göttin Frid(u)r.

21. Die Göttin Frid(u)r

21. a) Der Name „Frid(u)r"

Der Name „Frid(u)r" bedeutet „Freundin, Geliebte".

21. b) Kenningar

Der Name „Fridur" wird in zwei Kenningarn verwendet. Es läßt sich anhand dieser Stellen nicht sagen, ob dort einfach „Geliebte" gemeint ist oder ob „Fridr" der Beiname einer Göttin wie z.B. Freya gewesen ist.

Die beiden Kenningar finden sich im „Frauen-Gedicht" von Ormr Steinthor-Sohn und in den „Vitnisvisur af Mariu", deren Verfasser unbekannt ist.

Fridr wird eine Variante von „Frid" sein, da die Endung „-r" bei Namen manchmal fortgelassen wurde.

21. c) Zusammenfassung

Der Name „Fridr, Fridur", der „Freundin, Geliebte" bedeutet, ist mit dem Namen „Frid" identisch. Daher ist die Göttin „Fridr" wie „Frid" eine der neun „Mädchen der Menglöd", d.h. ein Aspekt der Freya.

„Fridur" ist eine der neun „Mädchen" der Menglöd-Freya, die Aspekte dieser Jenseitsgöttin sind. Die Zahl „9" ist ein Hinweis auf das Jenseits.

Da die Jenseitsgöttin durch die Wiedergeburt sogar den Tod „heilen" kann, kann sie auch alle anderen Krankheiten heilen. Daher waren „Frid" und ihre Schwestern Heilerinnen-Göttinnen. Ihnen opferte man im Sommer, um wieder gesund zu werden bzw. um gesund zu bleiben.

21. d)   Anrufung der Frid(ur)

Die folgende Verse sind keine traditionelle Anrufung, sondern eine Neudichtung.

Frid, Menglöds Maid, Freyas Mädchen,
Freundin der Wanenfürstin[57], helfende Heilerin,
Gewährende Gefion[58] der erwünschten Güter,
gib' uns alle guten Gaben, die wir brauchen!

Fridur, Dietwartas Schwester[59], fröhliche Sängerin,
Frau der Heilung, Priesterin des Galdr[60],
Du Geliebte bei allen Menschen in Midgard,
Du Gütige, gibt uns Heilung alle Tage!

21. e)   Traumreise zu Frid(ur)

„Frid ... Fridur ... Ich möchte Dich besser kennenlernen."
„Da gibt es nicht mehr viel kennenzulernen. Du hast mich schon gut beschrieben. Ich bin die Freundliche, die Freundin, die Helferin, ich bin die, an die man sich wendet, wenn man sich hilflos fühlt oder hungrig oder einsam. Ich bin die, die hilft, wenn es einem nicht gutgeht."
Ich lache leise vor mich hin ... das fühlt sich warm an, was da von Frid zu mir kommt ...
„Danke!"
„Bitteschön."
Ich kehre zurück.
„Ho!"

---

57 Wanenfürstin = Freya
58 Gefion = „Geberin" = Freya als Spenderin aller guten Gaben
59 Dietwarta: eine der neun Mädchen der Menglöd (die neun Mädchen sind, da sie alle die Töchter der Ran sind, Schwestern)
60 Galdr = Kultgesänge, Zaubergesänge

22. Die Göttin Hlif

22. a) Der Name „Hlif"

Der Name „Hlif" bedeutet „Beschützerin" – diese Riesin-Göttin ist eine Heilerin.

22. b) Fiölswin-Lied

Hlif ist eine der neun Mädchen der Menglöd, die die Jenseitsgöttin ist, wie schon die Zahl „9" zeigt.

Die betreffenden Strophen des Liedes finden sich in dem Kapitel 17 über die Göttin Biört.

22. c) Zusammenfassung

Der Name der Riesin „Hlif" bedeutet „Beschützerin". Dies ist ein passender Name sie, da sie eine Heilerin-Göttin ist.

„Hlif" ist eine der neun „Mädchen" der Menglöd-Freya, die Aspekte dieser Jenseitsgöttin sind. Die Zahl „9" ist ein Hinweis auf das Jenseits. Sie ist mit „Hlifthursa", die ebenfalls zu diesen neun Mädchen gehört, identisch.

Da die Jenseitsgöttin durch die Wiedergeburt sogar den Tod „heilen" kann, kann sie auch alle anderen Krankheiten heilen. Daher waren „Hlif" und ihre Schwestern Heilerinnen-Göttinnen. Ihnen opferte man im Sommer, um wieder gesund zu werden bzw. um gesund zu bleiben.

Die Anrufung und die Traumreise zu dieser Göttin findet sich im folgenden Kapitel über die Göttin Hlifthursa.

23. Die Göttin Hlifthursa

23. a) Der Name „Hlifthursa"

Der Name „Hlifthursa" bedeutet „beschützende Riesin" – diese Riesin-Göttin ist eine Heilerin.

23. b) Fiölswin-Lied

Hlifthursa ist eine der neun Mädchen der Menglöd, die die Jenseitsgöttin ist, wie schon die Zahl „9" zeigt. „Hlifthursa" ist mit „Hlif" identisch – bei „Hlifthursa" wird lediglich noch gesagt, daß sie eine Thursenfrau, d.h. eine Jenseitsgöttin ist.

Die betreffenden Strophen des Liedes finden sich in dem Kapitel 17 über die Göttin Biört.

23. c) Zusammenfassung

Der Name der Riesin „Hlifthursa" bedeutet „beschützende Riesin". Dies ist ein passender Name sie, da sie eine Heilerin ist. (Die Riesinnen sind ursprünglich die Jenseitsgöttin gewesen.)

„Hlifthursa" ist eine der neun „Mädchen" der Menglöd-Freya, die Aspekte dieser Jenseitsgöttin sind. Die Zahl „9" ist ein Hinweis auf das Jenseits. Sie ist mit „Hlif", die ebenfalls zu diesen neun Mädchen gehört, identisch.

Da die Jenseitsgöttin durch die Wiedergeburt sogar den Tod „heilen" kann, kann sie auch alle anderen Krankheiten heilen. Daher waren „Hlif" und ihre Schwestern Heilerinnen-Göttinnen. Ihnen opferte man im Sommer, um wieder gesund zu werden bzw. um gesund zu bleiben.

23. d)   Anrufung der Hlif(thursa)

Die folgenden Verse sind keine traditionelle Anrufung, sondern eine Neudichtung.

Hlif, Heilerin im Hügelgrab,
Hlif, Himmlische mit schützenden Händen,
sende uns Schutz vor tobenden Thursen[61],
sende uns Schutz vor gierigen Geistern!

Hlifthursa, Helferin in der dunklen Hel,
Hlifthursa, Hüterin der Hunde am Gjallar-Tor[62],
sende uns Schutz vor Krankheit und Kummer,
sende uns Schutz vor Lügen und Leid!

23. e)   Traumreise zu Hlif(thursa)

„Hlif und Hlifthursa – seid ihr dieselbe Göttin?"
„Ja."
„Das heißt, ihr seid eine Göttin im Jenseits – deshalb eine Thursin, eine Riesin?"
„Ja."
„Seid ihr Ahnengeister?"
„Nein. Wir sind Freya."
„Eurem Namen nach seid ihr Helferinnen?"
„Ja."
„Gibt es einen Unterschied zwischen Dir und Frid?"
„Nicht wirklich ... das sind zwei Namen für denselben Aspekt der Freya: die helfende Freundin der Menschen."
Ich muß schon wieder vor mich hin lachen ...
„Im Christentum wäre das Maria."
...
„Es gibt ein paar Unterschiede – die Wiederzeugung zum Beispiel ... und die Freude am Leben ... am Genießen ... und an der Liebe ..."
...
„Ja ... und ihr kommt mir lebhafter vor. ... Das Leben genießen – ist es das, was ihr uns zeigen wollt? Was Du uns zeigen willst?"

---

61 Thursen = Riesen
62 Gjallar = Jenseitsfluß; Gjallar-Tor = Jenseitstor

„Sei Du selber. ... Tu das, was Du bist. ... Und genieße das Tun ... dann ist es gut."
...
„O.k. Danke."
„Bitteschön."
Ich kehre zurück.
„Ho!"

24. Die Göttin Dietwarta

24. a) Der Name „Dietwarta"

Der Name „Dietwarta" bedeutet „Wächterin des Volkes" im Sinne von „All-Beschützerin".

24. b) Fiölswin-Lied

Dietwarta ist eine der neun Mädchen der Menglöd, die die Jenseitsgöttin ist, wie schon die Zahl „9" zeigt.

Die betreffenden Strophen des Liedes finden sich in dem Kapitel 17 über die Göttin Biört.

24. c) Zusammenfassung

Der Name der Riesin „Dietwarta" bedeutet „All-Beschützerin". Dies ist ein passender Name sie, da sie eine Heilerin-Göttin ist.

„Dietwarta" ist eine der neun „Mädchen" der Menglöd-Freya, die Aspekte dieser Jenseitsgöttin sind. Die Zahl „9" ist ein Hinweis auf das Jenseits.

Da die Jenseitsgöttin durch die Wiedergeburt sogar den Tod „heilen" kann, kann sie auch alle anderen Krankheiten heilen. Daher waren „Dietwarta" und ihre Schwestern Heilerinnen-Göttinnen. Ihnen opferte man im Sommer, um wieder gesund zu werden bzw. um gesund zu bleiben.

24. d) Traumreise zu Dietwarta

„Dietwarta ... ich würde Dich gern besser kennenlernen."
Ich sehe etwas, was dunkel aussieht ...
„Dietwarta ... Dein Name 'Volksbeschützerin' – habe ich den richtig verstanden?"
„Ja."
„Kannst Du mir etwas über Deinen Charakter sagen?"

105

„Spüre hin. "

...

„Du fühlst Dich von ... allen Freya-Aspekten am stärksten wie eine Walküre an – der Aspekt ist am kriegerischsten. "

„Das stimmt. "

„Bist Du eine Schützerin und eine Verteidigerin? "

„Ja. "

...

Ein tiefer Seufzer ... (Warum?)

„Bist Du eine Kämpferin? "

„Nicht mit Schwert und Speer – keine Schildmaid. ... Ich kämpfe mit dem Sturm, mit dem Meer, mit der Kälte ... aber vor allem mit dem Sturm ... damit kann man auch ein Land verteidigen ... "

... ...

„Gibt es etwas, was Du mir sagen oder zeigen möchtest? "

„Das ist genug so. "

„O.k. ... Danke, Dietwarta! "

Sie neigt ihren Kopf ... ich verbeuge mich auch kurz ... und dann kehre ich zurück.

„Ho! "

II Erscheinungsformen der Frigg

Zwei der unbekannteren Göttinnen sind aus Beinamen der Göttin Frigg entstanden: Fulla und Hlin.

25. Die Göttin Fulla

25. a) Der Name „Fulla"

Der Name „Fulla" leitet sich von dem germanischen Wort „fullr" ab, das „Fülle, Füllung, Fülle, voll, reichlich" bedeutet. Fulla ist demnach eine Göttin der Fülle.

Sie ähnelt von ihrem Namen her der Göttin Gefion, der „Gebenden". Der Name erinnert auch an einige Matronennamen aus der germanisch-keltisch-römischen Mischkultur am Niederrhein wie Aufaniae („freigiebige Ahnenmutter"), Gabiae („die Gebenden") oder Garmangabis („die reichlich Spendende").

25. b) Gylfis Vision

Da frug Gangleri: „Welches sind die Asinnen?"
Har antwortete: „... ... ... Fulla, die fünfte, ist ebenfalls Jungfrau, und trägt loses Haar und ein Goldband ums Haupt. Sie trägt Friggs Kästchen, pflegt ihre Fußbekleidung und nimmt Teil an ihrem heimlichen Rat."

Das Hüten von Friggs Kästchen sind vermutlich Hinweise auf die „Fülle" der Fulla. Die Vertrautheit mit Frigg könnte darauf hinweisen, daß sie einen Aspekt der Frigg verkörpert.

Das goldene Haarband könnte auch ein Haarreif sein und dem Brisingamen der Freya entsprechen.

25. c)   Grimnir-Lied

Im Grimnismal wird berichtet, wie Frigg den König Geirröd davor warnt, daß ihr Mann Odin als Zauberer verkleidet zu ihm kommen wird.

Über Fulla sagt diese Stelle lediglich aus, daß sie auch Friggs Botin gewesen ist und somit eine Walküren-ähnliche Funktion hatte.

Frigg sandte ihr Schmuckmädchen Fulla zu Geirröd und trug ihr auf, den König zu warnen, daß er sich vor einem Zauberer hüte, der in sein Land gekommen sei, und gab zum Wahrzeichen an, daß kein Hund so böse sei, daß er ihn angreifen möge.

Da Fulla das „Schmuckmädchen" der Frigg ist, ist anzunehmen, daß sich in dem Kästchen der Frigg, das Fulla hütet, Friggs Schmuck befindet.

Hier wird Fulla mit dem Tyr-Riesen Geirröd in Verbindung gebracht. Dieses Motiv könnte möglicherweise ältere Wurzeln haben, da Frigg-Freya einst die Sonnenmutter und Tyr-Geirröd der Sonnengott-Göttervater gewesen ist.

25. d)   Skaldskaparmal

Die Skalden benutzten „Fulla" in einer Kenning für „Frigg". Auch hier ist Fulla die Dienerin der Frigg.

„Wie soll man Frigg umschreiben?"
„Nenne sie Tochter des Fjörgyn, ... Herrin der Fulla ... ."

25. e)   Gylfis Vision

Als Hermod nach Baldurs Tod hinab in die Unterwelt zu der Riesin Hel geritten war und mit ihr über die Freigabe des Baldur verhandelt hatte, nahm er Abschied von Baldur, um wieder zu den Asen zurückzureiten.

In dieser Szene wird auch Fulla erwähnt:

Da stand Hermod auf und Baldur geleitete ihn aus der Halle und nahm den Ring Draupnir und sandte ihn Odin zum Andenken, und Nanna sandte der Frigg einen Umhang und noch andere Gaben, und der Fulla einen Goldring.

Der Verdacht liegt nahe, daß die drei Dinge, die Baldur den Asen sendet, dieselbe oder zumindestens eine zusammenhängede Symbolik haben.

Odins Ring Draupnir ist wie die keltischen Torques ein Symbol der erfolgreichen Jenseitsreise. Vermutlich wurde er nach einem Jenseitsreiseritual dem Jenseitsreisenden (Schamane, Priester, König, Krieger) verliehen.

Fulla hütet in einem Kästchen vermutlich die wertvollen Dinge der Frigg, von der ansonsten kein besonderes Schmuckstück bekannt ist. Da der Name „Frigg" jedoch nur die südgermanische Version des nordgermanischen Namens „Freya" ist, besteht die Möglichkeit, daß in diesem Kästchen Freyas Kette Brisingamen liegt. Da diese Kette vermutlich ein Halsreif mit derselben Symbolik wie Odins Draupnir und die Torques der Kelten gewesen ist, wird der Ring, den Baldur der Fulla sendet, wohl Brisingamen sein.

Der Umhang für Frigg könnte die „Tarnkappe" des Zwergenkönigs Alberich sein. Diese „Kappe" ist eigentlich ein „Cape", d.h. ein Umhang, der unsichtbar macht. Da Menschen (und Götter) nur dann unsichtbar sind, wenn sie als Seele (Astralkörper) ihren materiellen Leib verlassen haben („Astralreise"), könnte der Umhang, den Baldur der Freya sendet, mit diesem „Tarn-Cape" identisch sein. Solch einen Unsichtbarkeits-Mantel besitzt auch der keltische Göttervater Dagda.

Der Mantel der Frigg/Freya, der gut bekannt ist, ist ihr „Falken-Hemd", mit dem sich Loki in einen Falken verwandeln und dann fliegen kann – der Falke ist Lokis Seelenvogel. Auch Friggs Mantel ist ein Symbol für die Verwandlung in einen Seelenvogel, d.h. für die Fähigkeit, den eigenen materiellen Körper zu verlassen und dann für andere Menschen unsichtbar an jeden gewünschten Ort zu schweben bzw. zu fliegen.

Alle drei Dinge, die Baldur den Asen sendet, also den Ring Draupnir für Odin, den Umhang für Freya und den Ring für Fulla, beziehen sich daher auf das Verlassen des materiellen Körpers und die Reise in das Jenseits – was im Zusammenhang mit Baldurs Tod eine plausible Deutung ist.

25. f) Skaldskaparmal

Das goldene Haarband der Fulla scheint ein wichtiges Kennzeichen der Asin gewesen zu sein, da man ihm sogar eine Kenning für „Gold" bilden konnte. Es ist wahrscheinlich, daß auch dieses „runde, goldene Schmuckstück" die Symbolik des Ringes Draupnir und der Kette bzw. des Halsreifs Brisingamen teilt. Vielleicht ist das goldene Haarband der Fulla ein goldener Haarreif gewesen – dies würde besser zu dem Material Gold passen und es wäre dann auch dem Ring des Odin und dem Halsreif der Freya sehr ähnlich.

„Wie soll man Gold umschreiben?"

„Wie folgt: Indem man es Ägirs Feuer und Nadeln des Glasir, Haar der Sif, Haarband der Fulla, Freyas Tränen ... ... nennt.

Man kann in den folgenden Versen des Eyvindir Skalden-Verderber hören, wie Gold gleichnishaft 'Fullas Haarband' genannt wird:

Fullas leuchtendes Schmuckband,
die aufgehende Sonne der Stirn,
strahlte auf dem sich wölbenden Schild-Hügel
für die Skalden in all den Lebens-Tagen des Hakon."

Die *„Lebenstage des Hakon"* sind die Zeit, in der Hakon König war. Dies war eine gute Zeit für die Skalden an seinem Hof, weil er sie großzügig mit Gold belohnte, das hier mit *„Fullas leuchtendem Schmuckband"* umschrieben wird. Dieser Haarreif über der Stirn der Fulla wird der aufgehenden Sonne verglichen.

Der *„sich wölbende Schild-Hügel"* bezieht sich auf den Schildbuckel in der Mitte des Schildes, hinter dem sich der Griff des Schildes befand.

Diese Stelle zeigt, daß das „Haarband" der Fulla wahrscheinlich aus Gold bestanden hat und folglich ein goldener Haarreif und kein Haarband gewesen sein muß.

Vielleicht ist die Kenning *„aufgehende Sonne der Stirne der Fulla"* für ihren Haarreif nicht nur ein besonders poetisches Bild, sondern weist auf einen Zusammenhang zwischen dem goldenen Haarreif und der aufgehenden Sonne hin – dann wäre der Haarreif hier als Symbol der Wiedergeburt umschrieben worden, da der Sonnenaufgang das wichtigste Gleichnis für die Wiedergeburt ist.

Dies würde gut zu der Symbolik des Draupnir und zu den Mythen des ehemaligen Sonnengott-Göttervaters Tyr passen.

25. g) Kenningar

In den Liedern der Skalden finden sich noch zwei weitere mit „Fulla" gebildete Kenningar, die sich auf ihren goldenen Haarrreif beziehen. Hier wird der Haarreif mit der untergehenden Sonne, d.h. mit dem Beginn der Jenseitsreise assoziiert:

Gold	die sinkende Sonne auf der Stirn der Fulla	Stirn-Sonne = Haarreif; Sonne = Gold	Gamli Kanon	Harmsol
Gold	untergehende Sonne der Ebene der Brauen der Fulla	die Göttin Fulla trägt einen goldenen Haarreif	anonym	Lausavisur

25. h) Skaldskaparmal

Zu Beginn der Skaldskaparmal wird berichtet, wie es in der Halle des Ägir aussieht und welche Asen und Asinnen zu dem Fest bei ihm kommen:

Da kamen die Asen zu ihrem Gelage und zwölf der Asen, die da zu Richtern bestellt waren, setzten sich auf ihre Hochsitze. Dies sind ihre Namen: Thor, Niörd, Freyr, Tyr, Heimdall, Bragi, Widar, Wali, Ullr, Hönir, Forseti, Loki. Desgleichen heißen die Asinnen: Frigg, Freyja, Gefion, Idun, Gerd, Sigyn, Fulla, Nanna.

Hier wird Fulla zu den Asinnen gerechnet. Ihre Deutung als Friggs Dienerin könnte daher eine jüngere Umdeutung sein, die aus der Zeit stammt, in der die Götterwelt als große Sippe unter der Führung des Odin neustrukturiert worden ist.

25. i) Thulur

Gegen Ende der Edda erscheint Fulla noch einmal in einer Liste von 27 Asinnen:

Namen der Asinnen:

Nun nenne ich
alle Asinnen-Namen:
Frigg und Freyja,
Fulla und Snotra,
Gerdr und Gefjun,
Gna, Lofn, Skadi,
Jörd und Idunn,
Ilmr, Bil, Njörun.

Hlin und Nanna,
Hnoss, Rindr und Sjöfn,
Sol und Saga,
Sigyn und Vör,
Var und Syn
sind die edlen Namen,
aber zum Schluß müssen noch
Thrudr und Ran genannt werden.

25. j)   Fulla die Asin

Fulla wird noch in zwei Liedern als Asin erwähnt:

Asin	*Fulla*		Eyvindr Skalden-Verderber Finn-Sohn	Lausavisur
			Olaf der weiße Skalde Thordar-Sohn	Bruchstücke

25. k)   Zweiter Merseburger Zauberspruch

Phol und Wodan
ritten ins Holz.
Da wurde Baldurs Fohlen
der Fuß verrenkt.
Da besprach ihn Sinthgunt
und Sunna, ihre Schwester;
da besprach ihn Frija
und Volla, ihre Schwester;
da besprach ihn Wodan,
wie nur er es verstand:

Sei es Knochenrenke,
sei es Blutrenke,
Sei es Gliedrenke:
Knochen zu Knochen,
Blut zu Blut,
Glied zu Gliedern,
als ob geleimt sie seien.

In diesem Heilungs-Zauberspruch wird erzählt, daß „Phol und Wodan in den Wald ritten". „Wodan" ist Odin, aber wer „Phol" ist, ist unklar – möglicherweise Odins Sohn Baldur, dessen Pferd sich den Fuß verrenkte.

Sinthgunt und Sunna sind zwei offenbar heilkundige Schwestern. Ihre Namen bedeuten „Kriegszug-Kampf" und „Sonne".

Die nächsten beiden Schwestern, die das Bein des Pferdes besprechen, sind Freya und Volla (Fulla).

Schließlich fügt noch Wodan als fünfter seinen Zauberspruch hinzu.

Aus diesem Zauberspruch ergibt sich abgesehen davon, daß Fulla als Schwester der Freya aufgefaßt wird, daß sie heilkundig und zauberkundig ist und in einem Zusam-

112

menhang zu der Sonnengöttin Sunna und der Asin Sinthgunt, die wohl eine Kriegsgöttin sein wird, steht.

Fulla ist folglich sowohl mit Frigg als auch mit Freya eng verbunden. Vermutlich ist sie der „Fülle-Spenderin"-Aspekt der germanischen Muttergöttin, der eine der wichtigsten Seiten der „Großen Göttin" ist und sich auch schon in den Namen der germanisch-römisch-keltischen Matronen-Namen findet.

Es ist zudem interessant, daß sich Fulla hier zusammen mit Baldur in einem Zauberspruch findet, da Baldur in der Prosa-Edda seinem Vater Odin, seiner Mutter Frigg und der Asin Fulla ein symbolisches Geschenk aus dem Jenseits sendet. Fulla scheint dem Baldur gut gesonnen zu sein – dies wäre sehr verständlich, falls Fulla letztlich mit Frigg-Freya identisch sein sollte, da die Göttin Frigg (=Freya) Baldurs Mutter ist.

Das gesonderte Hervorheben der Fulla in der Prosa-Edda durch das Übersenden eines goldenen Ringes, der auch Fullas goldener Haarreif sein könnte, weist daraufhin, daß es auch Mythen gegeben haben muß, in denen Fulla anstelle von Frigg oder Freya Baldurs Mutter gewesen ist.

Möglicherweise gibt es einen Zusammenhang zwischen den Göttinnen-Schwestern Thorgerdr und Irpa, Sinthgunt und Sunna sowie Freya und Fulla. Eine mögliche Deutung wäre ihre Auffassung als die beiden Aspekte derselben Göttin, wobei für diese beiden Aspekte vor allem die Diesseits-Jenseits-Gegensatzergänzung in Frage käme.

Die kriegerische und daher auch mit dem Tod assoziierte Sinthgunt könnte zum Jenseits gehören, während die Sonnengöttin Sunna dann die Göttin des Diesseits wäre.

Die „dunkelbraune" Irpa könnte mit dem dunklen Jenseits assoziiert worden sein, was ihrer Schwester Thorgerdr das Diesseits zuweisen würden.

In Bezug auf Freya und Fulla ist die Zuordnung zunächst einmal schwierig, da beide den goldenen Ring bzw. Reif als Symbol der Jenseitsreise besitzen: Freya die „Kette" oder den Halsreif Brisingamen und Fulla einen goldenen Haarreif, die beide dem Draupnir des Odin/Baldur entsprechen. Da Freya sich die Toten mit Odin teilte, wird sie vermutlich zum Jenseits gehören. Die Fülle der Fulla paßt auch besser zum Diesseits als zum Jenseits.

Diese Zuordnung von Freya und Fulla wird dadurch bestätigt, daß die beiden Schwestern in dem Zauberspruch in der Reihenfolge „Sinthgunt und Sunna" sowie „Freya und Fulla" angeführt werden. In beiden Paaren erscheint zuerst die Jenseitsgöttin.

Diese Folge paßt dazu, daß es in den alten Sprachen stets „Nacht und Tag" heißt und nicht wie heute „Tag und Nacht". Diese alte Folge beruht auf dem Bild der Großen Mutter, die aus der Dunkelheit der Nacht heraus die Sonne gebiert, während die neue Folge auf der Vorstellung beruht, daß der Göttervater die Welt erschafft und sich anschließend davon ausruht (der Sonntag in der biblischen Schöpfungsgeschichte).

Dadurch ergibt sich die folgende Zuordnung der göttlichen Schwestern:

Die göttlichen Schwestern	
Jenseits / Nacht	*Diesseits / Tag*
Freya	Fulla
Sinthgunt	Sunna
Irpa	Thorgerdr

25. l) Brakteaten

Brakteaten sind mit germanischen Motiven geprägte runde Goldbleche aus der Zeit zwischen 400 n.Chr. und 600 n.Chr., die als Amulette verwendet wurden. Sie wurden den römischen Kaisermedallions nachgebildet.

Auf einigen von ihnen ist auch die Göttin Frigg/Freya abgebildet worden.

Die Göttin auf den Brakteaten

Großfahner bei Erfurt, Deutschland

Oberwerschen, Sachsen-Anhalt, Deutschland

Welschingen, Baden-Württemberg, Deutschland

Südwestdeutschland

Diese vier Brakteaten aus Süd- und Ostdeutschland, die von den Südgermanen stammen, haben einige Gemeinsamkeiten:

Göttin-Brakteaten				
Motiv	*Brakteat*			
	Groß-fahner	*Ober-werschen*	*Wel-schingen*	*Südwest-deutschland*
Göttin	1	1	1	1
stilisiertes, dreieckiges Gesicht	1	1	1	1
nackte Brüste (?)	1	1	1	1
erhobene Hände	1	1	1	1
„Krone" mit Schlaufen, drei Schichten	1	?	1	
„Krone" mit Schlaufen, zwei Schichten				1
Rock	1	1	1	1
zwei lange „Schnüre" am Rock	1		1	1
Gürtel	?	?	1	1
Stab (?) in der Hand		1		
kleines Kreuz in der Hand			1	1
langer Kreuz-Stab in der Hand		1		
langer Doppelkreuz-Stab in der Hand	1			
Triskelis (dreieckiges Sonnensymbol)	1	1		
Trisklis mit nur zwei Spitzen	1			
Swastika (Sonnensymbol)	1			
gleichschenkliges Kreuz (Sonne)	2	2	2	4
Kreis (Sonne?)			3	
Summe der Sonnensymbole	6	3	5	4
siebenstrahliger Stern			1	
neunstrahliger Stern				1
„U"-Reihe	4	6; 2	2	5; 1

Diese standardisierten und stark stilisierten Darstellungen der Göttin zeigen, daß dies ein traditionelles Bild gewesen sein muß, das es über längere Zeit gegeben hat und das häufig verwendet worden sein muß, da sich sonst keine solche „Standard-Darstellung" hätte herausbilden können. Diese Göttin muß also über längere Zeit hinweg wichtig gewesen sein.

Ihre erhobenen Arme und ihre Darstellung auf den Brakteaten, die Schutzamulette waren, zeigt, daß sie eine Schutzgöttin gewesen ist.

Die deutlich dargestellten Brüste stellen sie vermutlich als (im Jenseits) nährende Muttergöttin dar. Vielleicht ist „Fulla" („Fülle") einst ein Beiname der Frigg-Freya gewesen, der sie als Ernährerin kennzeichnen sollte … Es könnte sein, daß die bloßen Brüste dieser Frigg-Freya die Entsprechung zu dem betonten Penis ihres Bruders Freyr sind.

Die Krone der Göttin könnte auch ein Haarband sein – zumindestens würde das die Schlaufen an der Krone und das Muster auf ihr erklären. Sollte dies zutreffen, dann wäre Friggs „Dienerin" Fulla, die ihr „Schmuckkästchen" trägt, wahrscheinlich mit Frigg identisch, da Fulla ein goldenes Haarband trägt.

Der Gürtel der Göttin könnte der Gürtel, der zum Ornat der Priester und Priesterinnen gehört hat, sein. Möglicherweise sind die beiden langen Schnüre an dem Rock der Göttin wie bei einer Schürze zum Binden des Rockes gedacht gewesen – doch warum waren diese so wichtig? Sie könnten eine ähnliche Symbolik wie die Schlaufen an dem Haarband der Göttin gehabt haben.

Die Stäbe mit dem Kreuz bzw. mit den beiden Kreuzen könnten eine christlich ergänzte Version des Stabes der Seherinnen sein – obwohl die Brakteaten dafür eigentlich aus einer zu frühen Zeit stammen. Die Kreuze könnten jedoch auch wie bei den Kreis-Kreuzen auf vielen Runensteinen Sonnensymbole sein. Für diese Deutung sprechen auch die anderen Sonnensymbole: Sterne und Triskelis. Frigg-Freya-Fulla scheint hier eine Sonnenmutter zu sein, d.h. die Göttin, die den Sonnengott-Göttervater Tyr am Morgen wiedergebiert. Da diese Brakteaten jedoch von den Südgermanen stammen, bei denen damals bereits Odin der Göttervater gewesen ist, wird die Sonne, die von Frigg geboren wird, wohl kaum noch als Tyr angesehen worden sein, sondern eher als ihre eigene Tochter – ein Motiv, daß evtl. bei den Südgermanen in Analogie zu Demeter und Persephone und anderen Göttinnen-Paaren entstanden ist.

Der Keulen-ähnliche Gegenstand in der Hand der Göttin von Oberwerschen ist schwer zu deuten, aber er könnte von seiner Symbolik dem Stab in der Hand der Göttin entsprechen.

Die Reihen von „U"-ähnlichen Symbolen auf diesen vier Brakteaten sind ansonsten unbekannt. Sie erinnern an Hufabdrücke und könnte ein Hinweis auf die Jenseitsreise auf Odins Roß sein – aber das ist nur eine Vermutung und keineswegs eine Gewißheit. Immerhin suggeriert die Anordnung dieser „U", daß hier ein Weg gemeint ist.

25. m)   Zusammenfassung

Fulla ist die Göttin der Fülle. In dieser Funktion ist sie eng mit der Göttin Gefion, der „Geberin" verwandt. Sowohl die Fülle als das Spenden sind Eigenschaften, die bereits in den Namen der germanisch-römisch-keltischen Matronen vorkommen.

Fullas wichtigstes Symbol ist ihr goldener Haarreif, der in symbolischer Hinsicht mit Freyas „Kette" (Halsreif) Brisingamen und Odins Ring Draupnir identisch sein wird. Auch in Friggs Schmuckkästchen, das Fulla bewahrt, wird sich wohl Freyas Brisingamen oder ein ähnliches Halsreif-ähnliches Schmuckstück befinden.

So wie Odin aus dem Jenseits von Baldur seinen Ring Draupnir gesandt erhält, so erhält auch Fulla ihren goldenen Haarreif von Baldur aus der Unterwelt. Beide Schmuckstücke sind Symbole der erfolgreichen Jenseitsreise. Aus diesem Grund wird Fullas goldener Haarreif auch der untergehenden und wieder aufgehenden Sonne als dem wichtigsten Symbol der Wiedergeburt verglichen.

Die bei Fulla betonten offenen Haare ergeben sich vermutlich daraus, daß sie einen Haarreif trägt, mit dem man eben üblicherweise offene Haare zusammenhält (und nicht einen Pferdeschwanz oder Zöpfe).

Fulla ist eng mit Frigg und Freya verbunden: sie ist Friggs Beraterin, Vertraute, Dienerin und Botin und sie ist Freyas Schwester. Sie wird daher der Fülle-Aspekt dieser beiden Göttinnen sein, die letztlich nur zwei Namens-Varianten der germanischen „Großen Mutter" sind.

Die Jungfräulichkeit der Fulla ist wie bei anderen Göttinnen vermutlich auch ein Hinweis darauf, daß sie die Geliebte der Toten im Jenseits bei der Wiederzeugung war – d.h. die Göttin Freya.

Fulla ist wie die meisten Göttinnen der Toten, des Jenseits und der Wiedergeburt auch eine Heilerin und Zauberin: Da die Wiedergeburt die „Heilung" des Todes als der größten aller „Krankheiten" ist, können diese Göttinnen (und auch die Schamanengötter) auch all die „kleinen Krankheiten" heilen.

Die Göttin Fulla ist sehr wahrscheinlich aus der Verselbständigung des Aspektes der Fülle und des Beinamens „Fülle" der Frigg-Freya entstanden.

25. n)   Das Aussehen der Fulla

Man kann sich Fulla am besten wie auf den vier Brakteaten vorstellen.

Sie ist eine eher füllige, vermutlich barfuß laufende Frau mit nacktem Oberkörper, die einen Rockträgt, der bis zu den Waden reicht. An dem längsgestreifen Rock (Faltenrock?) befinden sich zwei lange Schnüre. Sie trägt einen Gürtel, der ein

Priesterinnengürtel sein könnte. Sie trägt eine aufwendig gestaltete Krone/Diadem (Fullas goldener Haarreif) mit aufrechten Strahlen und je einer Schlaufe links und rechts, die einer aufgehenden Sonne gleicht.

Sie trägt ihr Haar offen. Als Sonnenmutter könnte sie wie Sif goldblondes Haar haben.

Sie hat ihre Arme schützend erhoben. Auch die Göttin Gerdr erhebt ihre Arme, wenn sie das Horizont-Tor öffnet, damit die Sonne geboren werden und am Himmel emporsteigen kann.

Fulla hält einen Seherinnenstab in ihrer Hand, an dem sich Sonnensymbole wie das Kreuz, der Stern, die Triskelis und die Swastika befinden. Fulla ist eine Sonnenpriesterin, d.h. eine Dise. Sie ist eine Priesterin des ehemaligen Sonnengott-Göttervaters Tyr und sehr wahrscheinlich zugleich auch seine Mutter, also die Sonnen-Mutter – worauf auch ihre Krone und deren häufiger Vergleich mit der auf- oder untergehenden Sonne hinweist.

Diese Krone entspricht Freyas Halsreif Brisingamen und Odins Ring Draupnir.

Vor Fulla auf der Erde befinden sich hufeisenförmige Abdrücke, die möglicherweise den Jenseitsweg darstellen – dann würden diese Spuren des Jenseitsreisepfedes (Sleipnir, Helhest) zur Gjallar-Brücke führen.

25. o) Anrufung der Fulla

Die folgende Verse sind keine traditionelle Anrufung, sondern eine Neudichtung.

Fulla, Frigga, Freya, höre mich!
Fürstin der Wanen, Gold-gelockte Göttin:
ich sehe Dich mit Deinem hellen Kleid,
ich sehe Dich mit Deinem Seherinnen-Stab.

Fulla, Frigga, Freya, höre mich!
Frau des Freyr, schöne Haarreif-Huldar:
ich sehe Dich mit Deiner Sonnen-Krone.
ich sehe Dich mit Deinem Priesterinnen-Gürtel.

Fulla, Frigga, Freya, höre mich!
Freundin des Tyr, sanfte Sonnen-Mutter:
ich sehe Dich das Tor des Himmels öffnen,
ich sehe Dich Deine Arme erheben.

Fulla, Frigga, Freya, höre mich!
Fülle des Lebens, gütige Gaben-Geberin:
ich sehe Dich mit Deinen bloßen Brüsten,
ich sehe Dich mit Deinem gold'nen Haarreif.

Fulla, Frigga, Freya, höre mich!
Friedens-Botin, hilfreiche Heilerin:
ich sehe Dich hinter der aufgehenden Sonne,
ich sehe Dich mit dem goldenen Draupnir.

Fulla, Frigga, Freya, höre mich!
Freundschafts-Förderin, Geirröds Gast[63]:
ich sehe Dich als die Galdr-Sängerin,
ich sehe aus Dir die Fülle des Lichtes fließen.

25. p)   Traumreise zu Fulla

„Fulla ... ich würde Dich gern besser kennenlernen."

„Was möchtest Du denn wissen?"

„Ist meine Beschreibung richtig? Daß Du eigentlich ein Beiname von Frigg und Freya bist und daß Du mit den Matronen verwandt bist?"

„Das stimmt so. Ich bin die Göttin der Fülle. Und ich bin auch mit Sif verwandt – aber Sif ist ja auch ein Aspekt von Freya."

...

„Die Fülle ist eigentlich immer ein Aspekt der Muttergöttinnen, oder?"

„Das ist überall so."

„Das heißt, Du bist ein Aspekt der Muttergöttin?"

„Ich bin auch selber eine Muttergöttin. ... Du kannst mit mir sprechen wie mit einer Göttin ... und mich um Fülle bitten ... um Fülle und Gedeihen ... um Frieden ... und Wachstum ... und das nicht nur außen, sondern auch in Dir selber: daß Du wächst und gedeihst und ganz das bist, was Du bist ... und alles in Deinem Leben hast, was Dich gedeihen läßt."

„Gibt es etwas, was ich noch brauche, um zu gedeihen?"

Sie legt die Spitzen ihres Zeigefingers, Mittelfingers und Ringfingers ihrer rechten Hand ganz sanft auf mein Herzchakra ... ich kann Wärme spüren ...

„Dein Herz ist nicht allein in der Welt. ... Du stehst in großen Zusammenhängen –

---

63 Geirröd = Tyr im Jenseits = Sonne (Frigg sandte Fulla als Botin zu Geirröd.)

so wie alle anderen Menschen auch. ... Deine Seele ist ein Teil des Lebensflusses ... Die Dinge, mit denen Du Dich am besten ausdrücken kannst, die kommen zu Dir. "

...

„Was geschieht, wenn mein Herzchakra leuchtet?"

„Dann lösen sich alle Knoten in Deinem Leben."

„Das klingt gut. ... Und auf diese Weise bringst Du die Fülle in das Leben der Menschen?"

„Ja."

...

„Was kann ich tun, daß mein Herzchakra noch mehr leuchtet?"

„Liebe Dich selbst."

...

„Zu meiner Seele geh'n und mein Herzchakra spüren?"

„Mach' die Herzmeditation – so wie Du sie am liebsten machst. ... Die ist das Zentrum."

...

„Auf diesen Aspekt der Fülle bin ich so eigentlich noch nicht gekommen. Also nicht so deutlich ... ansatzweise schon ... aber so klar war mir das noch nicht ..."

Ein tiefer Seufzer ...

„Und wenn Bilder von Mangel kommen? ... Was würdest Du mir empfehlen?"

„Sei freundlich zu ihnen, aber gib' ihnen nicht die Herrschaft über Dich. Und geh' zu Deinem Herzen. Vertraue Dir selber."

„Das hat mir schon mal jemand gesagt ... Jemand anderem zu vertrauen – das fällt mir leichter ... In mich vertrauen? ..."

„Du bist so, wie Du es für Dein Leben brauchst. Und Du hast in Dir alles, was Du brauchst, um auszudrücken, wer Du bist. Und das erschafft die Fülle in Deinem Leben."

Der tiefste Seufzer bisher ...

„Ich hab' das Gefühl, daß da so langsam viele Fäden in einer einzigen Haltung zusammenlaufen: das Herzchakra leuchten lassen. ... Die Herzmeditation scheint wirklich das Zentrum zu sein."

„Deshalb gibt es die ja auch in jeder Religion."

„Hm ... ... Magst Du mir ab und zu Hinweise schicken, wenn ich wieder mal etwas nicht sehe oder wieder mal auf dem Holzweg bin?"

„Wenn Du das möchtest ..."

„Sehr gerne! ... Sende mir aber bitte friedliche, freundliche Hinweise ... Früher bin ich immer gegen Laternenpfähle gerannt, wenn ich mich 'verirrt' hatte – das war nicht so der ideale Hinweis ... jetzt stoße ich mich nur noch ganz sanft mit der Hand an irgendetwas (das habe ich mal mit meinem Körper abgesprochen) ..."

„Meine Hinweise sind anders ... als das, was Du beschreibst, daß Du, wenn Du

Dich 'verläufst', gegen eine Mauer rennst ... meine Hinweise sind eher, daß ich Dir einen leckeren Apfel zeige."

„Das gefällt mir ... das ist eine gute Art von Hinweis. ... Danke, Fulla! ... Gibt es noch mehr, was Du mir zeigen oder sagen möchtest?"

„Ich könnte Dir die ganze Fülle der Welt zeigen ..."

„Oh ... Dann würde diese Traumreise nie ein Ende nehmen, oder?"

„So ist es."

Ich muß leise lachen ...

„Dann schick' mir lieber die Fülle in mein Leben."

„Gerne."

„Danke, Fulla!"

„Bitteschön."

Ich kehre zurück.

„Ho!"

26.   Die Göttin Hlin

26. a)   Der Name „Hlin"

Der Name der Göttin Hlin bedeutet „Beschützerin". Vermutlich ist sie ein einzelner Aspekt einer Göttin Frigg.

26. b)   Gylfis Vision

Der Charakter der Göttin Hlin wird in dieser Erzählung deutlich dargestellt:

Die elfte ist Hlin, die solchen zum Schutz bestellt ist, welche Frigg vor einer Gefahr behüten will. Daher das Sprichwort: Wer sich in Nöten retten will, lehnt sich an (hleinir).

26. c)   Die Vision der Seherin

In diesem Lied erscheint „Hlin" als eine Heiti für „Frigg". „Hlin" wird demnach der Name der Frigg als Beschützerin sein.

Da hebt sich Hlins anderer Harm,
Da Odin eilt zum Angriff des Wolfs.
Belis Mörder mißt sich mit Surtur;
Schon fällt Friggs einzige Freude.

Hlins Harm: der Wolf Fenrir, der Friggs Mann Odin tötet
Belis Mörder = Freyr
Friggs Freude = ihr Sohn Thor

26. d)   Kenningar

„Hlin" wurde wie die Namen anderer Göttinnen in den Skalden-Dichtungen als Kenning für „Frau" benutzt.

123

Asin	*Hlin*			Snorri Sturluson	Thulur
				Kalfr Hall-Sohn	Katrinardrapa
				Rögnvald-Jarl Kali Kol-Sohn	Lausavisur
				Illugi Bryn-Tal-Skalde	Lausavisur
				König Magnus Barfuß Olaf-Sohn	Lausavisur
				anonym	Mariuvisur
					Vitnisvisur af Mariu
Frigg	*Hlin*			anonym	Vision der Seherin
Frau	*Hlin des Meeres-Ahorns*	Ahorn = Baum = Mann; Meeres-Ahorn = Wikinger; dessen Hlin = seine Frau		anonym	Landnahme-Buch
Frau	*schönste Ringe-Hlin*	Ring-geschückte Frau		anonym	Mariuvisur 1
Frau	*Hlin der polierten Ringe*			Kalfr Hallsson	Katrinardrapa
Frau	*braunhaarige Hlin des Armes*	Hlin = Göttin = Frau; „Arm" ist eine abgekürzte Kenning für „Schlange des Armes" (Gold-Armreif) o.ä.		Magnus Barfuß Olafsson	Lausavisur
Frau	*Hlin des kühlen Rains*	sehr vage Kenning: Rain = Ackerrand = Graben; kühler Graben = Flüssigkeit = vermutlich Met		Rögnvaldr-Jarl Kali Kolsson	Lausavisur

26. e)   Jakob Grimm: Deutsche Mythologie

Wir sehen aus dem prolog zu Grimnismal, daß Odinn und Frigg, die höchste väterliche und mütterliche gottheit des alterthums, auch noch besondern günstlingen ihren schutz angedeihen lassen: Odinn zieht als ein alter mann den Geirrödr, Frigg als eine alte frau den Agnar auf, die edda gebraucht hier föstra, als pflegkind erziehen. Ja Frigg hatte eine eigne dienerin, selbst ein göttliches wesen, die sie zum schutz (til gaetslu) solcher männer in allen gefahren bestellte; diese personificierte Tutela (Lehrerin) hieß Hlin, gleichsam das lager, die κλίνη, althochdeutsch hlina recubitus, auf dem einer ruht (von der wurzel hleina, hlain, griechisch κλίνω, lateinisch clino). 'harmr Hlinar' heißt es Saemingar und man sagte im sprichwort ›sa

124

er fordaz hleinir‹, wer sich in nöthen retten will, lehnt sich an. Hlin (gothisch Hleins?) schützt und birgt, das gothische hlains bedeutet einen berg, das althochdeutsche hlinaperga, linaperga fulcrum, reclinatorium.

26. f) Zusammenfassung

Hlin ist Frigg als „Beschützerin", also die, die jemanden sicher birgt. Evtl. wurde damit auch das bergende, schützende Hügelgrab assoziiert, in dem die Jenseitsgöttin die Toten und auch den ehemaligen Sonnengott-Göttervater Tyr wiedergebar.

26. g) Anrufung der Hlin

Die folgende Verse sind keine traditionelle Anrufung, sondern eine Neudichtung.

Hlin, Göttin des Hügelgrabes,
haltgebende, helfende Asin:
berge mich vor allem Betrug,
bringe mich sicher duch alle Gefahren.

26. h) Traumreise zu Hlin

„Hlin, ich möchte Dich besser kennenlernen."
„Du kennst mich doch schon."
...
„Du bist Frigg?"
„Ja."
„Und 'Hlin' ist einfach nur ein Beiname?"
„Ja."
„Wie ist der entstanden ... oder was bist Du als 'Hlin'?"
„Dieser Name ist nie eigenständig geworden. Das ist einfach nur ein Beiname. 'Hlin' ist nicht von 'Frigg' unterschieden worden."
„Ja, gut. ... Danke."
„Bitteschön."

...

Hm ... mir fällt auf, daß die Stimmung, die von Hlin kommt, die ein Aspekt von Frigg ist, ganz anderes ist als die Stimmung die von den Göttinnen kommt, die ein Aspekt von Freya sind. Die 'Hlin-Stimmung' ist ruhiger, gesetzter. ... Sie hat etwas ... ja, so etwas wie eine Königin. ... Die Aspekte der Freya fühlten sich eigentlich alle temperamentvoller an.

Ja gut, ich kehre dann jetzt zurück.

„Ho!"

III Erscheinungsformen der Skadi

Zwei Göttinnen sind wahrscheinlich aus Aspekten bzw. Beinamen der Erdgöttin, Jenseitsgöttin und Sonnenmutter Skadi entstanden: Ljod und Marnar.

27. Die Göttin Ljod

27. a) Der Name „Ljod"

Der Name „Ljod" oder „Hljod" bedeutet „Klang, Vers, Lied, Zaubergesang". Ljod scheint daher entweder eine Sängerin oder eine Zauberin zu sein.

27. b) Völsungen-Saga

Hljod erscheint in der Völsungen-Saga als die Tochter des Tyr-Riesen Hrimnir, die bei Odin als eine seiner Walküre („Wunschmagd") lebte. Diese Stellung zeigt, daß sie die erst zur Tyr-Tochter und dann zur Odin-Walküre umgedeutete Muttergöttin sein wird, also z.B. Frigg, Freya, Jörd, Gerdr oder Skadi.

In der Völsungen-Saga wird folgendes über diese Göttin/Walküre berichtet:

Rerir erlangte in seinen Kriegen große Reichtümer für sich und nahm sich eine Frau, wie er sie passend für sich fand, und sie lebten lange zusammen, aber hatten kein Kind, das ihre Reichtümer hätte erben können; und sie waren beide sehr unzufrieden damit und beteten zu den Göttern mit ihren Herzen und ihren Seelen und baten sie, daß sie ihnen ein Kind schenken sollten.

Und es wird erzählt, daß Frigg ihre Gebete erhörte und Odin erzählte, worum sie gebeten hatten. Er war nicht mittellos und rief seine Wunsch-Magd, die Tochter des Riesen Hrimnir zu sich, legte ihr einen Apfel in ihre Hand und befahl ihr, ihn dem König zu bringen.

Sie nahm den Apfel, zog ihr Krähen-Gewand an und flog davon bis sie dorthin kam, wo der König auf einem Hügelgrab saß, und ließ den Apfel in den Schoß des Königs fallen; er aber nahm den Apfel und ihm dünkte, daß er wisse, wozu dieser er gut sei;

so ging er heim von dem Hügelgrab seines Volkes und kam zu der Königin und sie aß einen guten Teil dieses Apfels.

Da, so erzählt die Geschichte, spürte die Königin schon bald, daß sie ein Kind trug, aber es verging eine lange Zeit, ohne daß sie das Kind gebar; so kam es, daß der König auf einen Kriegszug gehen mußte, wie es bei den Königen Brauch ist, damit er den Frieden in seinem eigenen Land wahren konnte: und auf dieser Reise geschah es, daß Rerir krank wurde und starb und er dazu bestimmt war, zu Odin heimzugehen – dies war etwas, das sich in jenen Tagen viele Menschen wünschten.

Der magische Apfel, der den Kinderwunsch des Königs Rerir und seiner Frau erfüllte, ist wahrscheinlich mit den Äpfeln der Idun identisch.

König Rerir saß auf einem Hügelgrab als Hljot ihm den magischen Apfel gebracht hat – Rerir hat also eine Ahnenanrufung („Utiseta") durchgeführt, um den magischen Apfel zu erhalten.

Die Äpfel gehören in dieser Sage unerwarteterweise dem Odin. Da es jedoch in der gesamten Völsungen- und Siegfried-Sage immer Odin ist, der handelnd eingreift, könnte es sich bei Odins Besitz der magischen Äpfel auch um eine Vereinheitlichung der Mythe handeln. Für diese Auffassung spricht, daß nur an dieser Stelle eine andere Gottheit als Odin auftritt, nämlich Odins Frau Frigg.

Der Umstand, daß sich derjenige, der diese Sage niedergeschrieben hat, genötigt sah, hier eine Göttin auftreten zu lassen, läßt vermuten, daß das Motiv der magischen Äpfel so eng mit einer Göttin verbunden war, daß es ein zu arger Bruch mit der Tradition gewesen wäre, die Göttin an dieser Stelle ganz zu ignorieren.

Die Göttin Frigg ist in dieser Szene ganz dem Odin untergeordnet, was sich daraus ergeben haben wird, daß Odin in dieser Saga der Lenker der Geschicke ist.

Das Auftreten der Frigg bedeutet nicht unbedingt, daß die Äpfel mit ihr verbunden gewesen sind, da sie auch an die Stelle einer anderen Göttin getreten sein könnte, als der Verfasser die Sage um den roten Faden von Odins Allmacht gewoben hat und in diesem Zusammenhang eine eigenständig neben Odin stehende Göttin Idun gestört hätte.

Angesichts dieser Bearbeitung der ursprünglichen Mythen in dieser Sage erscheint es durchaus wahrscheinlich, daß der magische Apfel des Odin aus der Eschenholz-Apfelkiste der Idun stammt.

Da es nicht ganz in die damaligen Vorstellungen gepaßt hätte, wenn Odin seine eigene Frau Frigg ausgesandt hätte, um Rerir den magischen Apfel zu bringen, sandte er eine seine Dienerinnen, d.h. eine der Walküren aus, die auch ansonsten dafür zuständig sind, Odins Willen umzusetzen – zumindestens in den Mythen und Sagen, die Odins Macht besonders betonen.

Vermutlich war eine Walküre, da diese wie Idun nah mit den Nornen verwandt war, auch besonders gut dafür geeignet, den Apfel zu überbringen, da sie noch eine gewisse Ähnlichkeit mit Göttin Idun hatte, der diese Äpfel eigentlich gehörten. Der Bruch mit der Tradition wurde durch das Aussenden einer Walküre etwas kleiner und die Darstellung der Ereignisse somit etwas glaubhafter.

Da die Walküren normalerweise die Seele der toten Krieger aus dem Diesseits abholten, konnten sie auch die Seele eines noch ungeborenen Kindes in das Diesseits bringen – der Weg der Seele war dabei dergleiche, nur die Richtung, in der sie sich bewegte, war umgekehrt.

Letztlich ist natürlich die Krähe, der Schwan und die Walküre selber der Seelenvogel. Die Jenseitsgöttin als die Wiederzeugungs-Geliebte und die Wiedergeburts-Mutter der Toten und des ehemaligen Sonnengott-Göttervaters Tyr hatte als „Mutter der Seelenvögel" auch selber die Gestalt eines Vogels erhalten. Da die Jenseitsgöttin nicht gleichzeitig mit allen Toten schwanger sein konnte, mußte sie ihre Gestalt vervielfältigen. Auf diese Weise entstand das Motiv der „Vogelfrauen". Durch die Assoziation der Wiederzeugung und der Wiedergeburt mit dem Tod wurden diese Vogelfrauen schließlich zu den Walküren.

Möglicherweise erscheint in dieser Szene eine Krähe und nicht der ansonsten bei den Walküren übliche Schwan, um den Zusammenhang mit Odin, der von seinen beiden Raben Hugin und Munin begleitet wird, zu betonen.

Die Krähe wird ursprünglich einmal die Seele des Kindes des Rerir und seiner Frau gewesen sein, die in den Leib der dann schwangeren Frau eintritt.

Diese „Krähen-Walküre" trägt den Namen „Hljot" („Gedicht, Lied") und wird als „Tochter des Riesen Hrimnir" bezeichnet.

Über den Riesen „Hrimnir" ist nicht allzuviel bekannt. Sein Name bedeutet entweder „der mit Rauhreif bedeckte" oder „der Rußige". Im Hyndla-Lied und im Skirnir-Lied wird er als Riese bzw. als Jötun bezeichnet. Wie in der „Grims Lodinskinna Saga" berichtet wird, heißt seine Frau „Hyrjast" und seine Töchter „Feima" („schüchternes Mädchen") und „Kleima" („Gefleckte"). Im Hyndla-Lied werden seine Kinder „Heidr" („Hexe") und „Hrossthjofr" („Pferdedieb") genannt.

Hrimnir ist einer der vielen Tyr-Riesen. Seine Tochter Hljot wird daher die zur Tyr-Tochter umgedeutete Wiedergeburts-Mutter des Tyr sein – dieser Vorgang findet sich mehrfach in der germanischen Mythologie und ist auch in vielen anderen Religionen zu finden.

Später erscheint Ljod in der Völsungen-Saga noch ein zweitesmal:

Als er (König Völsung) *das Mannesalter erreicht hatte, sandte Hrimnir der Riese ihm Hljod, seine Tochter – die, von der die Geschichte berichtete, daß sie den Apfel zu König Rerir, Völsungs Vater, gebracht hatte. Da heiratete Völsung sie und sie lebten lange glücklich und in großer Liebe zusammen.*

Die Heirat mit der Riesentochter bzw. mit der Walküre ist ein Motiv aus der Krönungssymbolik. Der König reiste sowohl rituell als auch innerlich in einer Vision in das Jenseits, wo er sich wie jeder Tote mit der Muttergöttin in ihrer Gestalt als Geliebte des Jenseitsreisenden vereinte. Diese Vereinigung ist die Wiederzeugung, die der Wiedergeburt vorausgeht. Da die Gottheiten im Jenseits von den Germanen als „Riesen" bezeichnet wurden, erscheint die Muttergöttin in ihrer Geliebten-Funktion bei der Wiederzeugung oft ebenfalls als Riesin. Beispiele dafür sind z.B. Odin und Gunnlöd, Freyr und Gerdr oder Njörd und Skadi.

Skadi und Hljod werden ursprünglich dieselbe Göttin gewesen sein, die sich mit dem König in seiner Vision bei seiner Krönung vereinte, da auch Skadi am Anfang der Saga erwähnt wird. Sie ist allerdings zu einem Mann umgedeutet worden – möglicherweise um die Dominanz des Odin in dieser Saga nicht zu beeinträchtigen.

Die Rolle der Jenseitsgöttin in der Völsungen-Saga		
König	*Jenseitsgöttin*	*Umdeutung der Göttin in der Saga zu:*
Sigi	Skadi	ein Mann
Rerir Sigi-Sohn	Hljod	Walküre, Botin des Odin
Völsung Rerir-Sohn	Hljod	Riesentochter, Ehefrau

Sie (Völsung und Hljot) *hatten zehn Söhne und eine Tochter, und der älteste von ihnen wurde Sigmund genannt und ihre Tochter Signy, und diese beiden waren Zwillinge, und sie waren in jeder Hinsicht die besten und die schönsten von allen Kindern von König Völsung und sie waren mächtig wie alle aus seinem Samen.*

Es wurde bereits in den alten Tagen mit dem größten Ruhm unter allen Menschen erzählt und auch in den uralten Geschichten, daß die Völsungen groß und hochgemut waren und sowohl im Geschick als auch in der Kühnheit und in allen hohen und mächtigen Dingen weit über den meisten anderen Menschen standen.

27. c) Zusammenfassung

Der Name der Göttin/Walküre „Ljod" oder „Hljod" bedeutet „Klang, Vers, Lied, Zaubergesang". Möglicherweise war sie eine Zauberin, das sich die Lieder auf die Kultlieder und Zauberlieder („Galdr") beziehen könnten.

Sie wird ursprünglich mit der Göttin/Riesen Skadi identisch gewesen sein. Als solche ist sie vermutlich die Wiederzeugungs-Geliebte und die Wiedergeburts-Mutter des ehemaligen Göttervaters Tyr gewesen, bevor sie erst zu dessen Tochter und dann zu einer Walküre des neuen Göttervaters Odin und schließlich zu der Frau des Königs Völsung (und somit auch zu der Großmutter des Sigurd Drachentöter und des Sinfiötli) umgedeutet worden ist.

27. d)   Anrufung der Ljod

Die folgende Verse sind keine traditionelle Anrufung, sondern eine Neudichtung.

Hljot, Du allen Heimdalls-Söhnen[64]
hier in Midgard gut bekannte Göttin!
Dein Galdr-Gesang wird weithin gerühmt,
Deine Gaben der Idun schenken allen Freude!

Kind des Hrimnir im Krähengewand,
kühne Walküre aus Odins Halle!
Du kommst als Botin des Asen-Königs,
kündest seinen Willen unter Yggdrasil[65].

Tochter des Tyr[66], mächtige Mutter,
der tosende Gjallar[67] ist Dein Weg zu uns,
wenn wir auf dem Hügelgrab sitzen,
wenn wir Dich beim Utiseta[68] rufen.

Sigmunds Mutter, Signys Mutter,
Sigurds Ahnin, Sinfiötlis Ahnin;
Völsung und Du habt eine Fülle an Kindern:
Wer kennt nicht diese elf großen Helden?

---

64 Heimdall = Tyr; seine Söhne = Menschen
65 Yggdrasil = Weltenbaum; unter dem Weltenbaum = in Midgard
66 Tyr: Der Tyr-Riese Hrimnir ist der Vater der Hljot.
67 Gjallar = Jenseitsfluß (die Walküren kommen aus dem Jenseits zu den Menschen)
68 Utiseta = „Draußensitzen" = Ahnenanrufung auf dem Hügelgrab

Helferin der Frigg und der Hasel-Göttin[69],
Hüterin der Äpfel der holden Idun!
Hilf auch uns, wenn wir Hilfe brauchen!
Hüte uns auf allen Wegen in unserem Leben!

27. e)   Traumreise zu Hljod

„Hljod?"

„Ja?"

„Kannst Du mir etwas über Dich erzählen oder mir etwas zeigen, was mich Dich besser verstehen läßt?"

„Du glaubst, daß ich eine Sängerin bin?"

„Hm ... 'Sängerin' klingt ein bißchen komisch. ... Ich vermute, daß Du die Kultlieder gesungen hast ... oder Zauberlieder. ... Oder daß Du die Beschützerin der Galdr-Lieder bist."

Ein tiefer Seufzer ...

...

„Ich singe und das ist meine Art, Dinge zu erschaffen."

...

„Du bist eine Sängerin? Du erschaffst die Welt durch Gesang?"

„Ja."

...

„Das erinnert mich an das Silmarillion von Tolkien – an die Art, wie Illuvatar die Welt erschaffen hat."

„Ist das nicht ein naheliegendes Bild?"

„Ehm ... Du meinst, weil im Gesang alle Dinge miteinander schwingen?"

„Ja. ... Du hast den Gesang doch auch in Deinem Nebenchakren-Buch als Gleichnis dafür benutzt, in welcher Weise die Chakren alle zusammenschwingen."

...

„Hm ... soweit habe ich bei Deinem Namen noch nicht gedacht. ... Bezieht sich das dann auf diese Ordnung und diese Harmonie? So wie bei der Göttin Tamfana?"

„Genau. Das ist das, was die Ägypter 'Ma'at' nennen und die Sumerer 'Me', die Kelten 'Fhirinne', die Tibeter 'Tashi', die Navahos 'Ho'Zhong'. Das ist Gesang: die Dinge sind zur rechten Zeit in der rechten Weise am rechten Ort und tun dort die rechten Dinge. Dadurch schwingt alles miteinander."

„Dann bist Du ... ja ... dann bist Du wie die gut gestimmte Harfe, wie das

---

69 Hasel-Göttin = Idun (von ihr stammen die Äpfel, die Hljot dem König Rerir bringt)

vollkommen runde Rad – diese beiden haben die Indogermanen als Gleichnis für diese Qualität benutzt."

„So ist es."

„Dann bist Du das 'rita' der Inder, das 'rota' der Römer – das Rad, der Zyklus, die Ordnung, das Ritual, der Kult ..."

„Ich bin diese Harmonie, ja."

„Hm ... ... gefühlsmäßig erinnert mich das an Idun und Bragi."

„Bragi ist auch ein Sänger. Er singt zwar nicht Lieder in dem Sinne von Texten mit Melodie, aber die vielen Arten von Reimen und Ordnungen, die in den Liedern sind, der Endreim, der Stabreim, die Gegensätze in jedem Satz – all diese vielen Dinge, die bringen die Dichtungen auch ohne gesungene Melodie zum Schwingen. Das ist diese Ordnung; das ist das, was ein Gedicht mehr Eindruck machen läßt als ein Prosa-Text."

„Hm ... Du bist die Sängerin ... ... Da fällt mir das Sprichwort ein 'Wo gesungen wird, da laß' Dich ruhig nieder.'"

Hljod lacht ...

„Ja, da, wo gesungen wird, strebt man nach Harmonie. ... Du kennst das doch gut, wenn Du Musik improvisierst auf Deiner Harfe oder auf Deiner E-Gitarre oder ... Du hast ja das Zimmer voll mit Instrumenten."

„Ja, dabei passiert etwas, was auf andere Weise, ja, eigentlich kaum erreichbar ist. Mantra-Meditationen sind noch ein bißchen so. ... Aber Musik improvisieren – das heilt. Das läßt die Dinge miteinander schwingen in mir. Es stimmt sich alles aufeinander ein. Das ist eigentlich dasselbe wie beim Meditieren ... oder bei inneren Heilungen. ... Du bist die Göttin dieser Qualität?"

„Ja, das bin ich."

„Hm ... Magst Du mir irgendetwas dazu empfehlen?"

„Ganz einfach. Spiel wieder mehr Musik. Du bist jetzt seit Jahren hauptsächlich am schreiben."

„Ja – diese Germanen-Bücher ... das ist mehr geworden als ich gedacht habe."

„Du wirst auch mit ihnen fertig werden, wenn Du Dir etwas mehr Zeit zum Musik-spielen nimmst."

„Ja ... Danke, Hljot! ... Vielen Dank! ... Auf diesen Traumreisen finde ich immer wieder Dinge, die mich so bereichern, mit denen ich garnicht gerechnet habe."

„Deshalb ist es ja auch gut, daß Du das soviel machst."

„Dankeschön."

„Bitte."

„Ich glaube, wir bleiben in Kontakt, nicht wahr?"

„Das sind wir schon."

„Das ist schön."

„Da fällt mir auf, daß sich das wie Waage anfühlt, wie das Sternzeichen Waage."

133

„Ja. Das Sternzeichen Waage weiß viel von dieser Qualität."
„Danke!"
Ich kehre jetzt zurück.
„Ho!"

28. Die Göttin Marnar

„Marnar" oder „Mörn" ist ein Beiname der Riesin-Göttin Skadi, die die Wiederzeugungs-Geliebte und die Wiedergeburts-Mutter der germanischen Götterväter und der skandinavischen Könige ist.

28. a) Der Name „Marnar"

Der Name „Marnar" könnte vier verschiedene Ursprünge haben:

mögliche Ursprünge des Namens „Marnar"		
altnordisches Wort	Bedeutung des Wortes	Bedeutung von „Marnar"
mor	Moor, Sumpf	Sumpf-Bewohnerin: entspricht Frigg in Fensalir („Sumpfsaal") und Tyr-Grendels Mutter in ihrer Unterwasser-Halle
mornian	bekümmert sein, sorgen, versorgen	die Versorgende: enspricht Gefion („Geberin"), Fulla („Fülle") u.ä. Göttinnen
mara	Mähre (Stute), Alp (Alptraum-Ungeheuer)	Jenseitsgöttin: sie hat bei der Wiederzeugung und der Wiedergeburt die Gestalt einer Stute
mari	berühmt, herrlich, glänzend	die Berühmte oder die Glänzende: die Sonnen-Mutter
marian	verkünden, rühmen	

In allen vier Fällen wäre Marnar die Erdgöttin, die die Menschen mit allem versorgt, was sie zum Leben brauchen, und die Jenseitsgöttin in der Wasserunterwelt, die am Morgen die Sonne wiedergebiert.

Der Name „Maran" ist vermutlich mit dem Riesinnen-Namen „Mörn" identisch (siehe „Mörn" in Band 35).

28. b) Haustlöng

In diesem Lied wird Thiazi zweimal als *„Vater der Marnar"* umschrieben, woraus sich ergibt, daß „Marnar" ein Beiname der Skadi ist, da Skadi die Tochter des Thiazi ist.

„Thiazi" ist eine andere Schreibweise für „Tyr". Skadi ist erst sekundär von der Mutter des ehemaligen Sonnengott-Göttervaters Tyr zu dessen Tochter umgedeutet worden.

28. c) Thorsdrapa

In diesem Lied werden die Riesen insgesamt *„Mörns Kinder"* genannt. Mörn-Skadi wird offenbar als die Urahnin der Riesen aufgefaßt, was dazu paßt, daß sie die Tochter bzw. Mutter des ehemaligen Sonnengott-Göttervaters Tyr ist.

28. d) Zusammenfassung

Marnar ist die Riesin-Göttin Skadi als die leuchtende Wiedergeburts-Mutter des Sonnengott-Göttervaters Tyr am Morgen.
Sie ist daher mit Aurboda („Lichtbotin") und Gerdr identisch.

28. e) Anrufung der Marnar

Die folgende Verse sind keine traditionelle Anrufung, sondern eine Neudichtung.

Marnar, mächtige Mutter der Sonne,
mildgesinnte Göttin der Erde;
Skadi, Frau der Schweden-Könige,
schütze uns, o Landesgöttin!

Tochter des Tyr, als goldene Gerdr
öffnest Du die Tore des Himmels;
Gütige Göttin, laß mich gedeihen,
gib' mir Halt in meinem Leben!

28. f)   Traumreise zu Marnar

„Marnar, ich möchte Dich gerne besser kennenlernen.“

„Du kennst mich doch schon.“

Ich muß lachen.

„Ich stelle oft als ersten Satz diese Frage und inzwischen antwortet ihr mir auch oft mit demselben Satz.“

„Nunja, so ist es halt.“

„Gibt es etwas, wovon Du gerne hättest, daß es in meinem Buch über Dich noch steht? Oder gibt es etwas, was ich da ergänzen oder korrigieren sollte?“

„Es ist gut so.“

„Ja ... wenn Du das so sagst ... Ist 'Marnar' einfach ein Beiname der Skadi gewesen oder war das mal eine eigenständige Göttin?“

„In der einen Gegend wurde sie 'Skadi' genannt und in der anderen 'Marnar', aber es war dieselbe Göttin.“

„Danke.“

„Bitteschön.“

Ich kehre zurück.

„Ho!“

IV   Erscheinungsformen der Sif

Die beiden Göttinnen Sjöfn und Bil sind vermutlich aus Aspekten bzw. Beinamen der Korngöttin Sif entstanden.

29.   Die Göttin Sjöfn

Über diese Göttin ist fast nur das bekannt, was Snorri Sturluson über sie berichtet.

29. a)   Der Name „Sjöfn"

Der Ursprung des Namens „Sjöfn" ist unklar. Snorri Sturluson sagt, daß die Liebe nach dieser Göttin „sjafni" genannt wird – aber auch dieses Wort ist ansonsten weitgehend unbekannt. Immerhin wird es in den Thulur-Listen als Begriff, den man für „Liebe" verwenden kann, aufgeführt.

Möglicherweise ist „Sjafni" („Liebe") mit dem Substantiven „sefi" für „Verwandtschaft" und dem gleichlautenden „sefi" für „Sinne(-swahrnehmung)" verwandt. An manchen Textstellen bedeutet „sjöfn" auch „Verlobte". Daher könnte „Sjöfn" eine Variante des Namens „Sif" sein, der ebenfalls „angeheiratete Verwandte" bedeutet.

Da der Tyr-Riese Hrungnir alle Asen und Asinnen außer Freya und Sif töten und diese beiden Göttinnen entführen will, könnten Sjöfn, Sif und Freya letztlich dieselbe Göttin gewesen sein.

29. b)   Gylfis Vision

Die Beschreibung der Sjöfn in „Gylfis Vision" ist die einzige Darstellung dieser Göttin:

Die siebte heißt Siöfn; sie sucht die Gemüter der Menschen, der Männer wie der Frauen, zur Zärtlichkeit zu wenden, und nach ihrem Namen ist die Liebe Siafni genannt.

29. c) Thulur

Snorri führt Sjöfn auch in seinen Namens-Listen auf:

Nun nenne ich
alle Asinnen-Namen:
Frigg und Freyja,
Fulla und Snotra,
Gerdr und Gefjun,
Gna, Lofn, Skadi,
Jörd und Idunn,
Ilmr, Bil, Njörun.

Hlin und Nanna,
Hnoss, Rindr und Sjöfn,
Sol und Saga,
Sigyn und Vör,
Var und Syn
sind die edlen Namen,
aber zum Schluß müssen noch
Thrudr und Ran genannt werden.

29. d) Palcitusdrapa

In dieser Drapa benutzte der Skalde den Namen „Sjöfn" um eine Frauen-Kenningar zu bilden: *„Gold-Sjöfn"*, d.h. „Goldschmuck-tragende Göttin".

29. e) Zusammenfassung

Sjöfn ist bestrebt, die Gemüter der Menschen, der Männer wie der Frauen, zur Zärtlichkeit zu wenden, und nach ihrem Namen wird die Liebe auch „sjafni" genannt. Vermutlich ist Sjöfn eine enge Freundin der Göttin Lofn, die Männern und Frauen hilft, trotz aller Hindernisse zusammenzukommen.

Der Name „Sjöfn" ist vermutlich lediglich eine Variante des Namens „Sif" der germanischen Korngöttin und bedeutet „angeheiratete Verwandte".

29. f)　Anrufung der Sjöfn

Die folgende Verse sind keine traditionelle Anrufung, sondern eine Neudichtung.

Sjöfn, sanfte Asin der Liebe,
Schützerin der jungen Paare;
Sif, Verbergerin süßer Gehimisse,
schenke auch uns beiden Zärtlichkeit!

Freundin der Lofn, freundliche Asin,
fördere die Freude zwischen Mann und Frau;
Freundin der Freya, Friedens-Fürstin,
finde für mich die Frau (den Mann) meines Lebens!

29. g)　Traumreise zu Sjöfn

„Sjöfn, ich möchte Dich gerne näher kennenlernen."
... ...
Da ist wieder etwas Dunkles ...

...
„Sjöfn?"
„Komm' her."
...
Ich bin wie unter der Erde, in der Erde – nicht in einer Höhle in der Erde, sondern in der Erde selber ...

...
„Bist Du die Erde?"
„Ja."
„Und Sif? Sif ist auch die Erde?"
„Sif ist die Korngöttin."
„Und Du?"
„Ich bin Sif. Mein Name 'Sjöfn' ist nur eine andere Art, den Namen 'Sif' auszusprechen."

... ...
Es ist angenehm hier unten. ... Es ist still. ... Und es ist ruhig. ... Und alles ist so, wie es gut ist. ... ... Und es ist ganz viel Potential da. ... Viele Dinge, die hier wachsen können ... wie Erde voller Samen ...
... ...

„Gibt es Gelegenheiten, bei denen es gut wäre, wenn ich hierher käme?"

„Nunja, wenn Du zu schwanken beginnst, wenn Du nicht mehr genau weißt, wer Du bist oder wie Du die Dinge erreichen kannst, die Du erreichen möchtest."

... ...

„Ja, das werde ich dann mal tun. ... Danke, Sjöfn! ... Mir fällt auf, daß ich, während ich jetzt eben gesprochen habe, meine Stimme auf einmal frei und tief und volltönend geworden ist. ... Liegt das auch daran ... an dieser ... Ruhe in der Erde?"

Sjöfn lacht leise und freundlich ...

„Nun, was passiert da wohl?"

...

„Halt im eigenen Hara finden – nicht mehr nur mit dem Dritten Auge in die Welt gucken, wo man lang muß, sondern den inneren Halt haben."

„So ist es."

„Und das kannst Du mir zeigen?"

„Ja."

Jetzt muß ich selber leise lachen ...

„Das gefällt mir! Das ist schön! ... Magst Du mich heute mit Deiner Qualität begleiten?"

„Warum nur heute?"

„Ja – da hast Du allerdings recht ... Magst Du mich mit dieser Qualität begleiten?"

„Wenn Du das möchtest – gerne."

„Hm ... schön! ... Sehr schön!" ... Danke!"

„Bitte."

„Ist da noch was?"

„Ich liebe Dich. Die Erde liebt Dich."

... ...

„Ehm ... ... ja ..."

... ...

Ein tiefer Seufzer ...

„Das berührt mich jetzt aber ziemlich arg ..."

... ...

Sjöfn: „Du bist auch ein Kind der Erde. Und die Erde liebt alle ihre Kinder."

... ...

Noch ein tiefer Seufzer ...

... ...

... ...

„Ja, das hat mich jetzt ein bißchen überwältigt ... aber ich fühle es ... ja, ich nehme es an ... Danke!"

... ...

... ...

Noch ein tiefer Seufzer ...

... ...

... ...

Ich habe jetzt ganz lange einfach nur dagelegen ... in der Erde, in Sjöfn ... habe die Stille gespürt und was alles aus dieser Stille heraus entstehen kann ... und die Liebe der Erde zu mir ...

... ...

Da mag ich jetzt garnicht mehr viel reden oder fragen ...

... ...

... ...

Noch ein tiefer Suefzer ...

...

„Danke!"

Ich ... ja ... ich kehre eigentlich nicht zurück ... ich bleibe da, wo ich bin ...

„Ich bleibe mit Dir verbunden, Sjöfn ... Ich höre mit der Traumreise auf, aber ... das, wo ich da jetzt hingekommen bin ... das, was Du mir gezeigt und geschenkt hast ... darin bleibe ich ... "

Sie lächelt ...

„Danke!"

30.   Die Göttin Bil

30. a)   Gylfis Vision

Die beiden Geschwister Hjuki und Bil werden nur in „Gylfis Vision" ausführlicher beschrieben:

Da frug Gangleri: „Wie leitet er den Lauf der Sonne und des Mondes?"

Har antwortete: „Ein Mann hieß Mundilfari, er hatte zwei Kinder. Sie waren hold und schön: da nannte er den Sohn Mani (Mond) und die Tochter Sol (Sonne), und vermählte sie einem Manne, Glen genannt.

Aber die Götter, die ihr Stolz erzürnte, nahmen die Geschwister und setzten sie an den Himmel, und hießen Sonne die Hengste führen, die den Sonnenwagen zogen, welchen die Götter, um die Welt zu erleuchten, aus den Feuerfunken geschaffen hatten, die von Muspelheim geflogen kamen. Die Hengste hießen Arwak und Alswid, und unter ihren Bug setzten die Götter zwei Blasebälge, um sie abzukühlen, und in einigen Liedern heißen sie Eisenkühle.

der Mond

Mani leitet den Gang des Mondes und herrscht über Neulicht und Vollicht. Er nahm zwei Kinder von der Erde, Bil und Hiuki genannt, als sie von dem Brunnen Byrgir kamen, und den Eimer auf den Achseln trugen; der heißt Säg und die Eimerstange Simul. Widfinnr heißt ihr Vater; diese Kinder gehen hinter dem Monde her, wie man noch von der Erde aus sehen kann."

Vermutlich sind Hjuki und Bil Bezeichnungen für die dunklen Flecken auf dem Mond – welcher Fleck als wer bzw. was angesehen wurde, ist allerdings unklar.

30. b)   Die Bedeutung der Namen „Bil" und „Hjuki"

Die Bedeutungen der Namen in der Mythe der beiden „Mondkinder" Bil und Hjuki geben noch einige zusätzliche Informationen über sie:

143

die Namen in der Mythe über Hjuki und Bil		
Name	*das Bezeichnete*	*Bedeutung des Namens*
Hjuki	Bruder	„der Gesundende"
Bil	Schwester	„Lücke, Augenblick"
Widfinnr	Vater von Hjuki und Bil	„Weit-Wanderer"
Byrgir	Brunnen	„der Eingeschlossene"
Simul	Stange	„ewig"
Säg	Eimer	„Meer"
Sol	Sonne	„Sonne" (indogermanisch: „der (am Himmel) Gehende"
Mani	Mond	„Mond" (indogermanisch: „der (die Zeit) Messende")
Mundilfari	Vater von Sonne und Mond	„Weltbeweger"

„Mundilfari" ist ein Riese, der am Nordpol die Himmelachse dreht. Eigentlich müßte er daher den Weltenbaum, der dort steht, drehen, aber dieses Motiv kommt in den germanischen Mythen nicht vor.

Die beiden Namen „Sol" und „Mani" werden von den Germanen als „Sonne" und „Mond" verstanden worden ein, da es sehr unwahrscheinlich ist, daß sie den indogermanischen Ursprung dieser beiden Namen noch kannten.

Der Name „Widfinnr" bedeutet „Weit-Wanderer" oder „Weiß-Wanderer". „Weißer Gott" ist eine Bezeichnung des Heimdall („Weißer Gott") und des Tyr („Weißer Schwertgott"). Tyr ist der ehemalige Göttervater und Heimdall ist vermutlich die Verkörperung eines Aspektes des Göttervaters. Seine beiden Kinder könnten seinen beiden Alcis-Pferdesöhnen entsprechen. „Der Weit-Wanderer" müßte ebenfalls der ehemalige Sonnengott-Göttervater Tyr sein.

Der Raub der beiden Kinder durch den Mondgott Mani wäre dann wohl eine Umdeutung von Lokis Kampf gegen Tyr. Tyrs Söhne sterben zusammen mit Tyr am Abend bzw. im Herbst und gehen dann in das Jenseits. Gehen sie auch auf den Mond – der dann ein Jenseitssymbol sein müßte?

Lokis Söhne, die analog zu Tyrs Alcis-Söhnen gebildet worden sind, werden von den Asen getötet bzw. Loki muß sie Thor als Wergeld geben.

„Hjuki" mit der Bedeutung „der Gesundende" oder „sorgfältig Pflegender" könnte eine Bezeichnung für den zunehmenden Mond sein.

Der Name „Bil" bedeutet entweder „Lücke, Augenblick" oder „Schwache, Zögernde" und daher auch allgemein „Frau". Der Name „Schwache" könnte evtl. eine Umschreibung für den abnehmenden Mond sein. Allerdings gibt es sonst keinen Hinweis darauf, daß die beiden Geschwister als die Mondphasen aufgefaßt worden sind.

Die Bedeutung „Eingeschlossener" oder „Geborgener" des Brunnen-Namens „Byrgir" bezieht sich wohl darauf, daß er nicht einfach eine Quelle, sondern ein befestigter Schacht ist. Vielleicht lag dieser Brunnen jedoch auch in einem geschützten Bereich wie in einem Hof oder in einem heiligen Hain und war daher ein „Geborgener". Es wäre denkbar, daß „Byrgir" mit der Quelle „Hvergelmir" zwischen den Wurzeln der Weltesche identisch ist, da es in dieser Mythe über Mundilfari auch einen Bezug zu dem Weltenbaum gibt.

Der Eimer-Name „Säg" bedeutet möglicherweise „Meer", vielleicht aber auch einfach „Eimer" – aber das ist sehr unsicher.

Der Name „Simul", d.h. „die Ewige" für die Stange, mit der die Kinder den Eimer zwischen sich tragen, ist zunächst einmal verwunderlich. Ein solcher Name würde am ehesten zu dem Weltenbaum passen, wenn man ihn als eine stangenförmige Erdachse bzw. Himmelsachse auffaßt. Es erscheint jedoch ziemlich unwahrscheinlich, daß zwei Kinder den Weltenbaum benutzen, um einen Eimer zu tragen.

30. c) Kinderreim

Die in „Gylfis Vision" beschriebene Szene findet sich noch in einem englischen Kinderreim wieder:

> *Jack and Jill went up the hill*
> *to fetch a pail of water*
> *Jack fell down and broke his crown*
> *and Jill came tumbling after.*

„Jack und Jill stiegen den Hügel hinauf
um einen Eimer Wasser zu holen;
Jack fiel nieder und brach sich seine Krone (oder seinen Kopf)
und Jill purzelte ihm hinterher."

30. d) Gylfis Vision

In „Gylfis Vision" wird Bil ausdrücklich als Asin bezeichnet:

Auch Sol und Bil zählen zu den Asinnen. Ihres Ursprungs ist zuvor gedacht worden.

30. e) Thulur

Auch in seinen Thulur führt Snorri Sturluson Bil als Asin auf:

Nun nenne ich
alle Asinnen-Namen:
Frigg und Freyja,
Fulla und Snotra,
Gerdr und Gefjun,
Gna, Lofn, Skadi,
Jörd und Idunn,
Ilmr, <u>Bil</u>, Njörun.

Hlin und Nanna,
Hnoss, Rindr und Sjöfn,
Sol und Saga,
Sigyn und Vör,
Var und Syn
sind die edlen Namen,
aber zum Schluß müssen noch
Thrudr und Ran genannt werden.

30. f) Kenningar

Die Kenningar bestätigen die Auffassung der Bil als Asin.

Asin	Bil				
			anonym	Vision der Seherin
				Verse aus der Snorra-Edda
			Schmuck-Oddr	Bruchstücke
			Ragnar Lodenhose	Lausavisur
			Gamli Kanon	Harmsol

Frau	*Bil der Flamme des Ringträgers*	Ringträger = Arm; dessen Flamme = Gold, Armreif; Bil des Armreifs = Frau	Oddi der Kleine Glum-Sohn	Lausavisur
Frau	*Schatz-Bil*	Frau mit Schmuck	anonym	Mariuvisur
Frau	*weise Bil des Ringsitzes*	ungenaue Kenning; eigentlich „Bil des Ringes"	anonym	Mariuvisur
Frau	*Gold-Bil*	Frau mit Goldschmuck	anonym	Völsi-Thattr

Die Kenningar, in denen „Bil" als Frauen-Heiti verwendet wurden, zeigen, daß Bil eine bekannte Göttin gewesen sein muß.

30. g) Bilwis

In vielen Sagen aus dem deutschsprachigen Raum erscheint der Bilwis als ein Wesen, daß meistens das Wachstum des Getreides fördert, aber manchmal auch behindert. Bilwis würde dann dem Getreidegott Sceaf entsprechen (siehe „Sceaf" in Band 20).

Der Bilwis könnte aus der Göttin Bil entstanden sein. Falls dies so ist, würde das bedeuten, daß Bil in der einen oder anderen Weise mit dem Wachstum der Pflanzen assoziiert gewesen sein müßte. Da die Phasen des Mondes fast überall auf der Welt die Symbolik von Wachsen und Sterben haben, wäre dies gut denkbar – allerdings spiegelt sich diese Auffassung in der sehr kurzen Schilderung des Hjuki und der Bil in der Prosa-Edda nicht wider.

30. h) Der „Mann im Mond"

In so gut wie dem gesamten germanischen Bereich gibt es die Vorstellung von einem Mann im Mond, der Holz sammelt oder stiehlt und auf seinem Rücken davonträgt. Er könnte aus Mani, der die beiden Kinder raubt, entstanden sein.

30. i) „Bil" in Ortsnamen

Die englischen Ortsnamen Bilsby und Billingsgate könnten Kombinationen mit dem Göttinnennamen „Bil" sein – aber eine Herleitung von dem keltischen Sonnengott „Bel(-enus)" erscheint doch deutlich wahrscheinlicher.

Es ist nicht gut denkbar, daß „Bil" und „Bilwis" auf den germanischen Tyr-Riesen Beli, der dem keltischen Sonnengott Belenus entspricht, zurückgeht – allerdings schon in stark umgedeutete Form. Die Grundlage für diese Möglichkeit ist zum einen der sehr ähnliche Name und zum anderen das dem Sonnengott und dem Korngott gemeinsame Thema des Todes und der Wiedergeburt. Der „Bilwis" als männlicher Geist wäre dann näher an „Beli/Belenus" geblieben als das Mondmädchen „Bil".

30. j) Zusammenfassung

Eigentlich ist über Hjuki und Bil nicht viel mehr bekannt als das, was in „Gylfis Vision" beschrieben ist: Zwei Kinder wurden von Mani geraubt, als sie von einem Brunnen in einem Eimer Wasser holten und diesen zwischen sich mithilfe einer Stange trugen.

Die Stange hat möglicherweise einen Bezug zu dem Weltenbaum.

Die Kinder selber werden die Mondflecken sein.

Im Gegensatz zu Hjuki, der stets als Mensch erscheint, wird Bil in allen Texten als eine Göttin aufgefaßt. Die mit ihren Namen gebildeten Kenningar zeigen, daß sie recht bekannt gewesen sein muß.

Bil könnte somit eine Variante der Jenseitsgöttin und Hjuki ein Toter im Jenseits sein: Bil entspräche dann u.a. den Göttinnen Freya, Menglöd und Saga.

Bil könnte außer einer „Mondgöttin" auch eine Getreidegöttin gewesen sein, aus der heraus der spätere Korngeist Bilwis entstanden sein wird. Wenn dies zutrifft, stände Bil der Korngöttin Sif nahe.

Am wahrscheinlichsten ist jedoch, daß sowohl das Mondmädchen „Bil" als auch der Korngeist Bilswis von dem Tyr-Riesen Beli abstammen, der dem keltischen Sonnengott Belenus entspricht (siehe auch „Beli" in Band 5).

30. k)   Anrufung der Bil

Die folgende Verse sind keine traditionelle Anrufung, sondern eine Neudichtung.

Höret! Weitwanderers[70] Junge Hjuki:
hoch oben auf dem Mond geht er
bei seiner treuen Schwester Bil,
beide tragen Sä[71] an Simul[72].

Mani[73] raubte Bil und Hjuki aus Midgard,
machte sie so zu Mondkindern;
bei Tag und Nacht gehen beide
zum Brunnen Brygir[74] Wasser holen.

Bil! Asin der Berge von Korn[75],
Bilwis[76] ist Dein junger Sohn:
Getreide sind seine großen Glieder,
golden entspringt er Deinem Leib[77].

30. l)   Traumreise zu Bil

„Bil, ich würde Dich gerne besser kennenlernen."
...
Ich sehe Getreidefelder, ich sehe einen Fluß ... wahrscheinlich die Themse ... Hm
... erinnert mich das an das Sceaf-Orakel? An das Getreidegott-Orakel?
„Ja, deshalb kommst Du auf die Themse."
... ...
„Gibt es etwas, was Du mir zeigen möchtest?"
... ...

---

70 Weitwanderer = „Widfinnr" = Tyr als Sonnengott
71 Sä = „Meer" = Eimer (mit Wasser)
72 Simul = „Ewige" = Tragestange für den Eimer
73 Mani = Mondgott
74 Brygir = „Eingeschlossener" = innen mit Balken befestigter Brunnen
75 Bil = Korngöttin Sif
76 Bilwis = Korngott
77 Dein Leib = Leib der Bil-Sif = Leib der Erdgöttin Bil-Sif (Sie gebiert als Asin den Korngott Bilwis und als Erde das Getreide.)

„Du hast das richtig vermutet, daß Bil eigentlich der Korngott war. ... Die Korngöttin kann auch diesen Namen tragen, aber eigentlich gehört er dem Korngott."

„Und wie kommt der Korngott dazu, ein Mondmädchen zu werden?"

...

„Rate mal."

...

„Weil die Mondphasen mit Wachstum und Ernte assoziiert wurden?"

„Ja, das ist ein Grund."

...

„Und weil die Mondsichel mit der Ernte-Sense assoziiert wurde?"

„Das war nicht so ausgeprägt bei den Germanen."

...

„Wieso tragen die den Wassereimer? Oder das Holzbündel? Warum ist da das Bild, daß jemand etwas trägt? ... Es könnte doch auch einfach ein Gesicht im Mond sein? ... Was ist mit dem Mond verbunden, was getragen wird? ... ... Kannst Du mir das sagen, Bil?"

...

„Das ist das Zunehmen und das Abnehmen ... es wird etwas geholt und es wird mehr ... und es wird fortgetragen und es wird weniger ..."

... ...

Hm, so einfach ist das ...

... ...

„Gibt es etwas, was gut wäre, wenn ich das noch wüßte oder wenn das in dem Buch stände?"

...

„Schaut nach der Geborgenheit ... ladet sie in euer Leben ein ..."

„Auf welche Weise?"

„Leg' Dich auf die Erde ... spür' die Erde ... so wie Du das bei Sjöfn erlebt hast ... so wie Du das doch auch selber kennst ... Du legst Dich doch gerne draußen auf die Erde ..."

„Und das reicht?"

„Nein, das reicht nicht, aber das ist ein wichtiger Bestandteil – der macht alles andere, was Du machst, leichter. ... Der macht es einfacher, heil zu werden."

...

„Ja, das kann ich verstehen. ... Und ... ja, jetzt wollte ich die Frage stellen, warum gerade Du das sagst – aber der Mond ist Geborgenheit, nicht wahr?"

„Ja, das ist er ... Mutter und Geborgenheit."

... ...

„Ich habe das oft gemacht, daß ich mich bei Vollmond irgendwo in den Wald gestellt und die Arme emporgehoben und die Handflächen zu dem Vollmond gerichtet *habe und dann Töne gesungen und das Mondlicht durch meine Hände in mich hineinfließen lassen habe. ... Ist das auch etwas, was hilft, diese Geborgenheit zu finden?"*

„Was ist denn Deine Erfahrung damit?"

„Das weckt die Handchakren und das weckt das Dritte Auge. Die habe ich auf diese Weise entdeckt – diese Chakren kann ich seitdem spüren."

„Und hat es Dir Geborgenheit gegeben?"

...

„Es hat mir das Gefühl, zur Welt dazuzugehören, gegeben ... mit der Welt verbunden zu sein ... das hat es mir gegeben, ja ..."

...

„Dann tue es einfach ... tue das, was Dir gut tut."

...

„Ja ... Danke, Bil! ... gibt es noch etwas?"

...

Sie lächelt ...

...

„Es gibt noch viel, aber jetzt ist erstmal gut."
„Danke!"
„Bitte."
Ich kehre jetzt zurück.
„Ho!"

...

Es ist, als würde mir der Mond die ganze Zeit zulächeln ... das ist schön ...

V Erscheinungsformen der Gerdr

Die Göttin Thorgerdr ist eine Form der Göttin Gerdr, die sich vermutlich erst nach 500 n.Chr. entwickelt hat, als der ehemalige nordgermanische Sonnengott-Göttervater Tyr von Thor und Odin abgesetzt worden ist und Gerdr anscheinend in manchen Mythen oder Gegenden auch als die Frau des Thor angesehen und daher „Thors Gerdr", also „Thorgerdr" genannt worden ist.

31. Die Göttin Thorgerdr

31. a) Der Name „Thorgerdr Hölgabrudr"

Der Name der Göttin bedeutet „Thorgerdr, Helgis Braut". Thorgerdr ist offenbar einst die Frau des Helgi, d.h. des Tyr gewesen.

„Thorgerdr" setzt sich aus dem Namen des Donnergottes Thor sowie aus dem Frauennamen Gerdr zusammen. „Thor" bedeutet „Donner" und „Gerdr" bedeutet „umzäunter Bereich". Mit „Gerdr" sind die Worte „Garten" und „Gatter" eng verwandt. „Thorgerdr" ist die „Gerdr des Thor", also vermutlich „Gerdr, die Frau des Thor".

Es kommen einige Varianten des Familiennamens „Hölgabrudr" der Thorgerdr vor: Hölgibrudr, Hölgitroll, Hördabrudr, Hördatroll, Hörgabrudr, Hörgatroll, Höldabrudr und Höldatroll. Vermutlich sind „Hölgi", „Hörda", „Hörga" und „Hölda" einfach Varianten des Namens des Königs Helgi, der ursprünglich ein Beiname des Tyr mit der Bedeutung „Heiler, Heiliger" gewesen ist.

Der Name „Hölda" ist allerdings schon sehr nah an dem der Göttin „Hulda", sodaß man zumindestens von einer Assoziation zwischen Thorgerdr und Hulda ausgehen kann – zumal beide auch als Trollfrauen angesehen wurden. Trolle waren in erster Linie machtvolle Ahnen und Trollfrauen in der Regel die Jenseitsgöttin. Daher wird auch Thorgerdr eine Jenseitsgöttin sein – ursprünglich vermutlich die Wiederzeugungs-Geliebte und Wiedergeburtsmutter des Tyr.

Diese Vielzahl der Namen spricht dafür, daß die Verehrung der Thorgerdr weit verbreitet gewesen ist.

Thorgerdr wurde manchmal auch nur „Gerdr" genannt, was zumindestens den Verdacht entstehen läßt, daß Thorgerdr mit der Riesen-Frau des Freyr identisch sein könnte oder zumindestens mit ihr assoziiert wurde – zwischen Riesen und Trollen bestand kaum ein Unterschied.

31. b)   Skaldskaparmal

Thorgerdr wird einmal zusammen mit König Hölgi von Nordnorwegen in der Skaldskaparmal erwähnt:

Es wird gesagt, daß König Hölgi, nach dem Halogaland benannt wurde, der Vater von Thorgerdr Hölgabrudr ist. Ihnen beiden wurde geopfert und über Hölgi wurde ein Hügelgrab errichtet: eine Lage von Gold oder Silber (das war das Opfergeld) und eine weitere Lage aus Erde und Steinen.
So sang Skuli Thorsteinsson:

Als ich in Svöldir wegen Reichtum
Reifnirs Dach-Verderben rötete (das gefräßige Schwert)
häufte ich mit goldenen Ringen
das Dach des Hügelgrabes des kriegerischen Hölgi auf.

Hölgi (Helgi) ist eine Sagen-Variante des Tyr. „Helgi", d.h. der „Heile, Heilige" ist ein Beiname des Tyr gewesen (siehe „Helgi" in Band 39).
Reifnir = Seekönig; sein Dach = Schild; dessen Verderber = Schwert
Högis Hügelgrab-Dach = eine große Menge an Gold

König Hölgi und Thorgerdr sind einst ein König und seine Tochter gewesen – der ehemalige Sonnengott-Göttervater Tyr und die zu seiner Tochter umgedeutete Jenseitsgöttin, die als „Hölgabrudr" („Hölgis Braut") auch seine Wiederzeugungs-Geliebte ist.

31. c)   Skaldskaparmal

In der Skaldskaparmal wird „Hölgabrudr" in einer Liste von Namen von Trollfrauen angeführt und folglich als Trollfrau aufgefaßt.

Nun zähle ich die Namen
der Trollfrauen auf:
Gridr und Gnissa,
Gryla, Bryja,
Glumra, Geitla,
Grima und Bakrauf,
Guma, Gestilja,
Grottintanna.

Gjölp, Hyrrokkin,
Hengikepta,
Gneip und Gnepja,
Geysa, Hala,
Hörn und Hruga,
Hardgreip, Forad,
Hrydja, Hvedra
und *Hölgabrudr*.

Hrimgerdr, Hära,
Herkja, Fala,
Imd, Jarnsaxa,
Ima, Fjölvör,
Mörn, Ividja,
Amgerdr, Simul,
Sivör, Skrikja,
Sveipinfalda.

Öflugbarda
und Jarnglumra,
Imgerdr, Ama
und Jarnvidja,
Margerdr, Atla,
Eisurfala,
Leikn, Munnharpa
und Myrkrida.

Leirvör, Ljota
und Lodinfingra,
Kraka, Vardrun
und Kjallandi,
Vigglöd, Thurbörd –
und zuletzt
die Namen Rygi
und Rifingöflu.

31. d) Joms-Wikinger-Saga

Nun bewegten sich die Flotten aufeinander zu und ein hitziger Kampf begann. Keine von beiden Seiten mußte zum Angriff aufgefordert werden. Es heißt, daß da, wo Sigvaldi und seine Leute es mit Jarl Hakon und Jarl Sveinn aufnahmen, alle stand-hielten und keiner mit seinem Schiff zurückwich. Auch zwischen Jarl Eirikr und Vagn stand es ausgeglichen, aber dort, wo Bui und sein Bruder vorrückten, gab es große Hiebe und es schien besser, ihm auszuweichen.

Die Jarlsleute zogen sich zurück und Bui verdrängte die Flotte der Jarle stark. Es gab dort großes Geschrei und heftiges Trompetenblasen. Als Jarl Eirikr das sah, steu-erte er dorthin und griff Bui an. Dort kam es zu einem sehr wilden Kampf. Der Jarl schaffte es, seine Schlachtlinie wieder auszurichten, aber nicht mehr. Sie hörten gro-ßes Geschrei von dort, wo Vagn und seine Leute waren. Der Jarl ruderte dorthin.

Vagn hatte dort tüchtig aufgeräumt. Er war durch die Reihen des Jarls hindurchge-brochen und hatte den gesamten Flottenflügel aufgelöst. Als Jarl Eirikr das sah, legte er sein eisenbeschlagenes Schiff längsseits zu Vagns Langschiff. Sie kämpften erneut und es wird allgemein gesagt, daß es niemals einen tapfereren Angriff gegeben hat.

In diesem Moment sprangen Vagn und Aslakr Insel-Glatze auf Eiriks Schiff und gin-gen je auf einer Seite nach vorne und räumten sich so den Weg frei, daß alles vor ihnen zurückwich. Aslakr hatte eine unbedeckte Glatze und auch wenn man auf seine Glatze hieb, bissen die Waffen nicht besser, als hätte man mit einer Walbarte zugeschlagen.

Es war gutes Wetter und heißer Sonnenschein. Deshalb legten viele ihre Kleidung ab. Vagn und Aslakr erschlugen nun viele Männer. Jarl Eirikr trieb seine Männer eifrig an. Da nahm Vigfuss, der Sohn des Kampf-Glum einen großen, spitz zulaufenden Amboß und trieb ihn Aslakr in den Kopf. Die Spitze des Amboß sank ein und Aslakr ließ sofort sein Leben.

Vagn aber ging an der anderen Schiffseite entlang und erschlug hitzig Leute. Thor-leifr Griesgram lief auf ihn zu und schlug Vagn mit der Eichenkeule. Dieser Hieb traf den Helm und war so kräftig, daß der Helm zersprang. Vagn beugte sich nach außen über Bord und warf das Schwert nach Thorleifr. Dann sprang er über Bord auf sein Langschiff und kämpfte aufs tapferste.

Jarl Eirikr entfernte da sein Schiff, weil es von vorne bis zum Segel beinahe voll-ständig geräumt war. Da hatte auch Jarl Hakon das gesamte Heer an Land verlagert und es kam nun zu einer Kampfpause, in der sich der Jarl und seine Söhne trafen.

Jarl Hakon sprach: „Ich meine zu sehen, daß sich die Schlacht zu unseren Unguns-ten neigt. Ich hielt es für das Schlechteste, gegen diese Männer zu kämpfen und das bewahrheitet sich für mich. So wie es ist, wird es für uns nicht gut ausgehen, außer wir fassen irgendeinen guten Entschluß. Ich werde an Land hinaufgehen, aber ihr bleibt mit dem Heer hier für den Fall, daß sie angreifen.“

Nun stieg der Jarl auf die Insel Primsignd hinauf, ging fort in einen Wald, kniete sich hin, betete und schaute nach Norden. Er wendete sich mit seinen Bitten an seine Schutzgöttin Thorgerdr Hölgabrudr, aber sie wollte ihn nicht erhören und war wütend. Er bot ihr vieles als Opfer an, aber sie wollte es nicht annehmen. Die Lage schien ihm recht aussichtslos zu sein. Es kam soweit, daß er ihr ein Menschenopfer anbot, aber das wollte sie nicht annehmen. Schließlich bot er ihr seinen Sohn an, der Erling hieß und sieben Jahre alt war. Ihn nahm sie an. Daraufhin übergab der Jarl den Knaben seinem Sklaven Skopti. Der begab sich mit ihm fort und tötete ihn.

Anschließend begab sich der Jarl wieder zu seinen Schiffen und stachelte erneut seine Mannschaft an. „Ich weiß nun gewiß, daß uns der Sieg bestimmt sein wird. Strengt euch nun noch mehr an, denn ich habe die beiden Schwestern Thorgerdr und Irpa um unseren Sieg gebeten."

Dann ging der Jarl auf sein Schiff und bereitete sich erneut vor. Sie ruderten zum Angriff und es entbrannte erneut ein sehr harter Kampf. Als nächstes trübte sich das Wetter im Norden ein, es bewölkte sich rasch und es wurde dunkel. Dann flogen Blitze und es donnerte. Es entwickelte sich ein großes Unwetter und die Jomswikinger mußten entgegen dem Sturm angreifen. Es war ein so schreckliches Unwetter, daß die Männer kaum stehen bleiben konnten.

Zuvor hatten einige Männer wegen der Hitze ihre Kleidung abgelegt, aber nun begann es, kalt zu werden. Dennoch suchten sie tapfer den Kampf. Aber wenn die Jomswikinger Steine oder Waffen schleuderten oder Speere warfen, schleuderte der Sturm das alles auf sie zurück und dazu kam der Angriff durch ihre Feinde.

Havardr Übel-Schläger sah als erster Hölgabrudr im Gefolge Jarl Hakons, ebenso wie viele andere hellseherische Männer.

Als das Unwetter etwas nachließ, sahen sie, daß der Unholdin aus jedem Finger Pfeile flogen und jeder traf einen Mann. Sie sagten es Sigvaldi und dieser sprach: „Es sieht mir nicht so aus, als ob wir nur mit Menschen kämpfen, aber trotzdem muß sich jeder so gut bewähren, wie er kann."

Als das Unwetter sich etwas mäßigte, rief Jarl Hakon erneut nach Thorgerdr und sagte, er habe sehr viel für den Sieg getan. Jetzt begann sich der Sturm aufs Neue zu entfachen und war nun viel größer und stärker als zuvor. Sogleich zu Beginn des Sturms sah Havardr Übel-Schläger, daß zwei Frauen auf dem Schiff des Jarls waren und sich auf dieselbe Weise verhielten.

Da sprach Sigvaldi: „Jetzt will ich fliehen und alle meine Männer sollen das ebenso tun. Wir haben nicht geschworen, mit Trollen zu kämpfen. Außerdem ist es jetzt viel schlimmer als vorher, weil es jetzt zwei Hexen sind."

Dann löste Sigvaldi sein Schiff von den anderen und schrie zu Bui und Vagn hinüber, daß sie fliehen sollten. Vagn sagte, daß er als der elendigste Mensch fahren solle. In diesem Getümmel sprang Thorkell der Mittellange von seinem Schiff auf das des Bui. Er hieb sofort nach ihm und das alles ging sehr schnell. Er hieb ihm die

Lippe ab und durch das ganze Kinn, so daß die Zähne aus dem Kopf flogen.

Da sprach Bui: „Jetzt wird es dem dänischen Mädchen auf Bornholm schlechter erscheinen, mich zu küssen." Dann verpaßte Bui Thorkell einen Gegenhieb. Es war glatt auf dem Schiff und als Thorkell sich in Sicherheit bringen wollte, fiel er gegen die oberste Plankenreihe des Schiffs. Der Hieb traf ihn in der Mitte und schnitt ihn auf der Bordwand in zwei Stücke. In dem Moment lief Sigmundr Bresti-Sohn, ein sehr guter Kämpfer, heran und griff Bui an.

Es endete damit, daß Sigmundr Bui beide Hände am Handgelenk abschlug. Da steckte Bui die Stümpfe in die Trageringe an seinen Kisten und rief laut: „Über Bord, alle von Buis Männern!" Dann sprang er mit den Kisten über Bord. Daraufhin zog sich Sigvaldi aus der Flotte zurück.

Da sprach Vagn diese Strophe:

„Sigvaldi selbst hat uns unter die Keule gebracht,
aber der übelgesinnte Feigling fuhr nach Hause nach Dänemark;
er hat vor, bald seiner Frau in die Arme zu fallen;
aber über die breite Bordwand sprang Bui mutig."

Sigvaldi war es kalt geworden. Daher ergriff er die Ruder und ruderte, während ein anderer steuerte. Da schleuderte Vagn den Speer auf Sigvaldi, aber er traf den, der steuerte und heftete diesen an die Bordwand. Thorkell der Lange wendete sich sofort zur Flucht, als Sigvaldi gefahren war und das tat auch Sigurd Mantel, sobald Bui über Bord gegangen war. Beide meinten, ihr Versprechen erfüllt zu haben. Sie hatten vierundzwanzig Schiffe und fuhren nach Hause nach Dänemark.

Von Vagn ist nun zu erzählen, daß er und alle seine Männer sich aufs Neue tapfer zu verteidigen begannen. Alle, die noch waffenfähig waren, gingen auf das Langschiff. Aber Jarl Eirikr und viele andere Anführer griffen daraufhin das Langschiff an und es kam zu einem sehr heftigen Kampf. Es geschah da so, wie es heißt, daß einer gegen viele keine Chance hat. Es fielen dabei so so viele von Vagns Männern, daß nicht mehr als 80 übrig waren. Sie verteidigten das erhöhte Achterdeck auf dem Langschiff.

Dann wurde es so dunkle Nacht, daß es nicht mehr hell genug zum Kampf war. Daraufhin ließ Jarl Eirikr alle Takelage von diesem und allen anderen Schiffen entfernen und ruderte fort. Sie ließen die Schiffe über Nacht bewachen. Sie deckten sich mit Schilden und konnten sich für einen großen Sieg rühmen. Dann wogen sie in Waagschalen die Hagelkörner, um die Macht von Thorgerdr und Irpa zu ermessen, und jedes wog eine Unze.

Die Göttinnen Thorgerdr und Irpa sind Schwestern. Thorgerdr ist die Schutzgöttin des Jarl Hakon.

Der Wikinger-Heerführer rief die Göttin herbei, indem er auf einer Insel in einen Wald ging, sich nach Norden wandte und zu Thorgerdr betete.

Jarl Hakon opferte ihr seinen Sohn, was zeigt, daß es bei den Wikingern durchaus Menschenopfer gegeben hat.

Die beiden Göttinnen kommen mit Gewitter und heftigem Sturm und Hagel. Der Sturm bläst die Speere und Pfeile der Gegner zu diesen zurück und die Hagelkörner waren 1 Unze (28 Gramm) schwer, d.h. ca. 3,5 cm im Durchmesser. Der Aufprall solcher Eisklumpen wird sehr schmerzhaft gewesen sein.

Dazu schossen die beiden Göttinnen aus jedem ihrer Finger Pfeile auf die Gegner – und jeder Pfeil traf.

Zunächst sind die beiden Göttinnen nur hellsichtig wahrnehmbar gewesen, aber später scheinen sie sich materialisiert zu haben und allgemein sichtbar gewesen zu sein – aber diese zweite Phase des Kampfes der beiden Göttinnen läßt sich in dem Text nicht sicher erkennen.

Die beiden Göttinnen standen vorne im Schiff, wo sich auch die Drachenköpfe befanden, die eine ähnliche Schutzfunktion hatten wie die beiden Göttinnen.

31. e) Njals-Saga

In demselben Sommer, als die Nialsöhne nach Drontheim kamen, besuchte Jarl Hakon seinen Freund Gudbrand im Thal. Dieser hatte vor drei Wintern einen Isländer namens Hrap aufgenommen, der wegen eines Mordes von Island geflohen war. Hrap aber hatte seine Tochter Gudrun betört und seinen Werkführer Asvard erschlagen, welcher den Auftrag hatte, heimliche Zusammenkünfte zwischen ihm und Gudrun zu verhindern.

Gudbrand hatte sich an Hrap zu rächen gesucht, konnte ihn aber niemals in seine Gewalt bekommen, sodaß er endlich dem Jarl seine Not klagte, und dieser hatte Hrap für vogelfrei erklärt und einen Preis auf seinen Kopf gesetzt.

Während nun der Jarl Gudbrand's Gast bei einem Fest war, kam Hrap zur Nachtzeit zu einem Tempel, den Gudbrand gemeinschaftlich mit dem Jarl Haakon besaß.

Hrap beraubte eine sitzende Statue der Thorgerdr und nahm ihr einen großen Goldring und die leinene Haube, die sie trug. Als nächstes entdeckte er eine Statue des Thor und Thors Wagen. Er nahm auch von der Statue des Thor einen Goldring und drittens nahm er einen Goldring von der Statue der Irpa, die sich dort befand. Daraufhin schleppte er alle Statuen aus dem Tempel hinaus, nahm ihnen alles ab und zündete dann den Tempel an und verließ den Ort zur Morgendämmerung.

Als er bei seiner Flucht über einen Acker kam, sprangen ihm sechs Männer entgegen, er aber erschlug drei von ihnen, verwundete den vierten tödlich und jagte die übrigen in den Wald.

Vier von den Mannen des Jarl's kamen zur Stätte, wo die Erschlagenen lagen und brachten nun dem Jarl die Kunde, was Hrap getan hatte. Der Jarl vermutete sogleich, daß er auch den Tempel angezündet habe, und suchte daher nach ihm mit vielen Männern. Allein Hrap entkam und eilte nach Hlade.

Dort lagen sowohl Thraen's wie auch der Nialsöhne Schiffe zur Ausfahrt bereit im Hafen, und Hrap wandte sich zuerst an die Nialsöhne, die am Ufer standen und bat sie, ihn zu verbergen.

Aber Helge sah manchmal mehr als andre Menschen; „Du bist ein Unglücksvogel," sagte er zu Hrap, „und übel wird es dem ergehen, der Dich aufnimmt."

„Möge Euch alles Böse treffen um meinetwillen," erwiderte Hrap und eilte zu Thraen.

„Es ziemt sich kaum für mich," sagte Thraen, „Dich aufzunehmen, da der Jarl mir so viele Wohltaten erwiesen hat."

Da zeigte ihm Hrap alle Kostbarkeiten, die er aus dem Tempel geraubt hatte und wollte sie ihm schenken, aber Thraen wollte sie nicht annehmen ohne sie mit Geld zu bezahlen.

Über Thorgerdr wird in dieser Saga berichtet, daß sie zusammen mit Thor und Irpa in einem Tempel verehrt wurde und daß alle drei Gottheiten einen Goldring trugen, der vermutlich ein Halsreif war und dem Draupnir des Odin, dem Brisingamen der Freya und dem Haarreif der Fulla entsprechen. Diese Goldreifen waren sowohl bei den Germanen als auch bei den Kelten („Torques") die Kennzeichen einer Gottheit sowie der Menschen, die in einem Ritual ins Jenseits zu den Gottheiten gereist waren.

Solche Götterstauen standen auch in dem Tempel in Uppsala in Schweden. Dort stand Thor in der Mitte und rechts und links neben ihm befanden sich Odin und Freyr. Vermutlich befand sich auch in dem Tempel in der Njals-Saga Thor in der Mitte und die beiden Göttinnen links und rechts von ihm.

Da man den Tempel verbrennen konnte, bestand er offenbar aus Holz.

Hrap scheint Hemmungen gehabt zu haben, auch die Statuen mitzuverbrennen, obwohl er sich nicht scheute, ihnen ihren Schmuck zu rauben.

Der Name Thorgerdr sowie der kriegerische Charakter der beiden Göttinnen in der vorigen Saga läßt darauf schließen, daß Thor, Thorgerdr und Irpa einen recht ähnlichen Charakter hatten.

Es scheint, als ob die drei Gottheiten an Hrap Rache für das Verbrennen ihres Tempels genommen hätten, denn er wurde kurze Zeit später im Kampf erschlagen.

31. f) Thorleifs Thattr Jarlsskalds

Thorleifr Asgeir-Sohn, der Skalde des Jarls, rezitierte in der Halle des Jarl Hakon ein beleidigendes und aggressives magisches Gedicht.

Nach einer Weile erholte sich Hakon von seinen Verletzungen und bat Thorgerdr Hördabrudr und ihrer Schwester Irpa, ihm Rat zu geben, wie er sich am besten an Thorleifr rächen konnte.

Er folgte ihren Anweisungen und erschuf einen Tremadr, also einen Holzmann, dem er ein menschliches Herz einsetzte. Hakon und die beiden Schwestern erweckten danach den Tremadr zum Leben, gaben ihm eine Hellebarde und sandten ihn nach Island, um Thorleifr zu töten, was er dann auch tat.

Thorgerdr und ihre Schwester Irpa sind auch in dieser Saga kriegerische Göttinnen, die offenbar den Hakon halfen.

Die Herstellung des Tremadr erinnert sehr an die Herstellung des Lehmriesen Mökkurkjalfi durch den Riesen Hrungnir und seine Helfer. Sie erschufen das „Lehmkalb" aus Lehm und setzten ihm ein Stutenherz ein, um ihn zu beleben.

Dieser Tremadr ist sozusagen ein Golem, vielleicht auch ein „Woodoo-Püppchen" aus Holz oder ein „spiritus familiaris", also ein nur aus Lebenskraft bestehender Geist, der in dem „Holz-Mann" wie in einem Leib wohnt und den man mit einem Auftrag an einen anderen Ort schicken kann.

31. g) Färinger-Saga

Und als Harold mit den Booten fortgerudert war, sprach Jarl Hakon zu Sigmund: „Einer sollte ihm eine gute Fahrt geben; einer sollte ihn gerne wieder zurückkommen sehen."

Und er ging mit Sigmund zur Türe hinaus.

Da sprach Hakon: „Was sagst Du dazu? Auf wen vertraust Du?"

„Ich vertraue in meine eigene Kraft und auf mich selber," sprach Sigmund.

„Das sollte nicht so sein," antwortete der Jarl, „Du solltest stattdessen Dein Vertrauen auch dorthin richten, wohin ich es richte, nämlich auf Thorgerdr Hölda-Braut," sagte er, „Und wir werden jetzt zu ihr gehen und sie sehen und aus ihren Händen Glück für Dich erbeten."

Sigmund sagte, das könnten sie tun, wie er wolle. Sie gingen einen bestimmten Weg zum Wald entlang und zweigten auf einen kleinen Seitenpfad in den Wald hinein ab und kamen schließlich zu einer Lichtung, auf der ein Haus stand, das von einem Stockzaun umgeben war. Das Haus war sehr schön und in seine Schnitzereien waren

Gold und Silber eingelegt worden.

Sie betraten dieses Haus, Hakon und Sigmund zusammen und einige weitere Män-
ner mit ihnen. Dort innen waren sehr viele Götter. In dem Haus gab es viele verglaste
Dachöffnungen, sodaß es nirgends in ihm einen Schatten gab.

Gegenüber dem Eingang war eine Frau, die sehr schön bekleidet war. Der Jarl
warf sich vor ihren Füßen nieder und lag dort lange Zeit so und als er wieder auf-
stand, erzählte er Sigmund, daß sie ihr etwas opfern und das Silber auf den Schemel
vor ihr legen sollten.

„Und wir sollen ein Zeichen dafür haben, was sie über dies denkt und ob sie tun
wird, wie ich wünsche: Wir werden sehen, ob sie den Ring losläßt, den sie in ihrer
Hand hält. Denn Du, Sigmund, wirst durch diesen Ring Glück haben."

Dann ergriff der Jarl den Ring und es schien Sigmund, als ob sie ihre Hand fest um
ihn legen und der Jarl den Ring nicht erhalten würde. Der Jarl warf sich ein zweites
mal vor ihr nieder und Sigmund sah, daß der Jarl weinte.

Dann stand er wieder auf und ergriff den Ring und siehe, diesmal saß er locker;
und er nahm ihn und gab ihn Sigmund entsprechend seinem Versprechen. Und damit
gingen sie verschiedener Wege.

Die Götter wurden anscheinend nur selten einzeln verehrt, sondern in der Regel in
Gruppen. Dies wird auch über den schwedischen Haupttempel in Uppsala berichtet,
in dem Statuen von Thor, Odin und Freyr standen.

Das Schmücken der Statuen mit Goldringen u.ä. sowie das teilweise Bekleiden dieser Statuen wird vermutlich ein allgemeiner Brauch der Germanen gewesen sein.

Wie in der Njals-Saga liegt der Tempel der Thorgerdr an einer abgelegen Stelle. Der
Tempel liegt in einem Wald – auch in der Saga über die Joms-Wikinger rief Jarl
Hakon die Thorgerdr in einem Wald um Hilfe an. Heilige Haine bei Tempeln oder die
Verehrung von Göttern in Heiligen Hainen sind von den Germanen von der Zeit des
Tacitus um 100 n.Chr. bis in die Zeit der Edda um 1225 n.Chr. gut bekannt.

Die Beschreibung des Tempels erinnert an die norwegischen Stabkirchen und an die
Schmuck-Funde von Sutton Hoo in Nordengland: viele Schnitzereien und Einlege-
arbeiten mit Gold und Silber.

31. h) Hardar-Saga

Grimkell Bjarnarson, ein mit Jarl Hakon nah verwandter Gode, ging einst zu dem
Tempel der Thorgerdr Hörgabrudr, um für eine erfolgreiche Heirat für seine Tochter
zu bitten. Als er ankam, bereiten die Götter sich gerade darauf vor, den Tempel zu
verlassen. Nach einen hitzigen Wortwechsel mit Thorgerdr, die ihm erzählt, daß er

nicht mehr lange zu leben hat, verbrannte Grimkell den ganzen Tempel mit all den Göttern in ihm.

Später an diesem Tag brach Grimkell bei einem Festessen tot zusammen.

Thorgerdr ist offensichtlich nicht nur für Kämpfe zuständig gewesen, sondern konnte in vielerlei Situationen um Hilfe gebeten werden. Und mit ihrer Rache ist nicht zu spaßen …

31. i)   Saga über Ketil Forelle

Eine Weile später wurde die Hungersnot noch schlimmer – selbst die vom Land am weitesten entfernten Fische wurden selten, die Ernte war sehr mager, aber Ketil hatte viele Menschen auf seinem Bauernhof. Sigrid sagte, daß sie glaube, daß sie Nahrungsmittel bräuchten, wenn sie weiter hier bleiben wollten.

Ketil sagte, er brauche keine Sticheleien und ging zu seinem Schiff. Die Wikinger frugen ihn, was er vorhabe. „Ich gehe fischen, " sagte er.

Sie sagten, daß mit ihm mitkommen wollten, aber er dachte bei sich, daß er das nicht wolle, und er bat sie, daß sie für eine Weile auf seinen Hof aufpassen sollten.

Ketil kam zu einem Ort, der Skrfum genannt wird. Und als er die Küste erreicht hatte, sah er eine Troll-Frau in einem Bärenfell-Kittel auf einer Halbinsel. Sie war gerade aus der See herausgestiegen und war pechschwarz. Sie blickte verärgert zur Sonne empor.

Ketil sprach folgende Verse:

„Wer ist diese Menschenfresserin
auf der fernen Halbinsel
die Menschen grimmig anblickt?
Unter der aufgehenden Sonne,
jenseits der Meerenge sehe ich
eine, die abscheulich aussieht. "

Sie sprach:

„Ich werde Forat genannt,
ich werde nur selten im Norden gesehen,
ich bin mutig auf der Rabeninsel,
verabscheut von den Bauern,
die mich mit Pfeilen angreifen.
Ich tue alle bösen Dinge. "

Und dann sprach sie:

,, Viele Männer
habe ich zur Hel gesandt,
sie gingen zu den Fischen.
Wen sehe ich da,
den kleinen Mann,
der durch die Riffe segelt?"

Er sprach: ,, Nenne mich Forelle, " sagte er.
Sie sagte: ,, Du bist nah bei Deiner Heimat Raben-Insel, aber ich werde Dich zu den
fernen Riffen ziehen. "
Ketil sprach folgende Verse:

,, Ich hielt es für zutreffend,
bevor ich hierher kam,
daß ich von allem Menschen
am weitesten gefahren bin.

Nun verwirrt mich
eine abscheuliche Menschenfresserin;
die Böse will mich fortschleppen,
fortschleppen wie einen Gefangenen.

Der Lärm, den ich höre
– das, was Forat sagt –
dafür würde ich keine Unterstützung brauchen
wenn denn Hilfe in der Nähe wäre.

Ich würde nichts wagen
auf einer Insel mit Robben,
falls auf den Inseln
Adler wären. "

Diese letzte Strophe ist eine Redewendung, die bedeutet, daß es Unsinn ist, dort Robben zu züchten, wo sie von Adlern gejagt werden. Diese Redewendung bezeichnet also ein unsinniges Vorhaben.

Sie sagte:

„Ich werde nicht abstreiten,
wandernder Mann,
daß Du ein längeres Leben
als andere hast,
wenn ich erkennen sollte,
daß Du ohne Angst vor mir bist,
kleiner Junge;
aber ich sehe, daß Dein Herz zittert."

Ketil sagte:

„Zuhause war ich, als ich jung war.
Oft bin ich alleine über die äußere See gefahren.
Ich habe mir meinen Weg
durch viele düstere Wälder getastet –
ich fürchte mich nicht vor einer schrecklichen Menschenfresserin –
obwohl Du ein langes Gesicht hast, Amme,
und eine Nase wie ein Ruder,
wie dies bei den ungestalteten Menschenfresserinnen so ist."

Sie kam näher zu ihm heran und sprach:

Ich ging zu dem Festessen oben in Angri.
Dann zog ich nach Steigar.
Das Kurzschwert fiel klirrend herab.
Dann ging ich nach Karmtar.
Ich legte Feuer an Jadri und schmolz Utstein.
Dann ging ich nach Osten nach Elfi,
bevor der Tag anbrach
und rügte die Brautjungfern und beleidigte den Jarl."

Sie war also an der ganzen Küste Norwegen entlang gezogen.
Sie frug: „Was wirst Du nun tun?"
„Ich werde mir Fleisch beschaffen, um meine Vorratskammern zu füllen," sagte er.
Sie sagte:

„Ich werde Dein Herdfeuer umwerfen
und Deinen Leuten Leid schlagen
bis Du wieder nach Hause zu Deiner Frau kommst,
und Du wirst mit dem Rauschen des Meeres kommen."

Diese Strophe ist offensichtlich eine Drohung der Troll-Frau. Die Redewendung, daß jemand „mit dem Rauschen des Meeres kommt", könnte bedeuten, daß der Betreffende als Ertrunkener an den Strand gespült wird – ganz am Anfang der Plauderei zwischen den beiden hat sie bereits damit geprahlt, daß sie Männer zur Hel und zu den Fischen gesandt hat.

„Das ist nun ihre einzige Hoffnung," sagte Ketil.

Diese Antwort des Ketil ist sicherlich wörtlich, also in dem der Redewendung entgegengesetzten Sinne gemeint, d.h. daß Ketil auf seinem Schiff an dem Strand ankommen wird.

Sie kam ihm näher.
Da sprach Ketil folgende Verse:

„Mein Pfeil ist verläßlich
und so ist auch meine Kraft,
der Schaft wird Dich treffen,
wenn Du Dich nicht davonmachst!"

Sie sprach folgende Verse:

„Flaug und Fifu
achte ich nicht im geringsten
und ich fürchte nicht
den Biß des Hremsu."

Dies waren die Namen von Ketils Pfeilen. Er legte einen Pfeil auf die Sehne und zielte nach ihr. Sie verwandelte sich in einen Wal und tauchte ins Meer, aber der Pfeil traf sie unter ihrer Flosse. Dann hörte Ketil einen lauten Schrei.
Da grinste er und sprach: „Es wird kommen, wie das Schicksal es bestimmt hat; Forat ist keine Edelfrau und nun ist ihr Bett unerwüscht."
Später ging Ketil mit seinem Fang und trug die Fische ins Boot.
Eines nachts wurde er von Lärm im Wald geweckt. Er lief hinzu und sah eine Troll-Frau, deren Haar bis zu ihren Schultern herabhing.

165

Ketil sprach: „Was machst Du, Amme?"

Wie bereits bei der Begrüßung der Forat ist „Amme" wohl eine ehrerbietige Anrede gegenüber einer älteren Frau.

Daraufhin hielt sie an und sagte: „Ich gehe zu einem Troll-Thing. Dorthin kommt Shelking, der König der Trolle, weit aus dem Norden von der Tauben See (Nordpolarmeer) und Ofoti vom Ofotan-Meeresarm und Thorgerdr Horgatroll und andere große Ungeheuer aus den Nordländern. Halte mich nicht auf, denn Du bedeutest mir nichts, Du, der Du Kaldrani getötet hast."

Kaldrani („Kalte Ran") ist vermutlich der erweiterte Name der Meeres-Riesin/Göttin Ran.

Ein Landstrich in Nordwest-Island heißt ebenfalls „Kaldrani" – vielleicht war Forat-Kaldrani ursprünglich einmal so etwas wie der Landgeist von Kaldrani oder eine Ahnin/Göttin aus dieser Gegend. Möglicherweise ist „Kaldrani" auch gleichbedeutend mit „Niflheim", der kalten Nordhälfte der Welt, in der Hel, die Toten und die Riesen wohnen.

Da eilte sie weiter zu der Küste und in das Meer. In dieser Nacht fand nichts weniger als ein Hexentreffen statt und wenn Ketil auch unversehrt blieb, so fuhr er doch zurück nach Hause und blieb dann eine Weile dort.

Thorgerdr ist in dieser Saga im Unterschied zu den vorigen Berichten so etwas wie eine Anführerin der gefürchteten Trolle und Troll-Frauen.

31. j) Zweiter Merseburger Zauberspruch

Zwei Göttinnen-Schwestern wie Thorgerdr und Irpa kommen in der germanischen Mythologie des öfteren vor. In dem zweiten der beiden Merseburger Zaubersprüche, die um ungefähr zwischen 850 n.Chr. und 950 n.Chr. niedergeschrieben wurden, finden sich gleich zwei Schwesterpaare:

*Phol und Wodan
ritten ins Holz.
Da wurde dem Fohlen Baldurs
der Fuß verrenkt.
Da besprach ihn Sinthgunt*

und Sunna, ihre Schwester;
da besprach ihn Frija
und Volla, ihre Schwester;
da besprach ihn Wodan,
wie nur er es verstand:

Sei es Knochenrenke,
sei es Blutrenke,
Sei es Gliedrenke:
Knochen zu Knochen,
Blut zu Blut,
Glied zu Gliedern,
als ob geleimt sie seien.

Die Gründe für die Zuordnung der göttlichen Schwestern sind im Kapitel 25 dieses Buches über die Göttin Fulla dargestellt worden:

Die göttlichen Schwestern	
Jenseits *Nacht*	*Diesseits* *Tag*
Freya	Fulla
Sinthgunt	Sunna
Irpa	Thorgerdr

31. k) Die beiden Aspekte der Jenseitsgöttin

Durch die Angst vor dem Tod ist die Jenseitsgöttin als die Wiederzeugungs-Geliebte der Toten zum Teil auch zur gefürchteten Totengöttin in der Gestalt einer gräßlichen Riesin geworden. Im Christentum wurde sie zu „des Teufels Großmutter".

Die Aufspaltung des Bildes der „Große Mutter im Jenseits"				
Alter des Bildes	*die Wiederzeugungs-Geliebte*		*die Riesin des Todes*	
	Göttin	*Gott*	*Riesin*	*Gott*
alt: Wasserunterwelt (Meer, Quellen)	Nanna	Baldur	Ran	Ertrunkenen
jung: heroisches Jenseits (Walhalla, Fensalir)	Freya	Odr, die Hälfte aller Krieger	Hel, Hyndla, Hyrrokkin	Baldur, die Toten
Alter ungewiß: Schutzgöttinnen	Thorgerdr	(Tyr-Helgi)	Irpa	-

31. l)   Die drei Matronen

Bei genauerer Betrachtung der drei germanisch-keltisch-römischen Matronen zeigt sich, daß sie nicht einfach „1+1+1" gewesen sind, sondern daß sich ein „2+1" unterscheiden läßt. Darauf weist der Unterschied bei den Kopfbedeckungen der Matronen hin: Entweder befinden sich außen zwei ältere Matronen mit Haube und in der Mitte eine junge Matrone ohne Haube oder umgekehrt.

eine junge Matrone (ohne Haube) in der Mitte

keltisch-römisch-germanische Matronen; Nettersheim in der Eifel (Westdeutschland)	*keltisch-römisch-germanische Matronen; Nettersheim in der Eifel (Westdeutschland)*	*keltisch-römisch-germanische Matronen; Mechernich in der Eifel (Westdeutschland)*

Diese eine jüngere Norne erscheint auch in der Saga von Norna-Gest: es war diejenige, die sich von den beiden anderen zurückgesetzt fühlte und daher dem Gest bestimmte, daß er sterben müsse, sobald die Kerze, die bei ihm stand, heruntergebrannt sei.

Diese Charakterisierung der jüngeren Norne ist jedoch sicherlich ein Merkmal, das erst bei der Umdeutung der Mythen zu Sagen entstanden sein wird. Ein ganz ähnliches Motiv findet sich auch in dem Märchen „Dornröschen".

zwei junge Matronen (ohne Haube) außen

keltisch-römisch-germanische Matronen; Bonn (Westdeutschland)

keltisch-römische Matronen; Köngen bei Esslingen (Süddeutschland)

keltisch-römische Matronen; Zazenhausen/Stuttgart (Süddeutschland)

Es wäre denkbar, daß die einzelne junge Matrone/Norne die Zukunft dargestellt hat und die beiden alten Nornen Zukunft und Gegenwart.

Es wäre jedoch auch möglich, daß die beiden älteren Matronen/Nornen das noch aus der Jungsteinzeit stammende Göttinnenpaar war, das das Diesseits und das Jenseits repräsentiert hat. Solche Göttinnen- oder Riesinnenpaare, bei denen die Zuordnung zu Diesseits und Jenseits allerdings nur noch in Resten erkennbar ist, sind bei den Germanen Sunna und Sinthgunt, Thorgerdr und Irpa, Frigg und Freya, Fenja und Menja, Greip und Gjalp usw.

Die beste Entsprechung zu dieser „2+1"-Struktur in den Mythen der Germanen ist die Göttin Huldar mit ihren beiden Töchtern Thorgerdr und Irpa, die alle drei auch Seherinnen und Zauberinnen sind. Das Motiv „Mutter mit zwei Töchtern" ist auch aus einigen Märchen bekannt, von denen sich Frau Holle und ihre beiden Dienerinnen Goldmarie und Pechmarie durchaus aus Huldar und ihren beiden Töchtern Thorgerdr und Irpa entwickelt haben könnten.

Dann wären Frau Holle, Goldmarie und Pechmarie die Überlieferung der drei Matronen, die bis heute am lebendigsten geblieben ist …

31. m)   Die jüngere Version der Huldar-Saga

In dieser Saga erscheint Thorgerdr als Zauberin.

11. Kapitel

Halogi war der zauberkundigen Beherrscher von Halogaland. Er war aus dem Geschlechte des Logi Fornjot-Sohn. Halogi kam einst auf der Rückkehr von einer Heerfahrt in das Naumu-Tal und wurde von Frekan gastlich aufgenommen.

Er überwinterte bei ihm und stieß bei einer Gelegenheit auf die Wohnung der Huld, geriet mit ihr in ein Gespräch, warb um sie und heiratete sie mit Heimgests Zustimmung. Er zog mit ihr nach Halogaland zurück und gewann mit ihr eine Tochter, welche Thorgerdr genannt ward, und als ihres Vaters (Halogi) *besonderer Liebling den Beinamen Holga-Braut erhielt.*

14. Kapitel

Nachdem Holgi im Herbste heimgekommen war, träumte Hundingr im folgenden Winter einmal, daß er mit seinen Brüdern fremden Heerleuten erliegen werde, falls sie deren Angriff nicht zuvorkommen würden.

Er bezog den Traum auf Holgi und Heimgest und trotz der Bedenken Hemings wurde ein Angriff auf diese beschlossen und ein Heeresaufgebot erlassen, unter dem Vorwand, daß der Zug den Orkneys gelte.

Holgi wurde indessen von Huld noch rechtzeitig genug gewarnt, um sich rüsten zu können. Als die Brüder herannahten, beginnt sofort der Kampf, in welchem Haldingi, Hrotti, Hardgripnir und Vandill der Starke auf Holgi's Seite standen. Das Eingreifen der Huld zusammen mit der jungen Thorgerdr entschied den Sieg und die angreifenden Brüder mußten schließlich fliehen.

16. Kapitel

Inzwischen war König Visburr herangewachsen, hatte eine Tochter von Audi dem Reichen geheiratet und ihr als Brautgabe drei Höfe und ein goldenes Halsband gegeben.

Er erzeugte mit ihr den Gisli und Ondurr. Dann aber verließ er sie und gewann von einer anderen Frau den Domaldi.

Die erste Frau ging mit ihren Söhnen zu ihrem Vater zurück. Ihre Brautgabe aber erhielt sie nicht heraus und wagte sie auch nicht zu fordern.

Da wandte sich Audi an die junge Völva Hleidr, welche in den schwedischen Tal-Landen wohnte und nach einigen eine Tochter des Riesen Svadi und einer Schwedin war, und sie richtet in seinem Auftrag einen Zauber gegen Domaldi an.

Inzwischen wuchsen aber Thorgerdr und Yrpa bei Holgi heran und waren sehr zauberkundig geworden und man begann, sie alle und ihren Vater anzubeten und anzurufen.

21. Kapitel

Danach verstrichen mehrere Jahre. Vergebens hielten verschiedene Häuptlinge um Thorgerd und Yrpa an; sie wurden alle abgewiesen.

Da geschah es, daß Goi, des Thorri Tochter, aus Finnland spurlos verschwand. Ihre Brüder Norr und Gorr zogen aus, sie zu suchen.

Norr lief auf Schneeschuhen über das Gebirge, besiegte erst die Lappen und wandte sich dann gegen Drontheim.

Hundingr und seine drei Brüder setzen sich zur Wehr, fielen aber im Kampf. Ihre Söhne, welche auf der Heerfahrt waren, vermochten nicht mehr in das Land zurückzukehren. Manche wollen wissen, daß sie dem Gorr erlagen, der auf dem Seewege ausgezogen war.

Norr unterwarf sich zunächst den Drontheimsfjord; dann griff er den Sokni im Soknadal an, und tötete ihn.

Dort stieß sein Bruder Gorr zu ihm, ohne eine Spur ihrer Schwester gefunden zu haben. Bald darauf erfuhr aber Norr, daß Hrolfi von den Bergen, des Riesen Svadi Sohn in Heidmörk, sie entführt hatte.

Er zog sofort dorthin und es kam zwischen ihm und Hrolf zu einem Zweikampf, der aber unentschieden blieb. Schließlich einigten sie sich jedoch dahin, daß Hrolf die Goi behält, Norr dagegen dessen Schwester Hödd heiratet.

Dieser unterwarf sich danach das ganze Land, welches seitdem nach ihm den Namen Noregr trägt.

22. Kapitel

Um diese Zeit hielt sich Heimgestr bei Holgi und Huld auf. Nors Umsichgreifen beunruhigte ihn, zumal Huld bei Visburs Tod beteiligt gewesen war.

Indessen redete diese ihm seine Befürchtungen aus und riet ihm vielmehr, endlich zu heiraten, da ihm eine ansehnliche Nachkommenschaft in Aussicht stehe.

Er zeigt sich Anfangs dazu nicht sehr geneigt und mochte höchstens etwa die Thor-

gerdr heiraten. Dies erklärt Huld jedoch für untunlich und wies ihn an seine Nichte Heidr Hundings-Tochter. Da willigte er ein und Huld selbst besorgte die Werbung. Es kam zur Hochzeit und die Eheleute gewannen bald einen Sohn Namens Vedrhallr.

23. Kapitel

Weiterhin wird erzählt, wie Dagr Heidisson von einer Heerfahrt heimkehrend zu Sölvi nach dem Soleyjar gelangte und dort mit dessen Tochter Ögn ein Kind erzeugte, welches Snot genannt wurde. Bei seiner Abreise bat er den Sölvi, die Ögn an keinen andern zu verheiraten, und sie selbst versprach ihm, auf ihn warten zu wollen.

Als aber Domarr in Schweden heranwuchs, beschloß er, seinen Großvater Visbura an Heidir zu rächen und es gelang ihm auch, diesen zu töten.

Dagr fand bei seiner Heimkehr seinen Vater nicht mehr am Leben und erschlug, um ihn zu rächen, zunächst den Heidning und elf andere Dienstleute Domars. Als er dann aber von Domarr mit Übermacht überfallen wurde, rief er in der höchsten Not die Huld mit ihren beiden Töchtern an und gelobte ihnen einen Tempel zu bauen, wenn sie ihm helfen würden.

Wirklich unterstützten sie ihn durch ein Zauberwetter und ihr persönliches Eingreifen. Domarr mußte weichen, Dagr baute seinen Tempel und versöhnte sich hinterher auch mit Domarr.

Dann heiratete er die Ögn und gewann mit ihr einen Sohn Namens Sveipr. Fortan wurde er Dagr der Reiche genannt.

Snot blieb bei ihrem Großvater Sölvi zurück. Thorri aber war inzwischen in Finnland gestorben.

24. Kapitel

Damals herrschte in den Nordlanden das Brandalter. Doch zogen noch manche, zumal in Norwegen und Halogaland, vor, sich nach älterem Brauche in einen Hügel legen zu lassen.

So that auch Holgi. Als er sich dem Tode nahe fühlte, verlangte er, in voller Bewaffnung in einem großen Hügel gesetzt zu werden, der aus abwechselnden Lagen von Erde und von Gold und Silber aufgeschüttet werden sollte. Den Leuten aber solle man sagen, daß er nach Godheim gefahren sei und daß sie ihn nach wie vor in allen ihren Angelegenheiten anrufen könnten.

Außerdem ordnete er an, daß Heimgestr, welcher nach drei Jahren sterben werde, ihm gegenüber bestattet werden sollte, da jetzt überhaupt die Zeit der Hügelbestattungen kommen werde.

Vedrhallr solle der Thorgerd und Yrpa zur Erziehung übergeben werden, da auch Huld nicht mehr lange zu genießen sein werde. Von ihm würden aber mächtige Beherrscher Halogalands abstammen, welche auch dann von Nors Nachkommen unangefochten bleiben würden, wenn seine Töchter nach Godheim fahren würden.

Die Bestattung erfolgte sofort ganz nach seiner Weisung und darum bezeichnet man das Gold als Holga-Dach oder, wie einige sagen Hogla-Dach.

Ein Tempel wurde ihm gebaut und die meisten behaupten, daß nach ihm Halogaland benannt sei, sei es nun, daß dieses Land eigentlich Holgaland, oder daß er eigentlich Halogi geheißen habe; doch meinen andere, daß es nach seinem Vorvater Logi Fornjots-Sohn benannt sei, und wieder andere machen den Halogi, der Eisa und Eimirja Sohn, zu seinem Bruderssohne und lassen von ihm den König Halogi abstammen, welcher frühzeitig Halogaland beherrschte.

25. Kapitel

Nun bestellte auch Huld ihr Haus, obwohl sie noch ein längeres Leben vor sich zu haben meinte. Sie ermahnte ihre Töchter, sich seinerzeit bei ihrem Vater bestatten zu lassen, damit sie um so länger Verehrung genießen möchten. Für sich begehrte sie keinen Tempel, wohl aber stellte sie ihnen einen solchen in Aussicht und eine Zunahme ihrer Verehrung, selbst auf Kosten der ihres Vaters.

Sie wies ihre Töchter an, sich von dem Hause der Ynglingar möglichst fern zu halten, da dieses einst ihr und ihres Hauses Ansehen vernichten werde. Sie riet ihnen endlich, sich aus Schweden eines der beiden Holzbilder zu holen, welche seinerzeit mit Frey begraben und nun kürzlich wieder ausgegraben worden seien und dieses in ihren Tempel zu setzen, indem Freyr solchenfalls sie und ihren Tempel so lange schützen werde, als er sich selbst zu schützen vermöge.

Darauf verschwand Huld spurlos. Thorgerdr und Yrpa aber ergriffen die Landesherrschaft und ließen jenes Holzbild holen, wie ihnen geraten worden war.

Heimgestr blieb bei ihnen bis zu seinem Tode und ward dann Holgi gegenüber bestattet. Sein Sohn Vedrhallr aber ward bei den beiden Schwestern erzogen.

26. Kapitel

Als Vedrhallr sein zwölftes Jahr vollendet hatte, zog er westwärts auf Heerfahrt. In einem Kampf mit dem Wikinger Sotrudr, einem Neffen des Riesen Helreginn, gerät er in schwere Gefahr, wird aber nach Anrufen der Thorgerdr durch deren Hilfe errettet.

Sie aber wurde Holga-Braut genannt oder auch Horga-Braut und ihr Tempel hieß „Steinaltar". Der Tempel der Göttin hieß deshalb „Steinaltar", weil dort die

173

Anrufungs-Priesterin die Göttin herbeirief. Einige aber nannten sie auch Holgatröll.

28. Kapitel

Es wird erzählt, daß die Huld Völva eine Tochter namens Dagbjört gehabt habe. Zu der sei einmal Godormr der Tapfere gekommen und habe mit ihr einen Sohn erzeugt, welcher Kollr der Starke hieß. Der wuchs bei der Hleidr auf, habe dann die mit ihr verwandten Riesen aufgesucht und bei ihnen mit Hilfe der Huld große Taten vollbracht und seine Braut den Unholden abgejagt. Von ihnen sollen die Rabennest-Männer abstammen.

„Rabennest" ist eine norwegische Insel. Zu den Rabennest-Männern zählen u.a. Ketil Forelle, dessen Sohn Grim Struppig-Wange, dessen Sohn Pfeile-Odd und dessen Sohn An Bogen-Bieger.

Hleidr Völva soll ferner auch den Häuptling Hjörvard aufgezogen haben und weiterhin auch dessen Sohn Hildibrand, welcher weit herumgekommen und mit Hilfe der Huld ein berühmter Mann geworden sei. Nach ihm trägt auch jener andere Hildibrandr seinen Namen, der Sohn von Hildir dem Alten, nach welchem die Hildingar benannt sind, des Sohnes von Halfdan dem Alten aus Hringariki, des Sohnes des Hringr, des Sohnes des Raumr Norsson.

Norr gab seinem Sohne Thrandr die Landschaft, welche seitdem Thandheimr, d. h. Drontheim genannt wird. Thrandr hinterließ aber keine Nachkommen.

Thorgerdr und Yrpa ließen sich hochbetagt im Hügel des Holgi begraben und sie wurden noch lange Zeit verehrt.

Vedrhallr aber erhielt nach ihnen einen Teil Halogalands. Sein Sohn war Havarr, der Vater von Godgestr dem Alten, des Vaters des Heimgestr, des Vaters des Königs Gudlaugr von Halogaland, welchen Jörundr hängte.

Gudlaugs Sohn war Gylaugr, welcher seinen Vater rächte, denn immer herrschte Feindschaft zwischen den Ynglingar und den Haleygir.

Gylaugs Sohn war Mundill der Alte, der Vater des Hersir, des Vaters des Brandr, des Vaters des Königas Godgestr in Halogaland, welchem das gute Pferd gehörte, welches dem König Adils den Tod brachte.

Sein Sohn war Bardr, der lange Halogaland beherrschte, der Vater des Hergils, des Vaters Havars, des Vaters Haralds, des Vaters Herlaugs, des Vaters des zweiten Herlaug, des Vaters Grjotgards, des letzten ans diesem Hause, der Halogaland regjerte. Sein Sohn war Hakon Jarl zu Hladir, welcher den Tempel des Freyr und der Thorgerd dahin verlegte, und sein Sohn war Sigurdr Hladajarl, der Vater von Hakon Jarl dem Mächtigen, welcher als der letzte die Thorgerd Holga-Braut verehrte.

Als aber Hakon tot war, verbrannte (der christliche König) *Olafr Tryggvason die Bilder Freys und der Thorgerd. Der war aber aus dem Hause der Ynglingar.*

31. n)   Die ältere Version der Huldar-Saga

Auch hier ist Thorgerdr zu einer Zauberin umgedeutet worden.

7. Kapitel

Nun aber griff Gigas, ein Bruder Rudents und der Beherrscher der Thursen-Burg, ein Riese und arger Unhold voller Zauberkunst, ein.

Er holte sich in Drachengestalt das Kind, zog es bei sich auf und lehrte es mancherlei Zauberei.

Als aber Huld 16 Jahre alt geworden war, heiratete er sie and gewann mit ihr zwei Töchter: Thorgerd und Yrpa.

Später wurde er von seinen Nachbarn erschlagen. Da diese jedoch die Rache der zauberkundigen Huld Troll-Königin fürchteten, boten sie ihr sofort einen Vergleich an und die Unterwerfung unter ihren eigenen Spruch.

Da berief Huld alle Riesen und Unholde in den Nordlanden auf 12 Monate hinaus zu einer Versammlung nach den Hallmundarheidir in Jötunheim, und an diesem Alljahres-Thing wollte sie ihren Spruch tun.

Den Odinn aber, sprach die Erzählerin, habe sie zu sich gelockt, um seiner zu genießen, wofür sie ihm aber auch die Ehre antun wolle, ihm die Fällung des Spruches den Unholden gegenüber zu übertragen.

Zugleich empfahl sie ihm ihre beiden Töchter, Thorgerd und Yrpa. Dann zog sie tatsächlich mit Odinn zu der Versammlung der Unholde, er auf seinem Rosse, sie aber in dem alten Drachengewand. Dort gab Odinn seinen Schiedspruch dahin ab, daß Huld die Oberkönigin aller Unholde im Norden sein solle.

Ihr und ihm selbst zu Ehren sollte in Trölladyngja („Frauenhaus der Torlle") ein Tempel gebaut werden, dem sie mit ihren Töchtern vorzustehen habe und zu welchem eine jährliche Abgabe zu entrichten sei. Der Riese Svadi aber solle mit den übrigen bei der Tötung des Gigas Beteiligten das Syrgis-Tal verlassen. Dabei hatte es sein Bewenden.

Thorgerdr, die ältere und angesehenere der beiden Schwestern, erhielt den Beinamen Hörga-Braut oder Huldar-Troll. In alten Sagen und Büchern wird die Unholdin Huld mit ihren Töchtern vielfach als Schutzgeist ihrer Freunde erwählt.

Der Riese Svadi aber ließ sich damals auf Asathors Rat hin im Thors-Tal nieder, wie oben schon berichtet wurde.

Dem Odinn schenkte Huld damals seine zwei Raben, welche ihn seitdem begleiteten und ihm alle Neuigkeiten zutragen.

10. Kapitel

Skjalgr war hocherfreut über den Ring. Er sagte über ihn, daß ihn Nimrod von vier Zwergen habe schmieden lassen, daß ihn ferner Huld Trollkönigin die Große dem Odinn geschenkt habe, als er bei ihr lag und daß ihn dann Freyja aus Ärger hierüber durch Loki habe stehlen lassen; von ihr habe ihn dann ihre Pflegeschwester Skrama, also seine Mutter, erhalten. Den Ring sollten nun mit Odins Zustimmung 100 Jahre lang Weiber aufbewahren, nach Ablauf dieser Zeit aber solle derjenige der König aller Unholde in Jötunheim werden, der ihn am Troll-Thing vorzeigen könne.

Vor 3 Tagen, fügte er hinzu, habe überdies Huld ihre Tochter Thorgerd zu ihm geschickt, um ihm unter der Bedingung volle Versöhnung anzubieten, daß er die Unholde im Myrkvidarskoge („Düsterwald-Ort") töten würde, welche sich gegen sie empört und ihr 10 Jahre lang ihren Tempelzoll nicht bezahlt hätten.

Da erboten sich alle Unholde Skjalgs, dem Koll beizustehen.

16. Kapitel

Auf der Ebene mit dem Namen 'Grün-Quelle' begegneten sich beide Scharen und nach einem kurzen Wortwechsel begann der Kampf. Skjalgr tötete in diesem den Hrungnir, Kollr den Vikar und Valbrand, und auch Hrotti fiel mit allen übrigen Unholden.

Gjaflaug sah jedoch inzwischen, wie ein großer Drache heranflog und zwei ihm sich entgegenstellende Geier tötet; da fand man Flegda und Molda tot.

Zugleich griffen zwei große Trollfrauen, die im Haus zurückgeblieben waren, die Unholde an; von jedem ihrer Finger flog ein Pfeil, je einen Unhold tötend, und überdies spie der große Drache Gift und Feuer auf sie, so daß sie alle den Tod fanden.

Jetzt erst verschwand der Drache mit den beiden Weibern. Sie erkannten, daß dies Huld mit ihren beiden Töchtern gewesen war.

Sie fanden Gjaflaug unverletzt, die Behausung der Unholde wurde geplündert und verbrannt, und dann die Rückreise angetreten.

18. Kapitel

Kollr aber führte Gjaflaug zu ihrem Vater zurück, heiratete sie und von ihnen stammt, wie schon Thorleif der Besonnene sagte, der berühmte Erlingr Skjalgs-Sohn aus Soli und auch Hallbjörn Halb-Troll aus Raben-Nest.

Dem Skjälg wurden 300 Pferde als Geschenk geschickt und nach einer Drapa, welche der Skalde Forni auf ihn dichtete, erwarb er sich die Herrschaft über Jötunheimar und hielt mit Huld und deren Töchtern gute Freundschaft.

Thorgerdr, die ältere und angesehenere der beiden Schwestern, erhielt den Beinamen Hörga-Braut oder Huldar-Troll. In alten Sagen und Büchern wird die Unholdin Huld mit ihren Töchtern vielfach als Schutzgeist ihrer Freunde erwählt.

31. o) Zusammenfassung

Thorgerdr und ihre Schwester Irpa sind vermutlich ursprünglich der Diesseits- und die Jenseits-Aspekt einer Göttin gewesen. Diese Göttin war vermutlich auch diejenige, mit der sich die König von Halogaland im Jenseits bei ihrer Krönung symbolisch vereinten (Wiederzeugung vor der Wiedergeburt).

Thorgerdr Hölgabrudr ist vermutlich mit Gerdr, der Frau des Freyr, identisch. Ihr Name „Hölgabrudr", d.h. „Braut des Helgi" zeigt, daß sie auch mit den drei Walküren Swawa, Sigrun und Kara identisch ist, die die zweimal reinkarnierte Frau des ebenfalls zweimal reinkarnierten Helden Helgi ist. Helgi („der Helle") ist recht sicher die Sagen-Variante des ehemaligen Sonnengott-Göttervaters Tyr. Helgi ist auch der König Halogi von Halogaland, da man den Namen dieses Landes auch als „Helgis Land" deuten kann.

Vermutlich aus dieser Funktion der Thorgerdr bei der Krönung heraus wurde sie auch zu der Schutzgöttin einiger Wikinger.

Sie wurde zusammen mit „Jenseits-Schwester" Irpa, Thor und anderen Gottheiten in Tempeln in Wäldern oder auch einfach in einem Wald ohne Tempel verehrt und angerufen. Sie half vor allem bei Kämpfen, in die sie persönlich zusammen mit ihrer Schwester wie eine Walküre eingriff, aber auch bei Bitten um Schutz oder um eine gute Heirat.

Thorgerdr und vermutlich auch Irpa waren auch zauberkundig, was Schadensmagie betrifft. Sie konnten Pfeile aus ihren Fingern schießen, die stets ihr Ziel trafen.

Da die Schadensmagie in aller Regel zusammen mit der Heilkunde auftritt, da für beide magische Tätigkeiten, wenn auch die Zeile verschieden waren, doch dieselben Fähigkeiten gebraucht werden, könnten die beiden Göttinnen auch Heilerinnen gewesen sein – in der Überlieferung wird darüber allerdings nichts berichtet.

Die hölzernen Statuen der beiden Göttinnen im Tempel trugen goldene Ringe, Schmuck und Leinentücher.

In späterer Zeit wurde Thorgerdr zu einer Art Troll-Königin.

Die Göttin Huldar und ihre beiden Töchter Thorgerdr und Irpa gehen vermutlich zumindestens zum Teil auf die drei Matronen zurück, die von 70-240 n.Chr. am Niederrhein von den Germanen, Kelten und Römern verehrt worden sind.

Um 500 n.Chr. haben Thor und Freyr die Göttin Gerdr von dem von ihnen abgesetzten nordgermanischen Sonnengott-Göttervater Tyr-Helgi übernommen. Gerdr ist vermutlich in diesem Zusammenhang in „Thorgerdr" umbenannt worden.

Thorgerdrs Beiname „Helgis Braut" bezieht sich auf den ehemaligen Sonnengott-Göttervater Tyr-Helgi (bis 500 n.Chr.), dessen Wiederzeugungs-Geliebte und Wiedergeburts-Mutter sie einst gewesen sein wird.

31. p)   Das Aussehen der Thorgerdr

Thorgerdr Hölgabrudr erscheint oft zusammen mit ihrer Schwester Irpa. Thorgerdr ist die ältere und bekanntere der beiden Göttinnen.

Beide tragen schöne Kleidung und manchmal eine Haube aus Leinen. Thorgerdr und vermutlich auch Irpa tragen wie Freya, Fulla und Odin einen Goldring – wahrscheinlich um den Hals. Manchmal hält Thorgerdr auch einen Ring in ihrer Hand.

Thorgerdr und Irpa sind Priesterinnen und Zauberinnen – sie werden daher einen Seherinnen-Stab und einen Seherinnen-Gürtel tragen – vielleicht auch Seherinnen-Handschuhe.

Sie können Sturm, Gewitter und Hagel senden – man kann daher im Hintergrund des Bildes dunkle Gewitterwolken sehen.

Sie können aus jedem ihrer Finger Pfeile Schießen, die nie ihr Ziel verfehlen. Auch das läßt sich leicht bildlich darstellen.

Die Eltern der beiden Schwestern sind der ehemalige Sonnengott-Göttervater Tyr-Helgi und die Jenseitsgöttin Huldar, die den Titel „Trollkönigin" trägt und sich manchmal in einen Drachen verwandelt. Tyr-Helgi ist links hinter den Schwestern zu sehen; Huldar rechts hinter ihnen.

Im Hintergrund steht auf einer Waldlichtung der Tempel mit dem Namen „Steinaltar" der beiden Schwestern. Dort befindet sich auch der Opferaltar der beiden Göttinnen.

Ganz hinter ist ein finsterer Wald zu sehen – der „Myrkvid"-Jenseitswald. Dort liegt das dunkle und kalte Niflheim.

31. q) Anrufung der Thorgerdr

Die folgende Verse sind keine traditionelle Anrufung, sondern eine Neudichtung. In ihnen werden Thorgerdr und Irpa gemeinsam angerufen – die drei ersten Strophen wenden sich an Thorgerdr, die drei letzten an Irpa.

Thorgerdr, Tochter des goldenen Tyr,
Dein Tempel ist der „Steinaltar":
Opfer bringe ich Dir im Ulmenhain,
Omen wünsche ich mir von Dir.

Geliebte des Tyr, Goldring-Trägerin,
Gewitter-Göttin, Hagel-Senderin:
schütze mich auf dem Drachenschiff,
sende mir stets guten Wind!

Irpa-Schwester aus Iduns Sippe[78],
Insel-Bewohnerin des Westens[79]:
vertreibe mit gespreizten Pfeile-Fingern
Feinde und Furcht von meinen Wegen!

Helgi-Braut, Herrin des Krieges,
Huldar-Tochter, Irpa die Braune:
schütze mich mit Magie,
sende mir mächtige Helfer!

---

78 Iduns Sippe = Asen
79 Insel im Westen = die Jenseitsinsel Walskialf; deren Bewohnerin = Jenseitsgöttin

Thorgerdr-Schwester, Kind der Königin der Trolle[80],
Tochter Niflheims, Zauberin aus der Hel:
wecke den wütenden Drachen[81] in mir,
wenn brüllende Wikinger nahen!

Nordland-Herrin, Neris Vertraute[82],
Nid-Reichs Fürstin, Myrkvids Herrin[83]:
gib mir Frieden und Freunde und Fülle,
gib mir Freyas und Fullas Gaben!

31. r)   Traumreise zu Thorgerdr

„Thorgerdr, ich würde Dich gerne besser kennenlernen."
„Dann komm' zu mir."
Ich wünsche mich zu ihr.
„Hm, ich lande in Erinnerungsbildern aus den überlieferten Geschichten, aber nicht bei Dir. Kannst Du mir helfen, zu Dir zu kommen?"
Sie schickt mir einen Lichtstrahl. ... Ich folge dem Lichtstrahl. ... Ich sehe ihre rechte Hand ... ihren Arm ... den Oberkörper ... die Beine ... sie trägt eine Art Kleid ... ihr Gesicht sehe ich noch nicht so klar ... jetzt hab' ich's ...
„Gibt es etwas, was Du mir sagen oder zeigen magst?"
„Setz' Dich."
„Ehm ... ja, gut."
Ich sitze auf der Erde ... sie ist relativ trocken, aber nicht ausgetrocknet ... ich sehe ein paar Eichenblätter dort liegen, ein paar Kiefernadeln ...
„Und nun?"
„Warte."
... ...
Ich spüre die Erde unter mir ... sie ist irgendwie lebendig ... ... Ich sehe Thorgerdr vor mir stehen ... so zwei oder zweieinhalb Meter entfernt ... ich gucke zu ihr hoch – das ist irgendwie komisch ... ... Ich schwanke zwischen verschiedenen Zeiten aus ihrer Geschichte, glaube ich ...
„Thorgerdr?"

---

80 Trollkönigin = Huldar, die Mutter von Thorgerdr und Irpa
81 den Drachen in sich wecken = die Berserker-Kampfekstase auslösen
82 Neri = eine Norne; deren Vertraute = Jenseitsgöttin, hier: Irpa
83 Myrkvid = „Düsterwald" = Jenseits; dessen Herrin = Jenseitgöttin, hier: Irpa

„Bleib jetzt einfach mal sitzen und spüre."

„O.k."

... ...

Da richtet sich etwas in mir auf ... ich glaube die Sushumna ... der zentrale Licht-strahl, an dem die Chakren sind ... das macht etwas Standfestes, Kriegerisches ...

... ...

„Ist das Deine Qualität, Thorgerdr?"

„Spüre."

... ...

„Ich möchte mich hinstellen."

„Dann tue das. ... Aber bleib in Kontakt mit der Erde."

Der Kontakt geht von meinem Wurzelchakra aus zur Erde ... und von meinen Fußsohlen aus zu der Erde ...

Ich stehe da ... und spüre ...

... ...

Da ist jetzt ein Halt in mir.

„Ist es das, was Du noch in meinem Buch über Dich stehen haben möchtest, Thorgerdr?"

„Das ist das, was ich Dir zeigen will. Du brauchst das. Verliere nie Dich selber aus den Augen. Bleib in Deinem Herzchakra ruhen. Bleib' in der Geborgenheit bei der Erde."

„Ja, das will ich tun – das ist richtig, das kann ich fühlen. ... Danke, Thorgerdr! ... Kann ich Dich noch etwas zu Deinen Mythen fragen?"

„Frage."

„Habe ich Deine Entwicklung richtig beschrieben? Von der Wiederzeugungs-Geliebten und der Wiedergeburts-Mutter des Tyr bis zu Thors Tochter?"

„Ja, das bin ich einst gewesen. Dann haben Thor und Freyr mich übernommen, als sie Tyr abgesetzt haben – da wurde ich zu Freyrs Gerdr und zu Thorgerdr."

„Bist Du eine Kriegsgöttin gewesen?"

„Nein, eine Schutzgöttin des Landes."

„Und die Pfeile, die Du aus Deinen Fingern schießen kannst? Woher kommen die?"

„Ich bin die Sonnenmutter gewesen und die Göttin der Morgenröte. Dann kam das Gewitter dazu und die Verbindung mit dem Donnergott Thor. Da waren erst die Blitze – die wurden dann zu Pfeilen."

„Ja, das leuchtet mir ein. ... Gibt es noch etwas, was Du mir sagen oder zeigen möchtest?"

„Wenn ihr eure Standfestigkeit verloren habt, dann kommt zu mir. Ich werde euch helfen."

„Danke Thorgerdr, vielen Dank!"

„Bitte. “
Ich kehre nun zurück.
„Ho! “

VI   Eigenständige Göttinnen

32.   Die Göttin Irpa

Die Texte zu Irpa finden sich in dem vorigen Kapitel über die Göttin Thorgerdr, da Irpa nur zusammen mit Thorgerdr auftritt. Auch die Beschreibung des Aussehens und der Umgebung der Irpa sowie ihre Anrufung stehen in dem vorigen Kapitel über Thorgerdr.

32. a)   Der Name „Irpa"

Der Name der Göttin bedeutet „die Dunkelbraune". Dies könnte entweder ein Hinweis auf die Erde oder auf die Unterwelt sein. Angesichts des in den Sagas beschriebenen Charakters der Göttin erscheint die zweite Möglichkeit deutlich wahrscheinlicher.

32. b)   Zusammenfassung

Der Name der Göttin bedeutet „die Dunkelbraune". Dies könnte ein Hinweis auf die Unterwelt sein. Die Göttinnen Thorgerdr und Irpa sind Schwestern und können Schutzgöttin sein, die man durch Gebete herbeirufen kann.

Die beiden Göttinnen können Gewitter, heftigen Sturm und Hagel senden aus jedem ihrer Finger Pfeile auf die Gegner schießen – und jeder Pfeil trifft. Sie stehen manchmal, wenn sie einen Kampf unterstützen, vorne im Drachenboot bei den Drachenköpfe, die eine ähnliche Schutzfunktion haben wie die beiden Göttinnen.

Irpa wurde manchmal zusammen mit Thor und ihrer Schwester Thorgerdr in einem hölzernen Tempel verehrt. Alle drei Gottheiten trugen einen Goldring, der vermutlich ein Halsreif war und dem Draupnir des Odin, dem Brisingamen der Freya und dem Haarreif der Fulla entsprechen.

Der Name Thorgerdr sowie der kriegerische Charakter der beiden Göttinnen in den

Sagas läßt darauf schließen, daß Thor, Thorgerdr und Irpa einen recht ähnlichen Charakter hatten.

Die beiden Göttinnen waren offenbar erfahren in jeder Art von Kampfmagie sowie in der Herstellung von künstlichen, hölzernen Wesen, die dem Lehmriesen der Hrungnir ähneln und im Mittelalter oft „spiritus familiaris" genannt wurden.

Die Göttin Irpa stellte ursprünglich vermutlich den Jenseits-Aspekt der Großen Mutter dar und ihre Schwester Thorgerdr deren Diesseits-Aspekt.

Die Göttin Huldar und ihre beiden Töchter Thorgerdr und Irpa gehen vermutlich zumindestens zum Teil auf die drei Matronen zurück, die von 70-240 n.Chr. am Niederrhein von den Germanen, Kelten und Römern verehrt worden sind.

32. c)   Traumreise zu Irpa

„Irpa?"

„Ja?"

„Ich möchte Dich gerne besser kennenlernen."

„Dann frage."

„Warum erscheinst Du immer nur zusammen mit Deiner Schwester Thorgerdr?"

„Schaue mich an."

Sie wird dunkel, nein sie steht wie im Dunklen; Thorgerdr ist im Hellen. Irpa ist unter der Erde, Thorgerdr über der Erde.

„Wir sind dieselbe Göttin – ich im Jenseits und Thorgerdr im Diesseits."

„Hm ... gibt es da noch etwas zu erkennen?"

„Das ist das Wesentliche."

„Ja ... gut. ... Danke, Irpa."

„Wenn ihr eure eigenen Schatten kennenlernen und heilen wollt, dann kommt zu mir."

„Oh ... hm ... gibt es in mir Schatten, die ich jetzt am besten kennenlernen sollte?"

„Nein – jetzt nicht. Es ist gut, was Du gerade machst."

„Gut ... Danke, Irpa!"

„Bitte."

Ich kehre jetzt zurück.

„Ho!"

33. Die Göttin Thrudr

Die Göttin Thrudr ist relativ unbekannt und wird vor allem als Tochter des Thor erwähnt. Einige Details in der Überlieferung lassen jedoch vermuten, daß sie einst mehr als nur eine bedeutungslose Tochter des Donnergottes gewesen ist.

33. a) Der Name „Thrudr"

Der Name „Thrud" bedeutet „Starke". Dies spricht dafür, daß sie entweder eine Kriegsgöttin oder eine Riesin gewesen ist. Da die Germanen zwar Walküren kannten, aber ihre Kriegsgötter alle männlich gewesen sind, ist die Deutung der Thrud als Riesin wahrscheinlicher. Allerdings ergäbe sich daraus der Umstand, daß dann eine Riesin die Tochter eines Asen (Thor) wäre, was ansonsten ebenfalls umgekehrt ist – Thrud müßte dann von der Wiederzeugungs-Geliebten des Thor zu dessen Tochter umgedeutet worden sein.

Es wäre auch noch denkbar, daß Thrud einfach eine Verkörperung der Kraft des Thor ist – ähnlich wie seine Sohne Magni („Starker") und Modi („Wütender").

33. b) Thor-Lied

In diesem Lied, das der Skalde Eysteinn Valdason um ca. 1000 n.Chr. verfaßt hat, wird Thor als „Thrudrs Vater" umschrieben:

Thrudrs Vater starrte durchdringend
auf den Ring des steilen Weges,
als die Heimstatt des Fisches
gegen das Boot brandete.

Der „*steile Weg*" sind die Udgard-Berge rings um das Weltmeer, in dessen Mitte Midgard, die Welt der Menschen liegt. „*Der Ring des steilen Weges*" ist die Midgart-schlange, die rings um Midgart kreisförmig im Meer liegt.

Die „*Heimstatt des Fisches*" ist das Meer.

Kenning-freie Übersetzung der Strophe: „*Thor starrte Jörmungandr durchdringend an, während die Wogen gegen das Boot schlugen.*"

185

33. c) Skaldskaparmal

Im Skaldskaparmal, der in der Edda enthaltenen Kenning-Übersicht, werden auch Umschreibungen für die Göttin Sif angeführt:

„Wie soll man Sif umschreiben?"
„Indem man sie Frau des Thor, Mutter des Ullr, Göttin mit dem schönen Haar, Mit-Frau der Jarnsaxa und Mutter der Thrudr nennt."

Die gesamte Familie des Thor, zu der Thrudr gehört, wird in der Edda wie folgt beschrieben:

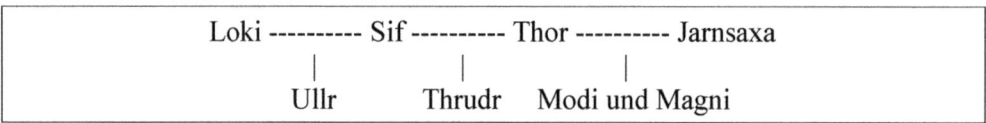

Thor hat mit der Riesin Jarnsaxa zwei Söhne und mit der Göttin Sif eine Tochter. Sif hat zudem mit Loki den Gott Ullr als Sohn.

Mit Loki ist das Thema des ewigen Streites zwischen dem Unterweltsgott Loki und dem Göttervater Tyr-Heimdall verbunden – durch diesen Streit werden die Jahreszeiten verursacht: Wenn der Göttervater siegt, ist es Sommer, und wenn Loki siegt, ist es Winter. Diese Mythe wurde zum Ragnarök umgedeutet. Auch das Abschneiden des goldenen Haares der Sif, das ein Symbol für das Getreide ist, gehört zu dieser Jahreszeiten-Symbolik.

Ein Aspekt, der bei der Deutung der Mythen der Thrudr mitbedacht werden muß, ist die Rivalität zwischen dem ehemaligen Göttervater Tyr, der zu einem ganzen Dutzend von Riesen umgedeutet worden ist, dem neuen Göttervater Odin und dessen Sohn Thor, der sich seinerseits anschickt, seinen Vater Odin zu entthronen. In diesem Kämpfen hat zunächst Odin fast die gesamte Symbolik des Tyr übernommen und man kann in der Edda beobachten, wie nun Thor damit beginnt, die Symbolik des Odin an sich zu reißen, um selber zum Göttervater zu werden.

Der Streit von Thor und Loki um die Göttin Sif ist eine Variante der Entführung der Idun durch Loki, der angedrohten Entführung der Sif und der Freya durch Hrungnir, den drohenden Verlust der Freya an den Riesenbaumeister aufgrund einer fehlgeschlagenen List des Loki usw.

Es ist daher damit zu rechnen, daß auch die Vorstellungen über die Thor-Tochter Thrudr sowohl von dem „Jahreszeiten-Streit" zwischen Loki und dem jeweiligen Göttervater als auch von dem Streben des Thor nach der Götterherrschaft beeinflußt worden ist.

33. d) Thorsdrapa

Der Skalde Eilifir Godrunason scheint in dem von ihm um ca. 985 n.Chr. gedichteten Lied davon auszugehen, daß Thor und Thrudr voneinander getrennt sind, was an die anderen „Göttinnenraub-Mythen" erinnert, die auf dem ewigen, zyklischen Streit zwischen Loki und dem Göttervater beruhen.

Die zischende Schlacke flog
von der feindlichen Brust des Griffes
des inbrünstigen Liebhabers von Hrimnirs Mädchen
zu dem, der Thrudr sehr vermißt.

Die Umschreibung des Thor als *„der Thrudr sehr vermißt"* klingt, wenn man die ansonsten üblichen Formulierungen der Skalden mitbedenkt, nicht so, als ob Thrudr Thors Tochter sei, sondern eher als wenn sie seine Geliebte wäre.

„Hrimnir" ist ein Tyr-Riese. *„Hrimnirs Mädchen"* sind daher Riesinnen. Die „Liebhaber der Riesinnen" sind die Riesen.

Diejenigen unter den Zuhörern, die bis zu diesem Punkt in diesem Lied die sexuellen Anspielungen noch nicht bemerkt hatten, dürften spätestens bei der Kenning *„inbrünstiger Liebhaber von Hrimnirs Mädchen"* auch zu erotischen Assoziationen gelangen. Diese Kenning ist also nicht so schlicht und bedeutungslos, wie sie auf den ersten Blick erscheinen mag.

Die Parallelstellung von Thor und Geirröd in dem letzten Doppelvers läßt vermuten, daß auch Thors Sehnsucht nach Thrudr erotisch gemeint ist: *„ ... des inbrünstigen Liebhabers von Hrimnirs Mädchen ... dem, der Thrudr sehr vermißt."* Hier wird unter dem Tarnmantel von zwei für die Beschreibung des Kampfes zwischen Thor und Geirröd benötigten Kenningar erst auf die Vereinigung von Hrimnir mit seinen Mädchen und dann auf die des Thor mit Thrudr hingewiesen. Diese Deutung wird dadurch bestätigt, daß die erotischen Anspielungen in diesem Lied zu dieser Strophe hin immer deutlicher geworden sind.

Kenning-freie Übersetzung der Strophe: *„ Thor schnappte mit seiner Hand das Glutstück, daß Geirröd mit seiner Zange auf Thor warf."*

Es scheint einst eine andere Auffassung des Verhältnisses zwischen Thor und Thrudr gegeben zu haben, in der sie nicht Vater und Tochter, sondern ein Gott und seine Geliebte gewesen sind.

33. e) Ragnarsdrapa

In diesem Lied, das der Erfinder der Skaldenkunst Bragi Boddason der Alte um ca. 840 n.Chr. für den Fürsten Ragnar verfaßt hat, wird gesagt, daß Thrudr geraubt worden ist. Thrudr scheint demnach einst wie Freya, Sif und Idun eine „geraubte Göttin" gewesen zu sein, was wiederum bedeutet, daß sie auch wie diese Göttinnen eine „Jenseits-Geliebte", also eine „Göttin der Wiedergeburt" gewesen ist, die man als Riesin auffaßte, weil sie sich im Jenseits befand.

Sowohl der Skalde Bragi Boddason (840 n.Chr) als auch der Skalde Eilifir Godrunason (985 n.Chr.) kannten eine Mythe, in der Thrudr dem Thor geraubt wurde. Diese Mythe muß so bekannt gewesen sein, daß die beiden Skalden den Gott Thor durch Anspielungen auf diese Mythe umschreiben konnten.

Willst Du hören, Raben-Kessel,
wie ich die Flecken-bedeckte Sohlen-Klinge
des Diebes der Thrudr
und meinen Fürsten mit Geschick preise?

„*Raben-Kessel*" ist ein Personenname („Hrafna-Ketill"), mit dem der Skalde Bragi den Fürsten Ragnar Lodbröck, für den er sein Lied vorträgt, anspricht. Da der Fürst jedoch „Ragnar" und nicht „Hrafnaketill" heißt, wird dies eine Umschreibung sein, die in etwa „Kessel mit dem Göttermet des Rabengottes Odin" bedeutet und daher sowohl den Fürsten als den bezeichnet, der seinen Gästen Met anbietet, als auch eine Anspielung darauf ist, daß die Großzügigkeit des Fürsten es erst ermöglicht, daß der Skalde Bragi seine durch die Inspiration des Göttermets entstandenen Verse dichten und vortragen konnte.

Die „*Sohlen-Klinge*" ist ein Schild: Die „*Klinge*" ist eine Waffe, und die Waffe, die sich unter der „*Sohle*" befindet, ist der Schild des Riesen Hrungnir, auf die er sich stellte, als er von Thor angegriffen wurde.

Die Beschreibung des Schildes als „*Flecken-bedeckt*" bezieht sich wohl auf die Bilder auf ihm.

In diesem Lied wird gesagt, daß Tyr-Hrungnir der „*Dieb der Thrudr*" ist, da der Tyr-Riese Hrungnir auf seinem Schild steht. Der Raub der Thrudr ist also sehr wahrscheinlich eine Variante des Göttinnenraub-Motivs aus der Tyr/Loki-Mythe über die Entstehung der Jahreszeiten: Im Herbst raubt der Wintergott Loki die Göttin, vereint sich mit ihr und wird dann wiedergeboren – im Frühjahr raubt der Sommergott Tyr die Göttin, vereint sich mit ihr und wird dann wiedergeboren.

Thrudr ist die Tochter der Sif – und Sif hat mit Loki den Asen Ullr als Sohn, während Thrudr von Tyr-Hrungnir geraubt worden ist. Diese Ähnlichkeit zwischen Sif und ihrer Tochter Thrudr, also das Geraubtwerden bzw. Fremdgehen der beiden

188

Göttinnen, bestätigt die Vermutung, daß Sif und Thrudr einst dieselbe Göttin gewesen sein könnte.

Thrudr ist vermutlich ursprünglich die wiedergeborene Sif gewesen – die Wiedergeburts-Göttin ist in jüngerer Zeit in die Wiedergeburts-Symbolik miteinbezogen worden, sodaß sowohl der Sonnengott-Göttervater als auch die Göttin selber von der Göttin wiedergeboren wurden – wodruch sie zu Geschwistern wurden und bei der nächsten Wiederzeugung wie Freyr und Freya Inzest begingen (siehe dazu auch „Inzest" in Band 51).

Das Motiv der Thrudr als Thors Geliebte wird somit wahrscheinlich Thrudr als die Wiederzeugungs-Geliebte des Tyr zurückgehen.

Thrudr ist also recht sicher einst eine Jenseitsgöttin gewesen.

33. f) Ragnarsdrapa

In diesem Lied des Skalden Bragi der Alte gibt es einen Hinweis darauf, daß auch Thrudr als Riesin aufgefaßt worden sein könnte:

Die blutrünstige Wunden-Thrudr
bot dem Herrscher
die Halskette nicht um des Friedens willen an –
dieser Frauen-Halschmuck ist eine tödliche Waffe.

„*Thrudr*" ist hier eine Umschreibung für „Göttin, Riesin, wichtige Frau". Eine „*Wunden-Frau*" ist eine Riesin oder evtl. auch eine Walküre. Aus der Kombination der „Riesin" mit der Halskette in dieser Strophe ergibt sich, daß die Göttin Freya gemeint ist, deren wichtigster Besitz ihre Kette Brisingamen ist.

In dieser Strophe wird deutlich, daß Freyas Halskette/Halsreif Brisingamen auch als Kriegs-Verursacher aufgefaßt wurde. Hier wurde wie so oft wieder einmal ein Jenseitsreise-Symbol in eine Todesursache umgedeutet …

33. g) Grimnir-Lied

Im Grimnir-Lied heißt eine der Walküren „Thrudr". Es ist zumindestens denkbar, daß die Thors-Tochter und diese Walküre identisch sind, da der Unterschied zwischen einer Riesin und einer Walküre nicht allzugroß gewesen ist. Diese Stelle zeigt, daß Thrud nicht eindeutig als eine Asin angesehen worden sein kann, sondern daß sie wohl eher als Göttin-Riesin-Walküre, d.h. als eine Jenseitsgöttin aufgefaßt worden ist.

Im Grimnir-Lied heißt es über die Walküren:

Hrist und Mist sollen das Horn mir reichen,
Skeggöld und Skögul, Hlöck und Herfiötur,
Hild und Thrud, Göll und Geirölul;
Randgrid und Rathgrid und Reginleif
Schenken den Einherjern Ael.

33. h) Alwis-Lied

Im Alwis-Lied wirbt ein Zwerg um eine nicht mit Namen genannte Tochter des Thor, die aber wohl Thrudr sein wird, da nirgendwo eine andere Tochter des Thor erwähnt wird. Untypischerweise fordert Thor den Zwerg Alwis daraufhin zu einem Rätselwettkampf statt zu einem Hammerkampf heraus. Thor zieht den nächtlichen Rätselstreit solange hinaus, bis den Zwerg ein Sonnenstrahl trifft und er deshalb zu Stein erstarrt.

Es ist denkbar, daß hier eine Assoziation zwischen Sif und Thrudr sowie eine Assoziation zwischen Alwis und den Zwergen, die Sifs goldenes Haar fertigten, besteht. Die Grundlage für diese Assoziation wäre dann das Motiv der Wiederzeugung – auch Freya schlief mit den vier Zwergen, die ihr ihre Kette Brisingamen fertigten.

Falls diese Annahme zutrifft, wäre Thors Spott, daß Alwis wohl so bleich ist, weil er bei Leichen gelegen hat, mehr als nur Spott, sondern eine Anspielung auf die Wiederzeugung und natürlich auch darauf, daß die Zwerge eben Totengeister sind („dwergaz“ = Totengeist).

Dem Alwis-Lied könnte ein älteres Lied zugrundeliegen, in dem Odin der Rätselsteller, die Muttergöttin Sif die umworbene Braut im Jenseits war gewesen ist und Alwis symbolisch für alle Toten im Jenseits gestanden hat. Diese Szene würde dann u.a. Svipdags Reise zu Menglöd, Odins Reise zu Gunnlöd und Freyrs Werbung um die Riesin Gerda entsprechen: die Suche nach der Göttin im Jenseits, mit der sich die Toten im Jenseits wiederzeugten.

Diese Suche wurde von den Skalden im Alwis-Lied und teilweise auch im Fiölswin-Lied als Rahmenhandlung benutzt, in die sie die Fragen und Antworten über das mythologische Wissen eingefügt haben. Diese Wissens-Lieder wurden von den Skalden vermutlich u.a. zur Erleichterung des Auswendiglernens der ganzen Mythen während ihrer Ausbildung verfaßt.

Mit der Zeit wurde dieses Wissen selber zu dem Schlüssel für den Zugangs zu der Göttin im Jenseits – vielleicht in Analogie zu der Ausbildung der Skalden und Priester. Solche Wissensgedichte finden sich mehrfach in der Edda. Auch die Dichtkunst-Lehre „Hattatal" am Ende der Edda ist nach diesem Frage-Antwort-Schema aufgebaut.

Das vermutete Ersetzen des Odin durch Thor in diesem Rätsel-Lied wäre ein Hinweis darauf, daß das Alwis-Lied in Island zu der Zeit entstanden ist, als Thor dort bereits der mit großem Abstand wichtigste Gott geworden war. Diese Vorrangstellung des Thor könnte am besten das Thor-unübliche Thema eines Rätselwettstreits in dem Alwis-Lied erklären, denn zu dieser Zeit wurden auf Thor die guten Eigenschaften aller Asen übertragen.

Dieses Lied ist eins der vielen Beispiel dafür, wie der Donnergott Thor allmählich die Charakterzüge und die die Macht von seinem Vater übernimmt und sich anschickt, dessen Thron zu erobern.

Der Name „Alwis" des Zwerges bedeutet „Allwissender". Dies ist ein Titel, der nur dem Göttervater selber zusteht, d.h. dem Odin und vor ihm dem Tyr. Da Thor in den Edda-Liedern viele der Riesen tötet, die den ehemalige Göttervater Tyr im Jenseits verkörpern (Hrungnir, Riesenbaumeister, Thrym u.a.), könnte auch der Zwerg Alwis, den Thor durch eine List tötet, seinen Ursprung in dem am Abend bzw. im Herbst gestorbenen „alten Göttervater" haben. Der an jedem Abend bzw. in jedem Herbst sterbende ehemalige Sonnengott-Göttervater Tyr wurde dadurch zu einem Riesen, einem Zwerg oder einem Alfen – genauer gesagt zu dem König der Riesen (Thrym, Utgardloki, Thiazi u.a.), zu dem Zwergenkönig (Alberich u.a.) oder dem König der Alfen (Wieland).

Das Alwis-Lied hat daher mehrere Ebenen:
- Es ist ein Merkgedicht für das Wissen der Skalden.
- Es ist eine Göttinenraub-Mythe, die ein Aspekt des Streites zwischen dem Göttervater (einst Tyr, dann Odin und und Thor) und Loki ist.
- Es ist die Schilderung des Sieges des Thor über den alten Göttervater (Alwis = Tyr).

Alwis:
„Gedeckt sind die Bänke: so sei die Braut nun
Mit mir zu reisen bereit.
Für allzuhastig hält man mich wohl;
Doch daheim: wer raubt uns die Ruhe?"

Thor:
„Wer bist Du, Bursche? Warum so bleich um die Nase?
Hast Du bei Leichen gelegen?
Vom Thursen ahn ich etwas in Dir:
Solch eine Braut gebührt Dir nicht!"

Die beiden letzten Zeilen zeigen, daß für die Germanen Zwerge und Thursen (Riesen) letztlich dieselbe Kategorie von Wesen waren: Wesen aus Udgard, also der Unterwelt, d.h. Totengeister.

Alwis:
„Alwis heiß ich, unter der Erde
Steht mein Haus im Gestein.
Warnen will ich den Wagenlenker:
Breche niemand festen Bund."

Das Haus des Zwerges befindet unter der Erde, weil er ein Wesen der Unterwelt ist. Sein Haus ist letztlich die Grabkammer in einem Hügelgrab, die aus Felsen erbaut (*„ im Gestein "*) und dann mit Erde bedeckt wurde (*„ unter der Erde "*).
    Der *„ Wagenlenker "* ist der Donnergott Thor, dessen Streitwagen von zwei Ziegen gezogen wurde.
    „Alwis " bedeutet „Alles-Wissender". Der Name des Zwerges entspricht recht genau Odins Namen „Fiölswin", der „Viel-Wissender" bedeutet. Thors Sieg über den Zwerg Alwis am Ende dieses Liedes ist somit nicht nur ein Sieg über Tyr, sondern auch über seinen Vater Odin.

Thor:
„Ich will ihn brechen: die Braut hat der Vater
Allein zu gewähren Gewalt.
Ich war nicht daheim, da sie Dir verheißen ward;
Kein anderer der Götter gibt sie."

Es scheint so, als ob Thrud dem Alwis von jemand anderem, evtl. von deren Mutter Sif, versprochen worden ist – was Thor jedoch kurzerhand für null und nichtig erklärt. Die patriarchale Familienordnung der Germanen zur Zeit der Edda ist hier offensichtlich. Vielleicht haben auch nur Alwis und Thrudr sich einander versprochen.

Alwis:
„Wer ist der Recke, der sich rühmt zu schalten
Über die blühende Braut?
Als Landstreicher lästert Dich niemand:
Wer hat Dich mit Ringen beraten?"

Alwis zweifelt die Autorität des Thor an und will zunächst einmal wissen, wer er eigentlich ist. Die Anspielung auf den Landstreicher soll wohl bedeuten, daß Alwis keinen Streit mit Thor will und ihn zu beruhigen versucht, indem er ihm sagt, daß er ihm nichts vorwirft, aber sich der Autorität des Thor in Bezug auf Thrudr versichern will. Die Ringe des Thor sind sein Herrschaftszeichen.

Auch Odin bezeichnet Thor im Harbard-Lied als in Lumpen gekleideten Landstreicher. Vermutlich sah man Thor als einen Wanderer an, dessen Kleidung mit der Zeit eben recht zerschlissen ausgesehen hat.

Thor:
„Wingthor heiß ich, der weitgewanderte,
Sidgranis Sohn.
Wider meinen Willen erwirbst Du das Mädchen nicht
Noch jemals das Jawort."

„Wingthor" bedeutet „der (seinen Hammer) schwingende Thor".
„Sidgrani" ist ein Beiname des Odin und bedeutet „der mit dem langen Schnauzbart".

Alwis:
„So wünsch' ich denn Deine Bewilligung
Und das Jawort zu gewinnen.
Besser zu haben als zu entbehren
Ist mir das mehlweiße Mädchen."

Thor:
„Des Mädchens Minne mag ich Dir,
Weiser Gast, nicht weigern,
Kannst Du aus allen Welten mir kund tun
Was ich zu wissen wünsche."

Alwis:
„Versuch es, Wingthor, da Du gesonnen bist
An des Zwerges Wissen zu zweifeln.
Alle neun Himmel hab ich durchmessen
Und weiß von allen Wesen."

Schließlich erstarrt Alwis wie ein Troll zu Stein, weil er über dem Rätselraten nicht darauf geachtet hat, vor dem Sonnenaufgang wieder unter der Erde zu sein.

33. i) Gylfis Vision

In „Gylfis Vision" wird am Ende der Reise des Thor zu dem Tyr-Riesen Utgard-Loki beschrieben, daß Thor auf dem „Thrudvangr", also auf den „Thrudr-Feldern" wohnt, auf denen seine Halle Bilskirnir („Blitzstrahl") steht.

Da kehrte er um und zog seines Weges bis er wieder nach Thrudwang kam.

Es wäre seltsam und vollkommen unüblich, wenn Thor sein Heimatland nach seiner Tochter Thrudr benannt hätte. Der Name „Thrudwang" spricht eher dafür, daß das Land eben einst der Thrudr gehört hat. Nach den bisherigen Betrachtungen würde dies bedeuten, daß „Thrudwang" das Jenseits ist, in dem die Göttin-Riesin Thrudr wohnte, die den Göttervater und anscheinend auch den Donnergott wiedergebar. Thrudr scheint daher wie fast alle anderen Jenseitsgöttinnen auch zugleich eine Erd-göttin gewesen – zumindestens läßt sich so die Benennung der Halle des Thor nach Thrudr am einfachsten erklären.

33. j) Grimnir-Lied

Grimnir (Odin) sagt bei der Beschreibung der Halle seines Sohnes Thor u.a., daß diese Halle nah bei den Asen und den Alfen steht. Da die Alfen die Totengeister im Jenseits sind, steht auch Thrudheim im Jenseits.

Dies bestätigt die Auffassung des „Thrud-Feldes" („Thrudwang") als das Jenseits der Göttin-Riesin Thrudr. Das „Feld" als Bild für das Jenseits war den Germanen durchaus geläufig. So wird z.B. in der Saga über Eirik den Weitfahrenden das Jenseits als die „Todlosen Felder" bezeichnet.

Heilig ist das Land, das ich liegen sehe
Den Asen nah und den Alfen.
Dort in Thrudheim soll Thor wohnen
Bis die Götter vergehen.

Thrudr scheint mit ihrer Mutter Sif weitgehend identisch zu sein:
- beide werden geraubt bzw. bestohlen (beide Male ist einer der beiden Jahreszeiten-Götter, d.h. Tyr bzw. Loki der Täter),
- beide sind mit dem Jenseits verbunden (Thrud durch Thrudwang, Sif durch das Scheren ihres Haares, d.h. durch die Ernte des Getreides),
- beide sind die Geliebte bzw. Frau des Thor,

194

- Sif ist als Korngöttin wohl auch mit ihrer Nebenfrau, der Erdriesin Jarnsaxa identisch, und Thrudr ist als Riesin und Jenseitsgöttin auch mit der Erd-
unterwelt assoziiert.

Da Thors Mutter, die Erdgöttin bzw. Erdriesin Jörd große Ähnlichkeit sowohl mit
Jarnsaxa als auch mit Thrudr hat, wird Jörd wohl die ursprüngliche Version der
Thrudr als Wiedergeburts-Mutter bewahrt haben. Jörd, Jarnsaxa und Thrudr werden
dieselbe Göttin sein, die in drei verschiedenen Entwicklungsstufen der Mythe
erscheint:

Die Entwicklung der Thrudr		
Entwicklungsstufe	*Name*	*Verhältnis von Thrudr zu Thor*
älteste Stufe	Jörd(-Thrudr)	Mutter des Thor
mittlere Stufe	Jarnsaxa(-Thrudr)	Geliebte des Thor
jüngste Stufe	Thrudr	Tochter des Thor

Diese Folge der Umdeutung der Muttergöttin läßt sich in den Mythen sehr vieler
Völker bei dem Übergang von einer Muttergöttin-zentrierten Mythologie zu einer
patriarchalen Mythologie beobachten. Diese schrittweise Umdeutung wurde durch
das Entstehen der zentralen Verwaltung durch einen Fürsten oder König verursacht.

33. k) Die Saga über Thorstein Viking-Sohn

*Tirius der Große war König von Indien. Er war in jeder Hinsicht ein vorzüglicher
Herrscher und seine Frau war eine sehr edle Frau, mit der er nur eine einzige
Tochter hatte, die Trona hieß. Sie war die Schönste unter den Schönen und, im Ge-
gensatz zu den meisten ihres Geschlechts, übertraf sie alle anderen Königstöchter an
Weisheit.*

Indien ist sehr wahrscheinlich eine Saga-Variante des Jenseits. Der Name „Tirius"
ist eine Latinisierung des Namens des ehemaligen Göttervaters Tyr. Die Vermutung,
daß die Erzählung über Harek Eisenkopf aus den Tyr-Mythen heraus entwickelt
worden ist, ist somit ausgesprochen wahrscheinlich.
 Seine Frau wird daher ursprünglich die Jenseitsgöttin Frigg oder Freya gewesen
sein. Da die Jenseitsgöttin, die zunächst die Wiederzeugungs-Geliebte und dann die
Wiedergeburts-Mutter des Tyr und der Toten allgemein gewesen ist, oft zur Tochter

des Göttervaters umgedeutet worden ist, wird auch Trona Tirius-Tochter die Jenseits-
göttin sein. Möglicherweise ist ihr Name eine Latinisierung des Namens der Göttin
Thrudr – dann wäre Thrud Thor-Tochter mit Trona Tirus-Tochter, d.h. mit Thrud Tyr-
Tochter identisch.

33. l) Kenningar

Die Göttin Thrudr kommt in mehreren Kenningarn vor:

Asin	Thrudr		Snorri Sturluson	Thulur
			Kalfr Hall-Sohn	Katrinardrapa
			Bragi der Alte	Ragnarsdrapa
			Eysteinn Valda-Sohn	Thor-Gedicht
Asin	Dolga Thrudr	'Feindin' Thrudr = Riesin Thrudr	anonym	Öland-Runenstein
Asin	gai-Thrudr	'gai': schön, gut, glücklich, prächtig	Ormr Steinthor-Sohn	Frauen-Gedicht
Sif	Mutter der Thrudr		Snorri Sturluson	Skaldskaparmal
Thor	Vater der Thrudr		Eysteinn Valdason	(Skaldskaparmal)
Hrungnir	Dieb der Thrudr		Bragi Boddason der Alte	Ragnars-drapa
Walküre	blutrünstige Wunden-Thrudr	Thrudr = Göttin; Wunden-Göttin = Walküre	Bragi Boddason der Alte	Ragnarsdrapa
Frau	junge Reich-tums-Thrud	Thrud = Göttin; Reichtum = Schmuck	anonym	Landnahme-Buch
Frau	Gold-Thrudr		Kalfr Hallsson	Katrinardrapa
Frau	Meeresfeuer-Thrudr	Meeresfeuer = Gold	Kalfr Hallsson	Katrinardrapa
Frau	Kopfschmuck-Thrudr		Kalfr Hallsson	Katrinardrapa

Interessant ist hier vor allem die „glückliche Thrudr" – ist damit die Jenseitsgöttin
gemeint, die den Toten die Wiedergeburt gibt?

33. m) Germanische Frauennamen

„Thrudr" hat sich zu einer allgemeinen Bezeichnung für „Frau" entwickelt, die sehr häufig als zweites Wort in den Frauennamen vorkommt (ein einziges mal als erster Namensbestandteil). Das erste Wort definiert näher, welcher Aspekt der Thrudr gemeint ist.

Da es viele Frauennamen gab, deren zweiter Bestandteil kriegerischer Natur gewesen wie z.B. „-hild" („-kampf"), könnte auch „-thrud" einfach für „Stärke" stehen. Da es jedoch eine Göttin mit diesem Namen gegeben hat, wird dieser Namensbestandteil wohl auch mit dieser Göttin assoziiert worden sein – falls er nicht sogar in ihr seinen Ursprung hat.

Die Kurzform bzw. Koseform dieser Namen ist der inzwischen veraltete Frauennamen „Trudi".

Name (*altnordisch*)	Bedeutung	
	wörtlich	*Göttin*
Thrudr, Thrudur	Stärke	Thrud
Brandthrudur	Feuer-Starke, Schwert-Starke	Feuer-Thrudr, Schwert-Thrudr
Gardrud	Speer-Starke	Speer-Thrud
Helmatrud	Helm-Starke	Helm-Thrudr
Gunnthrudr, Gunthrud	Kampf-Starke	Kampf-Thrudr
Jartrud, Jarthrudr		
Bergthrudur	Hilfs-Stärke	Helfende Thrudr
Edeltraud, Edeltrud, Etheldryd	Edle Starke	Edle Thrud
Bjarnthrudur	Bärenstärke	Bären-Thrudr
Arnthrudr	Adler-Stärke	Adler-Thrudr
Thrudrun	Starkes Geheimnis	Geheimnis der Thrud
Ragnthrudr	Rat/Macht-Starke	Rat/Macht-Thrudr

Name (*althochdeutsch*)	Bedeutung	
	wörtlich	*Göttin*
Hilditrud, Hiltrud	Kampf-Starke	Kampf-Thrudr
Siegtrud, Sigrudr, Sigtrud, Sigthrudr	Sieg-Starke	Sieg-Thrudr
Herthrud, Herthrudur, Härthrudr (althochdeutsch)	Heer-Thrudr	Heer-Starke
Himiltrudis	Himmel-Starke	Himmel-Thrudr

Name (*altenglisch*)	Bedeutung	
	wörtlich	*Göttin*
Mildthryth, Meldred	Sanfte Starke	Sanfte Thrudr

Name (*neu?*)	Bedeutung	
	wörtlich	*Göttin*
Eythrudur	Insel-Starke	Insel-Thrud
Svanthrudur	Schwan-Thrudr	Schwan-Starke
Valthrudur	Toten-Starke	Toten-Thrudr

Die 12 altnordischen Namen sind allesamt „Kampf-Namen" – auch der „Rat" in „Ragnthrudr" ist recht wahrscheinlich ein „Kampf-Rat".

Die 4 althochdeutschen Namen passen ebenfalls fast alle in diese Kampf-Kategorie – nur „Himmels-Thrudr" fällt ganz aus dem Rahmen.

Der altenglische Name und die drei Namen, der Alter nicht gesichert ist, passen ebenfalls in das Kampf-Schema dieser Frauennamen. Die „Insel" in „Eythrudur" könnte die Jenseitsinsel Walaskialf sein, zu der die Toten („Val") aus dem Namen „Valthrudr" gelangen.

Der einzige mögliche Hinweis auf einen alten mythologischen Aspekt der Thrudr ist der Himmel in „Himmels-Thrudr". Aber als Einzelfall könnte dieser Name auch einfach eine Analogiebildung zu anderen „Himmel-"Namen sein – zumal der Himmel bei den Germanen nirgendwo personifiziert oder mit einer Göttin verbunden wurde.

Es wäre denkbar, daß sich der Himmel und die Insel und die Toten auf den ehemaligen Sonnengott-Göttervater Tyr beziehen, der am Abend nach seinem Weg über den Himmel im Westen zu der Toteninsel „Walskialf" gelangt und dort in die Unterwelt eingeht.

33. n)   Der Alp

In der „Deutschen Mythologie" der Gebrüder Grimm wird über das Fortbestehen der Thrudr als nächtliches Schreckgespenst berichtet.

Wenngleich vor den Alpen Fenster und Türe verschlossen werden, so können sie durch die kleinsten Löcher doch hereinkommen, welche sie mit sonderlicher Lust aufsuchen. Man kann in der Stille der Nacht das Geräusch hören, welches sie dabei in der Wand machen. Steht man nun geschwind auf und verstopft das Loch, so müssen sie bleiben, können auch nicht von dannen, selbst wenn Tür und Tor geöffnet würden. Man muß ihnen hierauf das Versprechen abnehmen, daß sie diesen Ort niemals beunruhigen wollen, bevor man sie in Freiheit setzt. Sie haben bei solchen Gelegenheiten erbärmlich geklagt, wie sie zu Haus ihre Kinderchen hätten, die verschmachten müßten, so sie nicht loskämen.

Der Trud oder Alp kommt oft weit her bei seinen nächtlichen Besuchen. Einstmals sind Hirten mitten in der Nacht im Felde gewesen und haben nicht weit von einem Wasser ihrer Herden gewartet. Da kommt ein Alp, steigt in den Kahn, löst ihn vom Ufer ab und rudert mit einer selbst mitgebrachten Schwinge hinüber, steigt alsdann aus, befestigt den Kahn jenseits und verfolgt seinen Weg. Nach einer Weile kehrt er zurück und rudert ebenso herüber. Die Hirten aber, nachdem sie solchem mehrere Nächte zugesehen und es geschehen lassen, bereden sich diesen Kahn wegzunehmen. Wie nun der Alp wiederkommt, so hebt er an kläglich zu winseln und droht den Hirten, den Kahn gleich herüberzuschaffen, wenn sie Frieden haben wollten; welches sie auch tun müssen.

Jemand legte, um den Alp abzuhalten, eine Hechel (Kamm zum Flachsreinigen) *auf den Leib, aber der Alp drehte sie gleich um und drückte ihm die Spitzen in den Leib. Ein besseres Mittel ist es, die Schuhe vor dem Bette umzukehren, also daß die Hacken das Spannbett am nächsten bei sich haben. Wenn er drückt, und man kann den Daumen in die Hand bringen, so muß er weichen. Nachts reitet er oft die Pferde, so daß man ihnen morgens anmerkt, wie sie abgemattet sind. Mit Pferdeköpfen kann er auch vertrieben werden. Wer vor dem Schlafengehen seinen Stuhl nicht versetzt, den reitet der Mahr des Nachts. Gern machen sie den Leuten Weichselzöpfe (Schrötleinszöpfe, Mahrenflechten), indem sie das Haar saugen und verflechten.*

Wenn die Muhme ein Kind windelt, muß sie ein Kreuz machen und einen Zipfel aufschlagen, sonst windelt es der Alp noch einmal.

Sagt man zu dem drückenden Alp:

„Trud, komm morgen,
so will ich borgen!"

weicht er alsbald und kommt am andern Morgen in Gestalt eines Menschen, etwas zu borgen.

Oder ruft man ihm nach:

„Komm morgen und trink mit mir",

so muß derjenige kommen, der ihn gesandt hat.

Nach Prätorius stoßen seine Augenbraunen in gleichen Linien zusammen, andere erzählen, daß Leute, denen die Augenbrauen auf der Stirne zusammengewachsen sind, andern, wenn sie Zorn oder Haß auf sie haben, den Alp mit bloßen Gedanken zuschicken können. Er kommt dann aus den Augenbrauen, sieht aus wie ein kleiner weißer Schmetterling und setzt sich auf die Brust des andern Schlafenden.

Die Abwehr des Thruds mithilfe eines Pferdekopfes erinnert an den Nid-Todesfluch der Germanen (siehe „Nid" in Band 64).

33. o)   Zusammenfassung

Der Name „Thrudr" bedeutet „Starke". Thrudr erscheint als Göttin, als Riesin und als Walküre, d.h. als „Göttin im Jenseits".

Thrudr war ursprünglich die Wiedergeburts-Mutter des Thor. Sie wird mit der Erdgöttin Jörd, der Thor-Mutter in der Edda, identisch sein. Aus dieser Zeit stammt der Name „Thrud-Feld" der Wiese, auf der Thors Halle steht. Dieser Ort ist das „todlose Feld", also das Jenseits der Thrud-Jörd.

Als Jarnsaxa ist Thrud auf die Funktion der Geliebten des Thor eingegrenzt worden, wobei bei dieser Umdeutung das Motiv der Wiederzeugung auf eine diesseitige Zeugung von Söhnen reduziert wurde. Diese Söhne wurden auch nur noch in wenigen Szenen wie z.B. dem Fortheben des Beines des Riesen Hrungnir, das auf Thor lag, durch Magni Thors-Sohn, als der wiedergeborene Thor deutlich.

Schließlich wurde Thrudr dem Thor vollständig als Tochter untergeordnet. Vermutlich gehört der „Raub der Thrudr" zu dieser Entwicklungsstufe der Mythen – er könnte eine Analogie zum Raub der Idun sein … der endlose zyklische Streit der beiden Götter Tyr (Sommer) und Loki (Winter) um die Wiedergeburtsgöttin, ohne die sie nicht wiedergeboren werden konnten und das Jenseits nicht wieder verlassen konnten.

Die Göttin Sif, die am Ende der Entwicklung als Mutter der Thrudr aufgefaßt worden ist, enthält Aspekte sowohl von Jörd, von Jarnsaxa als auch von Thrudr.

Diese schrittweise Umdeutung der Thrudr wurde durch den Aufstieg des Thor zu der obersten Gottheit in Island verursacht.

Vermutlich hat Thor das Wiederzeugungs-Motiv von dem ehemaligen Sonnengott-Göttervater Tyr übernommen.

33. p) Anrufung der Thrudr

Die folgende Verse sind keine traditionelle Anrufung, sondern eine Neudichtung.

Thrudr, Herrin der tiefen Höhlen[84],
Tau-nasse Hüterin des Hügelgrabes:
Du bist die dunkle, starke Skadi,
Du bist die Jenseitsgöttin Jörd.

Thrudr, Mutter des goldenen Tyr,
Tag und Nacht trägst Du uns,
Göttin der Erde, gibst uns Gaben,
gütig nährst Du uns alle.

Thrudr, schöne Geliebte des Tyr,
täglich teilst Du Dein Lager
mit dem Mimir des Himmels[85],
mit dem Zwergenkönig Alwis[86].

Thrudr, Tochter des Sonnen-Tyr
Trona, Kind des Königs Tirius[87],
Du wachst als Walküre über uns,
Du wählst die, die Odin ruft.

---

84 tiefe Höhlen = Hel, Unterwelt, dessen Herrin = Thrudr als Jenseitsgöttin
85 Mimir = Tyr-Riese; Himmels-Tyr = Sonne
86 Zwergenkönig Alwis = Tyr in der Unterwelt
87 Trona Tirius-Tochter = Thrudr Tyr-Tochter

Thrudr, Tochter der schönen Sif,
Tyr hat Dich einstmals geraubt,
sich mit Dir im Dunklen vereint[88]:
Du gebarst ihn wieder Frühling[89].

Thrudr, Halbschwester des tapferen Ullr,
tastend schlich Loki ins Frauengemach,
suchte die schöne Sif, teilte ihr Lager,
schor ihr Haar, sie gebar den Ullr.

Thrudr, Mutter des starken Thor
Thrudwang hast Du ihm gegeben,
Die Halle hast Du ihm errichtet,
höher ragt kein Giebel empor!

Thrudr, Geliebte des mächtigen Thor,
tagelang sucht er schon nach Dir:
Du wurdest schon wieder geraubt,
ihm weggenommen wie jeden Winter[90].

Thrudr, Tochter des donnernden Thor,
das Tor zum Jenseits öffnest Du
tausend Toten in jeder Nacht,
trabend trägt Sleipnir sie zur Hel.

Thrudr, Riesin, Asin, Trollfrau,
Tänzerin im Spiel der Schwerter[91]:
Ein nächtlicher Alp aus Niflheim?
Eine nährende Göttin aus Asgard!

---

88 Dunkel = Unterwelt; vereint = Wiederzeugung
89 Die Erd- und Jenseitsgöttin Thrudr gebiert den ehemaligen Sonnengott-Göttervater Tyr in
   jedem Frühling aufs Neue.
90 Der Sommergott Tyr und der Wintergott Loki streiten sich endlos um die Jenseitsgöttin, die
   sie im Frühjahr bzw. im Herbst wiedergebiert. Dieses Motiv wurde auf den Streit um
   Thrudr zwischen Thor und Tyr-Hrungnir übertragen.
91 Spiel der Schwerter = Kampf; Tänzerin des Kampfes = Walküre

33. q)   Traumreise zu Thrudr

„Thrudr?"

„Komm' zu mir."

Ich wünsche mich zu ihr.

„Gibt es etwas, was Du mir sagen oder zeigen möchtest? Stimmt das, was ich in meinem Buch über Dich geschrieben habe?"

„Ja, das ist richtig."

„Du bist einst die Wiederzeugungs-Geliebte des Tyr gewesen?"

„Ja. Du hast aber nicht nachdrücklich genug geschrieben, daß Jörd und ich dieselbe Göttin sind – und ich und Thorgerdr ebenfalls."

„Oh ... ja, das leuchtet mir ein, daß das so ist. ... Warum wirst Du 'die Starke' genannt?"

„Weil ich die Erdgöttin, die Landesgöttin bin, die das Land schützt."

„Wie Thorgerdr ..."

„Ja."

„Ist 'Thrudr' ein neuer Name, der aus der Zeit stammt, nachdem Thor und Odin den Tyr abgesetzt haben?"

„Nein – sonst hieße Thors Land nicht 'Thrudwang'."

„Hm ... ja, das leuchtet mir ein. ... Gibt es etwas, was Du mir zeigen oder sagen möchtest?"

„Bleibe mit der Erde verbunden. Die Erde ist die Quelle der Kraft für alle Wesen, die auf ihr leben. Sie gibt den Halt und die Geborgenheit – und die brauchst Du, um Dir selber treu sein zu können."

„Du bist wirklich dieselbe Göttin wie Thorgerdr – Du sagst mir dieselbe Dinge."

„Ich bin dieselbe Göttin und es ist dieselbe Wahrheit und Du bist derselbe Mensch."

„Ja ... dann werdet ihr mir auch dasselbe erzählen. ... Gibt es denn auch Unterschiede?"

„Kannst Du welche erkennen?"

„Hm ... Thorgerdr wirkt etwas feuriger und Du etwas erdiger."

„Ja, das ist so. Noch etwas?"

„Du wirkst weicher – mehr wie Freya, weniger wie eine Walküre."

„Ja, auch das stimmt."

„Mehr kann ich gerade nicht erkennen."

„Thorgerdr gibt Dir mehr das Aufrechte, die Aufrichtigkeit – ich gebe Dir mehr die Wurzeln und die Kraft der Erde."

„Ja, wo Du es jetzt so sagst, kann ich das spüren. ... Gibt es noch etwas, was Du mir sagen möchtest?"

„Führt keine Kriege. Kämpft nicht gegeneinander. Sprecht miteinander. Achtet euch

gegenseitig. *Versucht euch zu verstehen. Nutzt eure Verschiedenheiten, um euch gegenseitig zu bereichern, um gemeinsam etwas Größeres, Volleres, Erfüllteres, Vielfältigeres zu erschaffen.*"

...

„*Hm ... kommt das jetzt aus Dir oder aus mir? Das klingt ganz wie meine eigenen Ansichten.*"

„*Muß das ein Widerspruch sein?*"

„*Nein, natürlich nicht – es ist mir nur aufgefallen.*"

„*Alle Menschen, alle Tiere und Pflanzen sind meine Kinder – und welche Mutter würde wollen, daß sich eine Gruppe ihrer Kinder gegenseitig umbringt?*"

„*Hm ... ja, das stimmt natürlich. ... ... Gibt es noch etwas?*"

„*Nein, das ist jetzt gut so.*"

„*Danke, Thrudr, vielen Dank!*"

Sie lächelt ...

Ich kehre zurück.

„*Ho!*"

34. Die Göttin Snotra

34. a) Der Name „Snotra"

Der Name dieser Göttin bedeutet „die Kluge und Geschickte". Sie wird ein verselbständigter Aspekt von Frigg oder Freya sein.

34. b) Gylfis Vision

Die einzige Schilderung der Snotr findet sich in Snorri Sturlusons Beschreibung in „Gylfis Vision":

Die zwölfte ist Snotra; sie ist weise und feinsinnig: nach ihr heißen alle „snotr", sowohl Männer als Frauen, die klug und feinsinnig sind.

34. c) Thulur

In den Namens-Listen („Nafna-Thulur") wird Snotr von Snorri Sturluson bei den Göttinnen aufgeführt.

Nun nenne ich
alle Asinnen-Namen:
Frigg und Freyja,
Fulla und Snotra,
Gerdr und Gefjun,
Gna, Lofn, Skadi,
Jörd und Idunn,
Ilmr, Bil, Njörun.

Hlin und Nanna,
Hnoss, Rindr und Sjöfn,
Sol und Saga,
Sigyn und Vör,
Var und Syn

sind die edlen Namen,
aber zum Schluß müssen noch
Thrudr und Ran genannt werden.

34. d) Gauta Thattr

Die „Geschichte über Gauti" („Gauta Thattr") ist ein Teil der Gautreks-Saga. Diese Geschichte enthält eine Vielzahl von alten, teilweise bis ins Burleske umgedeuteten Motiven aus den Tyr-Mythen – u.a. eine Frau mit dem Namen „Snotra".

Gauti bedeutet „Gote". Er wird in der Saga über Bosi und Herraud als Sohn des Odin angesehen. „Gauti" war auch einer der Beinamen des Odin. Da der südgermani-sche Gott Odin jedoch weit entfernt von den Goten entstanden ist, muß „Gauti" einst ein Beiname des Tyr gewesen sein, der ursprünglich der Göttervater auf Gotland gewesen ist.

Hier beginnen wir eine lustige Geschichte über einen König, der Gauti hieß. Er war ein kluger Mann und sehr selbstbeherrscht, sanftmütig und nahm kein Blatt vor den Mund. Er herrschte über Västergötaland. Das liegt zwischen Norwegen und Schweden, östlich des Kjölgebirges, und der Götaälv ist die Grenze zwischen Opp-land und Götaland. Dort gibt es große Wälder und die Gegend ist schlecht passier-bar, wenn die Erde nicht gefroren ist.

Dieser König, den wir zuvor nannten, begab sich oft mit seinen Falken und Hunden in den Wald, weil er ein leidenschaftlicher Jäger war und ihm das sehr viel Vergnü-gen bereitete. Zu dieser Zeit gab es viele Ansiedlungen, die von großen Waldgebieten umgeben waren, weil viele Menschen die Wälder an Stellen rodeten, die fern von den großen Siedlungsgebieten lagen.

Dort siedelten sich einige an, die die viel benutzten Wege wegen ihrer Verbrechen mieden. Andere flohen wegen ihrer besonderen Lebensweise oder irgendwelcher Er-eignisse dorthin und meinten, dann weniger verspottet und verhöhnt zu werden, wenn sie fern vom Gelächter anderer Menschen wären. So verstrich ihr ganzes Leben, ohne daß sie andere Menschen trafen, als die, die bei ihnen wohnten. Viele hatten sich ihre Wohnsitze weit weg von den vielbenutzten Wegen gesucht, und deshalb kamen keine Menschen zu ihnen zu Besuch, außer daß es manchmal geschah, daß sich Leute im Wald verirrten und zu ihren Wohnstätten gestolpert kamen, obwohl sie lieber nie dort-hin gelangt wären.

Da das Jenseits oft der Wildnis verglichen wurde und hinter dem „Düsterwald" („Mrykvid") lag, besteht der begründete Verdacht, daß das Reich des Königs Gauti das Diesseits und der Bereich der Menschen im Wald das Jenseits sein könnte.

Dieser König Gauti, den wir zuvor erwähnten, hatte sich mit seinem Gefolge und seinen besten Jagdhunden in den Wald begeben, um Tiere zu jagen. Der König erblickte einen schönen Hirsch, und dieses Tier wollte er gern erlegen. Er hetzte seine Jagdhunde los und jagte dieses Tier mit großem Eifer den ganzen Tag über bis zur Nacht. Er war nun allein und so weit im Innern des Waldes, daß ihm klar war, daß er es wegen der Dunkelheit und des langen Weges, den er während des Tages zurückgelegt hatte, nicht schaffen würde, zu seinen Leuten zu gelangen.

Dies ist eine beliebte Szene, um die Reise ins Jenseits zu umschreiben. Sie findet sich auch in der Huldar-Saga, in der Gesta danorum, im Märchen „Brüderchen und Schwesterchen" und in vielen anderen mythologischen und halbmythologischen Erzählungen. Diese Hirschjagd ist ursprünglich vermutlich die Jagd auf den Hirsch, der bei der Jenseitsreise (Bestattung, Krönung, Priesterweihe) geopfert wurde (siehe „Hirsch" in Band 42).

Dazu kam noch, daß er dieses Tier mit seinem Speer getroffen hatte und dieser in der Wunde feststeckte, und der König wollte den Hirsch auf keinen Fall entkommen lassen, falls er ihn erlangen könnte. Es wäre ihm als eine Schande erschienen, seine Waffe nicht zurückzubekommen.
Er hatte die Verfolgung mit so großem Eifer betrieben, daß er er seine gesamte Kleidung bis auf die Unterwäsche von sich geworfen hatte. Er war barfuß, hatte keine Schuhe und seine Unterschenkel und Fußsohlen waren von Steinen und Zweigen zerkratzt.

Das Fortwerfen der Kleidung und sogar der Schuhe bei der Jagd ist ein recht merkwürdiges Motiv. Wenn man jedoch bedenkt, daß diese Jagd eigentlich eine Jenseitsreise ist, dann ist dieses „Loslassen" von allem „Weltlichem" verständlicher.
Das einzige Kleidungsstück, das explizit erwähnt wird, sind die Schuhe des Königs. Daher könnte die „Kleidung" auch eine Ausweitung des Motivs der „verlorenen Schuhe" sein. Ursprünglich verlor der Sonnengott bei seinem Überqueren des Jenseitsflusses am Abend einen seiner Schuhe (siehe „Schuhe" in Band 63).
Dieses Motiv könnte somit ein Hinweis darauf sein, daß der König in dieser Geschichte „wie die Sonne am Abend" in das Jenseits reist. Das Schuh-Motiv findet sich u.a. auch bei dem Asen Widar und in dem sehr alten Märchen „Aschenputtel".

Er erlangte das Tier nicht und es wurde nun so finstere Nacht, daß er nie die Richtung wußte, in die er sich wendete. Er blieb nun stehen und lauschte, ob er etwas höre. Er war nur kurze Zeit gestanden, bis er Hundegebell hörte. Er ging in die

Richtung, aus der er den Hund bellen hörte, weil ihm die Aussicht, Menschen zu treffen, dort am größten erschien.

Es ist zwar wohl üblich gewesen, daß es auf jedem Hof auch einen oder mehrere Wachhunde gegeben hat, aber im Zusammenhang mit der Jenseitsreise könnte dieser Hund auch der „Höllenhund" Garm sein, der am Höllentor wacht.

Als nächstes sah der König ein kleines Gehöft. Er sah, daß ein Mann draußen stand und eine Holzaxt in der Hand hielt. Sobald dieser sah, daß der König auf den Hof zuging, lief er zu dem Hund, erschlug ihn und sprach: „Du wirst nicht noch einmal Fremden den Weg zu unserem Hof weisen. Ich sehe genau, daß dieser Mann von solcher Größe ist, daß er das ganze Eigentum des Bauern aufessen wird, wenn er ins Haus hineinkommt. Das soll aber nie geschehen, wenn es nach mir geht!"

Der König hörte seine Worte und lächelte darüber. Er ließ sich durch den Kopf gehen, daß er wenig Lust hatte, draußen zu schlafen, aber die Aufnahme schien ihm nicht gewiß zu sein, wenn er darauf wartete, hineingebeten zu werden.

Er ging dreist zur Tür. Der andere stellte sich vor die Tür und wollte ihn nicht hineinlassen. Der König ließ ihn ihren Kraftunterschied spüren, und der, der vor der Tür stand, wich zur Seite.

Der König ging in die Stube. Dort waren vier Männer und vier Frauen. Der König wurde nicht gegrüßt, setzte sich aber dennoch nieder.

Derjenige, der ihm am ehesten wie ein Bauer auszusehen schien, begann zu reden und sprach: „Warum hast Du diesen Mann hier herein kommen lassen?"

Der Knecht, der vor der Tür gestanden hatte, antwortete: „Dieser Mann war so stark, daß meine Kraft gegen ihn nicht ausreichte."

„Und was hast Du gemacht, als der Hund gebellt hat?"

Der Knecht antwortete: „Ich erschlug den Hund, weil ich nicht wollte, daß er noch mehr solchen Rüpeln, wie mir dieser Mann einer zu sein scheint, den Weg zum Hof wies."

Der Bauer sprach: „Du bist ein treuer Knecht und man kann Dir keine Schuld zuweisen, auch wenn diese Ungeschicklichkeit passiert ist. Deine Umsicht ist schwer zu belohnen. Ich will Dir morgen Deinen Lohn geben und dann sollst Du mit mir kommen."

Die Häuser dort waren gut eingerichtet und die Menschen schön und von normaler Körpergröße. Der König merkte, daß sie ihn fürchteten.

Der Bauer ließ Tische aufstellen und es wurde Essen aufgetragen. Als der König sah, daß ihm kein Essen angeboten werden würde, schritt er zu dem Tisch beim Bauern, nahm sich Essen und verzehrte es dreist. Als der Bauer das sah, hörte er auf zu essen und zog sich seine Kapuze vor die Augen. Keiner von beiden sprach zu dem anderen.

Als der König satt war, zog der Bauer seine Kapuze zurück und bat, den Tisch abzuräumen, denn nun würde kein Essen mehr aufzuheben sein. Dann gingen die Leute schlafen.

Der König legte sich auch zum Schlafen hin, aber als er kurze Zeit gelegen war, kam eine Frau zu ihm und sprach: „Wäre es nicht ratsam, daß Du von mir Hilfe annimmst?"

Der König antwortet: „Das hier wendet sich zum Guten, wenn Du mit mir reden willst, denn das ist ein langweiliger Haushalt."

„Darüber brauchst Du Dich nicht wundern, denn wir haben nie zuvor in unserem Leben einen Gast gehabt. Und ich merke, daß Du dem Bauern nicht willkommen bist."

Der König sprach: „Ich könnte dem Bauern gut alle Ausgaben lohnen, die er für mich gehabt hat, wenn ich zu mir nach Hause komme."

Sie antwortete: „Ich glaube, es wird mehr geschehen, als daß wir von Dir Genugtuung für diesen Vorfall bekommen."

Der König sprach: „Erzähl mir bitte, wie eure Leute heißen."

Sie antwortete: „Mein Vater heißt Skafnartung. Er trägt diesen Namen deshalb, weil er so geizig mit seinen Vorräten ist, daß er es nicht anschauen kann, daß sich Essen noch irgendetwas anderes, das ihm gehört verringert. Meine Mutter heißt Tötra. Sie trägt diesen Namen deshalb, weil sie nie andere Kleidung anziehen will, als solche, die bereits zerschlissen und zerfetzt ist, und das hält sie für enorm umsichtig."

Der König fragte: „Wie heißen Deine Brüder?"

Sie antwortete: „Einer heißt Fjölmod, der zweite Imsigul und der dritte Gilling."

Der König sprach: „Wie heißt Du und Deine Schwestern?"

Sie antwortete: „Ich heiße Snotra. Diesen Namen trage ich, weil man mich für die klügste von uns allen hält. Meine Schwestern heißen Hjötra und Fjötra."

Die Namen der Mitglieder dieser Familie haben folgende Bedeutungen:

Die Namen der Mitglieder der „Wald-Familie"		
Stellung	***Name***	***Bedeutung des Namens***
Vater	*Skafnartung*	„Rinden-Nager" (er ist geizig)
Mutter	*Tötra*	„Lumpen" (sie trägt nur Lumpen = sie ist arm)
drei Söhne	*Fjölmod*	„der sehr Mutige"
	Imsigul	„schrecklicher Sieg-Wolf"
	Gilling	„der am Jenseitsfluß" (ein Name des Tyr-Riesen)

drei Töchter	*Snotra*	„Kluge"
	Hjötra	„Hindin" (Jenseitsgöttin in Hirschkuh-Gestalt)
	Fjötra	„Schnur, Seil" (mit dem man einen Schlitten zieht oder mit dem man die „Fesseln" eines Pferdes mit nur geringem Abstand aneinanderbindet, damit es beim Grasen nicht weit fortlaufen kann)

Die Kombination der Namen der drei Söhne ergeben einen passenden Titel des Schwertgott-Göttervaters Tyr, der der Gott der Wolfs-Ekstasekrieger („Ulfhedinn") ist: „der sehr mutige und schreckliche Sieg-Wolf am Jenseitsfluß".

Die Kombination der Namen der drei Töchter ergibt eine Umschreibung der Jenseitsgöttin. Die „Schnur" könnte Fessel für den Opferhirsch sein oder, was wahrscheinlicher ist, eine Heiti (Umschreibung mit einem Wort) für die Verbindung („bönd" – „Band") zwischen den Göttern und den Menschen, mit der die Götter („bönd") oft umschrieben wurden. Das dem Namen „Fiötra" zugrundeliegende Bild der Verbundenheit der Menschen mit den Göttern entspricht dem Wort „Religion", das „Rückverbindung" oder etwas freier übersetzt „Rückhalt" bedeutet. Die Namen der drei Töchter ergeben zusammen ergeben: „die kluge, Halt-gebende Hindin". Die Skalden schätzen insbesondere bei der Göttin solche Namenspaare wie „Hjötra und Fiötra", „Greip und Gjalp", „Frigg und Freya", „Fenja und Menja" usw.

„Hier in der Nähe unseres Hofes gibt es eine Felswand, die Gillingswand heißt. In ihr gibt es einen hohen Felsen, den wir Familienfelsen nennen. Er ist so hoch und ein so steiler Abhang darunter, daß das Lebewesen, das herunterspringt, nicht am Leben bleibt. Er heißt Familienfelsen, weil wir durch ihn unsere Familie verkleinern, wenn wir meinen, daß seltsame Dinge geschehen. Alle unsere Alten sterben dort ohne jede Krankheit und kommen dann zu Odin, und wir brauchen von unseren Alten keinerlei Unannehmlichkeiten oder Aufsässigkeit zu erdulden, weil diese Stätte des Glücks allen unseren Familienmitgliedern offengestanden ist. Wir müssen nicht weiterleben, wenn wir Besitz verlieren oder eine Hungersnot kommt oder wenn hier irgendetwas Schlimmes oder Ungewöhnliches passiert."

Die „Gillingswand" als Tor in das Jenseits zu Odin ist ein umgedeutetes Motiv aus den Mythen des Tyr-Gilling. Vermutlich ist diese „Wand" und der „Familienfelsen" eigentlich ein Hügelgrab („fjell" = „Fels, Hügel, Hügelgrab").

„Du sollst jetzt erfahren, daß mein Vater es für sehr seltsam hält, daß Du zu unseren Häusern gekommen bist. Es wäre sehr ungewöhnlich, selbst wenn ein nicht vornehmer Mann hier Essen verzehrt hätte, aber das ist ein nicht zu übertreffendes

Wunder, daß ein durchgefrorener König ohne Kleidung zu unserem Haus gekommen ist, denn für so etwas werden keine Beispiele zu finden sein.

Deshalb haben mein Vater und meine Mutter vor, morgen das Erbe unter uns Geschwistern zu verteilen.

Sie selbst und der Knecht mit ihnen wollen dann vom Familienfelsen springen und so nach Valhall kommen. Mein Vater will es dem Knecht nicht geringer lohnen, daß er Dich von der Tür vertreiben wollte, als daß er nun das Glück mit ihm genieße. Er meint auch, sicher zu sein, daß Odin den Knecht nicht aufnehmen würde, wenn er nicht in seiner Begleitung wäre."

Die „Seltsamkeit der Ereignisse" und die „drohende Armut" als Begründung für den Selbstmord der Eltern und des Knechtes sind selber recht seltsam. Sie sind vermutlich eine Umdeutung des Sonnenunterganges als „besonderes Ereignis" und der bei den Wikingern so beliebten Grabplünderungen als „Verlust des Schatzes" sein. Die „Ankunft des Königs im Wald" ist seine Ankunft im Jenseits. Es hat also den Anschein, als ob in dieser Saga wie in der Huldar-Saga der Zusammenhang zwischen den verschiedenen Motive aus den ehemaligen Tyr-Mythen nicht mehr erkannt worden ist und sie zu einer neuen Mythe zusammengesetzt worden wären, die nur noch in unklarer Gestalt die ursprünglichen Strukturen bewahrt hat.

Der König sprach: „Ich merke, daß Du hier die Redegewandteste bist, und Du sollst meine Gunst bekommen. Ich meine zu sehen, daß Du eine Jungfrau bist. Du sollst heute Nacht bei mir schlafen."
Sie bat den König, darüber zu bestimmen.

Diese Szene ist die Wiederzeugung des Königs bei seiner Jenseitsreise mit der Jenseitsgöttin. Sie entspricht der Wiederzeugung des Sonnengott-Göttervaters Tyr als Riese in der Unterwelt.

Am Morgen, als der König erwachte, sprach er: „Ich spreche Dich darauf an, Skafnartung: Ich ging barfuß zu euerm Hof. Deshalb möchte ich jetzt von Dir Schuhe bekommen."
Er antwortete nichts, gab ihm aber Schuhe, doch zog die Schnürsenkel heraus.
Da sprach der König:

„Zwei Schuhe,
die mir Skafnartung gab:
Die Schnürsenkel zog er da heraus.
Von einem schlechten Mensch,
sage ich, kommen nie

makellose Geschenke. "

Diese Szene bestätigt die Deutung des „schuhlosen Königs" als den Sonnengott-Göttervater Tyr, der den Jenseitsfluß überquert hat.

Dann machte sich der König zum Aufbruch bereit und Snotra führte ihn hinaus auf den Weg.
Der König sprach: „Ich möchte Dich bitten, mit mir zu kommen, denn ich vermute, daß unsere Begegnung Folgen haben wird. Falls Du einen Jungen gebierst, dann nenn ihn Gautrek, als Hinweis auf meinen Namen und auf das Herumirren, durch das ich zu euerm Haus gekommen bin. "

Der Name „Gautrek" setzt sich aus „gaut" für „Gote", was auch der Name des Königs Gauti ist, und dem Substantiv „rek" für „König" zusammen. Er bedeutet somit „König Gauti" oder „König der Goten".

Sie antwortete: „Ich bin sicher, daß Du damit recht hast, aber ich kann diesmal nicht mit Dir kommen, weil heute das Erbe meines Vaters und meiner Mutter zwischen uns Geschwistern verteilt werden soll, da sie vorhaben, sich vom Familienfelsen zu stürzen. "
Der König sagte ihr Lebewohl und bat sie, zu ihm zu kommen, wenn ihr der richtige Zeitpunkt dafür da zu sein schiene. Der König begab sich zurück zu seinen Männern und verhielt sich nun ruhig.
Nun ist davon zu erzählen, wie Snotra nach Hause kam.
Ihr Vater saß über seinem Vermögen und sprach: „Bei uns sind unvorhergesehene Dinge geschehen, als dieser König in unseren Haushalt gekommen ist und viel von unserem Eigentum aufgegessen hat, noch dazu das, was wir am wenigsten entbehren konnten.
Ich glaube nicht, daß wir in Anbetracht unserer Armut alle unsere Hausleute behalten können. Deshalb habe ich meinen gesamten Besitz zusammengetragen und will das Erbe zwischen euch, meinen Söhnen, verteilen.
Ich aber will mit meiner Frau und dem Knecht nach Valhall. Ich kann dem Knecht seine Treue nicht besser entlohnen, als daß er mit mir kommen darf.
Gilling und seine Schwester Snotra sollen meinen guten Ochsen bekommen. Fjölmod und seine Schwester Hjötra sollen meine Goldbarren bekommen. Imsigul und seine Schwester Fjötra sollen das gesamte Getreide und die Äcker bekommen.
Aber ich bitte euch, meine Kinder, daß ihr eure Anzahl nicht vergrößert, so daß ihr deswegen mein Erbe nicht aufrechterhalten könnt. "

Diese drei Schwester-Bruder-Paare erinnern sehr an Freyr und Freya sowie an deren

Eltern Njörd und seine Schwester Nerthus, die sowohl Geschwister als auch ein Paar waren. Da die beiden Wanen-Paare mit der Wiederzeugung und der Wiedergeburt zusammenhängen, wird wohl auch die Warnung des Vaters, daß sich diese drei Paare nicht vermehren sollen, eine Umdeutung dieser Wiederzeugung sein. Aus der Hilfe im Jenseits und dem dort angestrebten Ziel (Wiederzeugung und Wiedergeburt) ist wieder einmal die Ursache für den Tod (die Vermehrung erfordert einen Freitod) geworden ist.

Der Stier, die Goldbarren und die Äcker erinnern an den Gott Freyr, der der Gott der Landwirtschaft und des Reichtums ist. Der Stier könnte zudem auch das Opfertier für den Göttervater Tyr sein.

Und nachdem Skafnartung so gesprochen hatte, wie er wollte und es ihm gefiel, ging er und die anderen hinauf zur Gillingswand. Die Kinder begleiteten ihren Vater und ihre Mutter zum Familienfelsen, und sie begaben sich fröhlich und vergnügt zu Odin.

Als die Geschwister wieder auf dem Hof waren, meinten sie, für ihr Wohl sorgen zu müssen. Sie nahmen sich Holznadeln und befestigten damit groben Wollstoff an sich, so daß keiner von ihnen den anderen nackt berühren würde. Auf diese Art hielten sie es für am sichersten, daß sie sich nicht vermehren würden.

Snotra bemerkte, daß sie schwanger war. Sie lockerte da die Holznadel in dem Wollstoff, so daß man sie mit der Hand berühren konnte. Sie tat so, als ob sie schliefe. Als Gilling aufwachte und sich, noch schläfrig, streckte, kam er mit der Hand an ihre Wange.

Als er aufgewacht war, sprach er: „Jetzt ist etwas Schlimmes passiert und ich werde Dir Schaden zugefügt haben. Mir scheint, daß Du viel dicker bist, als Du zuvor gewesen bist.“

Sie antwortete: „Verheimliche das, wenn Du kannst.“

Er antwortete: „Ich werde nicht diese Schandtat begehen, denn das wird auf keine Weise zu verbergen sein, sobald sich unsere Anzahl erhöht.“

Wenig später gebar Snotra einen schönen Jungen und gab ihm den Namen Gautrek.

Gilling sprach: „Jetzt ist etwas völlig Unvorhergesehenes passiert und es kann nicht verheimlicht werden. Ich werde mich zu meinen Brüdern begeben und es ihnen erzählen.“

Sie sprachen: „Unsere ganze Lebenshaltung wird durch dieses seltsame Ereignis, das jetzt geschehen ist, zunichte werden. Das ist ein schlimmes Vergehen.“

Gilling sprach:

„Dumm war es,
als ich die Hand ausstreckte,
als ich an ihre Wange kam.

Eine Kleinigkeit
ist der Ursprung von Menschensöhnen,
dadurch wurde Gautrek gezeugt. "

    Sie sagten, daß er nichts dafür könne, da er es bereue und nie gewollt hätte, daß es geschehen wäre. Er sagte, daß es weniger Ungewöhnliches gebe und er sich gerne vom Familienfelsen stürzen wolle. Sie baten ihn abzuwarten, was sonst noch geschehen werde.
    Fjölmod paßte tagsüber auf sein Eigentum auf und nahm seine Goldbarren überall mit hin. Eines Tages schlief er ein und wachte in dem Moment auf, als zwei schwarze Schnecken auf seine Goldbarren gekrochen waren. Sie schienen ihm Gruben hinterlassen zu haben, da wo das Gold dunkler geworden war, und es schien ihm sehr viel weniger geworden zu sein.
    Er sprach: „Dieser Eigentumsverlust wird große Folgen haben. Wenn so etwas öfter geschieht, wird es schlimm werden, arm zu Odin zu kommen. Ich werde mich vom Familienfelsen stürzen und nicht noch öfter die Vernichtung meines Besitzes erleben. Denn nie ist meine Lage so aussichtslos gewesen, seit mein Vater mir Eigentum zuteilte. "
    Er berichtete seinen Brüdern von diesem unvorhergesehenen Ereignis, das geschehen war, und bat sie, sein Erbe unter sich aufzuteilen.
    Dann sprach er:

„Kleine Schnecken
aßen mir die Steine weg.
Alles will uns jetzt hassen;
arm muß ich herumlungern,
weil Schnecken
mein Gold völlig zerkratzt haben. "

    Dann begaben er und seine Frau sich zur Gillingswand und stürzten sich vom Familienfelsen.
    Eines Tages geschah es, daß Imsigul an seinen Äckern entlang ging. Da sah er vor sich einen Sperling. Das ist ein ziemlich kleiner Vogel. Ihm sah es so aus, als sei Schaden zu erwarten. Er ging am Acker entlang und sah, daß der Vogel ein Korn aus einer Ähre gepickt hatte.
    Da sprach er:

„Das war ein Schaden
und ein Sperling verursachte ihn,
auf Imsiguls Acker.

Die Ähre wurde beschädigt
und ein Korn herausgepickt,
das wird Tötras Familie ewig betrüben."

Dann gingen er und seine Frau uns stürzten sich froh vom Familienfelsen, weil sie nicht öfter solchen Schaden erleiden wollten.
Als Gautrek einmal draußen war, sah er den guten Ochsen. Er war da sieben Jahre alt. Es kam dazu, daß er den Ochsen mit einem Speer tötete.
Als Gilling das sah, sprach er:

"Der junge Knabe
erschlug meinen Ochsen,
das ist ein todbringendes Ereignis.
Ich werde nie wieder
etwas ebenso Schönes besitzen,
auch wenn ich alt werde."

Er sprach: "So geht es nicht länger."
Dann begab er sich zur Gillingwand und stürzte sich vom Familienfelsen.

Die Ursachen für den Freitod der drei Paare ist hier als sehr lächerlich dargestellt worden. Von der ursprünglichen Sonnenuntergangs-Symbolik ist in dieser Saga nichts mehr übriggeblieben.

Nun waren nur noch Snotra und ihr Sohn Gautrek übrig. Sie bereitete sich zusammen mit ihrem Sohn zum Aufbruch vor. Dann begaben sie sich zu König Gautrek und der nahm seinen Sohn gut bei sich auf.
Er wurde dort im Gefolge seines Vaters großgezogen und erlangte sehr schnell die volle Manneskraft. So vergingen nun einige Jahre, bis Gautrek vollkommen erwachsen geworden war.
Dann geschah es, daß König Gauti krank wurde und seine Freunde zu sich rief.
Der König sprach: "Ihr seid mir gegenüber in jeder Hinsicht gehorsam und nachsichtig gewesen. Aber jetzt sieht es mir so aus, als ob diese Krankheit, die ich habe, unsere Freundschaft beenden wird. Ich möchte das Reich, das ich hatte, meinem Sohn Gautrek geben, und den Königstitel dazu."
Ihnen gefiel das gut, und nach König Gautis Tod wurde Gautrek zum König über ganz Götaland gemacht, und über ihn ist viel in alten Geschichten berichtet.

34. e) Huldar-Saga

Auch in der Huldar-Saga sind viele mythologische Motive in die Sage übertragen worden, weshalb die Frau mit dem Namen „Snot" die umgedeutete Göttin Snotra sein könnte – zumal ihr Vater „Dag" heißt und dieser Name eng mit der Sonne und mit dem ehemaligen Sonnengott-Göttervater Tyr verwandt gewesen ist.

Weiterhin wird erzählt, wie Dagr Heidisson von einer Heerfahrt heimkehrend zu Sölvi nach dem Soleyjar gelangte und dort mit dessen Tochter Ögn ein Kind erzeugte, welches Snot genannt wurde.
… … …

Inzwischen wuchs Snot Dagsdottir bei ihrem Großvater Sölvi heran, bis sie 14 Jahre alt war. Da wurde sie auf dem Wege zu einem Disablot von dem Riesen Thorir aus Veima entführt.
Ihr Vater Dagr, welcher zufällig desselben Abends zu Besuch kam, verfolgte sofort ihre Spur und rief die Huld um Hilfe an, indem er ihr alles gelobte, was sie verlange, wenn sie ihm wieder zu seiner Tochter verhelfe.
Sofort sah er den Riesen und es gelang ihm, ihn zu verwunden und gefangen zu nehmen. Er bedrohte ihn mit dem Galgen, wenn er nicht verspreche, der Snot zu entsagen und den Riesen Helregin zu töten, der den Riesen Svadi erschlagen hatte. Thorir verspricht beides, und nach Anrufung der Huld wird Helreginn wirklich von ihm getötet.
Eine Tochter des Riesen Thoris war Bergdis, die Mutter der Raumssöhne, nämlich Jötunbjörns, Finnalfs aus Alfheim und Godbrands aus Dalum.

Der Stammbaum der hier genannten Personen sieht wie folgt aus:

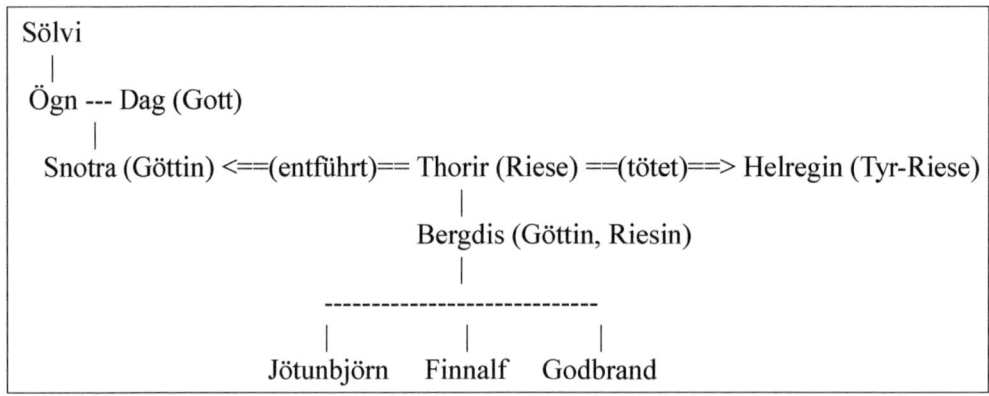

```
Sölvi
  |
Ögn --- Dag (Gott)
    |
  Snotra (Göttin) <==(entführt)== Thorir (Riese) ==(tötet)==> Helregin (Tyr-Riese)
                                        |
                                  Bergdis (Göttin, Riesin)
                                        |
                   -----------------------------
                   |            |            |
              Jötunbjörn    Finnalf    Godbrand
```

34. f) Zusammenfassung

Snotra ist die Göttin der Feinsinnigkeit, der Klugheit und des Geschicks.
Sie könnte aufgrund ihres Charakters eine „Freundin" des Dichtergottes Bragi und der weisen Göttin Saga gewesen sein – aber das ist eine bloße Vermutung.

34. g) Anrufung der Snotra

Die folgende Verse sind keine traditionelle Anrufung, sondern eine Neudichtung.

Snotra, sanfte, weise Asin,
schenke mir Klarheit im Denken
und Entschiedenheit im Wollen
und Feuer, Echtheit und Liebe im Fühlen.

Geliebte des Tyr, gibt mir Klugheit,
Geschick im Verstehen und im Sprechen,
laß mich rasch Lösungen erkennen,
verleihe mir Worte, sie and'ren zu zeigen.

34. h) Traumreise zu Snotra

„Snotra, ich möchte Dich gerne besser kennenlernen."
„Warum?"
„Ich wüßte gerne, ob das, was ich in meinem Buch geschrieben habe, so richtig ist."
„Und Du meinst, Du kannst das auf diese Art herausfinden?"
„Hm ... nunja, zunächst kann ich mal gucken, was alles überliefert ist, und schauen, ob das ein schlüssiges Bild ergibt. Und meine Erfahrung ist, daß ich auf diesen Traumreisen Dinge erfahre und Zusammenhänge gezeigt bekomme, die ich noch nicht gesehen hatte – und dann kann ich schauen, ob ich das schlüssig finde."
„Und was möchtest Du nun wissen?"
„Kannst Du mir sagen, ob das, was ich geschrieben habe, in der Form richtig ist?"
„So ziemlich."
„Hm ... was heißt das?"

217

... ...

„Das heißt, daß Du Dir ja nur die Dinge anschauen kannst, die überliefert worden sind – und daß ein ganz großer Teil der Religion einfach nicht überliefert ist. Das war alles immer sehr viel vielfältiger als das, was bekannt ist, denn bekannt ist nur das, was jemand aufgeschrieben hat.“

„Ja, diese Schwierigkeit, die ist mir bewußt. ... Gibt es denn etwas, was Du ergänzen möchtest? ... ... Ist es o.k. so oder gibt es etwas, was Du mir sagen möchtest?“

... ...

„Es ist gut, daß Du so viel und so gründlich denkst, aber es ist in letzter Zeit etwas einseitig geworden. Geh' mehr raus, spiel' mehr Musik.“

...

„Ja ... ja ... ja, das stimmt. ... Danke, Snotra.“

„Bitteschön.“

Ich kehre zurück.

„Ho.“

Dem Stil der Antworten und Fragen der Snotra in dieser Traumreise nach zu urteilen, ist sie nicht nur die Göttin der Klugheit, sondern auch des Diskutierens, der Prüfens und des Forschens gewesen.

35. Die Göttin Ingibjörg

Ingibjörg ist ein Frauenname, der auffällig oft im Zusammenhang mit den Sagen-Varianten des ehemaligen Sonnengott-Göttervaters Tyr erscheint. „Ingibjörg" könnte daher ein Name der Saga-Variante einer der germanischen Göttinnen sein.

35. a) Der Name „Ingibjörg"

„Ing" ist eine Variante des Namens des Gottes „Yngvi", der mit Freyr gleichgesetzt wurde, und „björg" hat die Bedeutung „Hilfe, Rettung" (das deutsche „bergen, Bergung, Berg, Burg"). Der Name, der heute im Deutschen „Ingeborg" lautet, bedeutet somit „Schutz und Hilfe des Gottes Yngvi-Freyr".

Der Gott Ingvi ist um 100 n.Chr. einer der germanischen Stammesgötter gewesen, d.h. er hatte bei seinem Stamm die Position des Tyr inne.

35. b) Die Geschichte über Helgi Thorisson

Diese Saga, die u.a. über Ingibjörg berichtet, wurde um ca. 1300 n.Chr. nieder-geschrieben.

Der Name „Helgi" („Heiler, Heiliger") des Helden dieser Geschichte ist einst ein Beiname des Tyr gewesen.

Einst lebte ein Mann mit dem Namen Thorir in Raudberg in Norwegen. Dieser Bauernhof lag nicht weit vom Oslofjord entfernt.

Thorir hatte zwei Söhne. Einer wurde Helgi genannt und der andere Thorstein. Sie waren beide gute Männer, aber Helgi hatte mehr Talent.

Ihr Vater war von seinem Rang her ein Herr. Er war mit König Olaf befreundet.

„König Olaf" ist „Olaf Tryggvason", da dieser in den anderen Sagen in Zusammen-hang mit Thorstein auftritt. König Olaf bemühte sich, in seiner kurzen Lebenszeit von 968-1000 n.Chr. Norwegen zum Christentum zu bekehren. Er war nur 5 Jahre lang (995-1000 n.Chr.) König von Norwegen.

Da geschah es eines Sommers, daß die Brüder zu einer Handelsfahrt in die Finn-mark aufbrachen, um den Lappen Butter und Schinken zu verkaufen. Sie hatten eine

219

gute Fahrt und als sich der Sommer seinem Ende entgegen neigte, kehrten sie zurück und kamen eines Tages zu der Landzunge, die als Vimund bekannt ist.

Ihrem Namen nach könnte auf diese Landzunge ein Tempel des Tyr gestanden haben, da er „Heilige Hand" oder „Tempel der Hand" bedeutet und „Godmund" („Gottes-Hand") ein Beiname des Tyr gewesen ist.

Dort gab es einen schönen Wald. Sie gingen an Land und schlugen einige Ahornbäume nieder.
Helgi ging tiefer in den Wald hinein als die anderen. Da fiel ein so dichter Nebel, daß er an diesem Abend das Schiff nicht wiederfinden konnte. Bald brach die Nacht herein.

Die Ankunft auf einer Insel (hier einer Landzunge) ist oft die in die Sage übertragene mythologische Motiv der Ankunft auf der Jenseitsinsel. Auch der Nebel könnte auf eine solche Umdeutung hinweisen, da der Nebel eine feste Assoziation mit dem Jenseits gewesen ist und auch einen der Namen für das Totenreich prägte: „Nebelheim".

Da sah Helgi zwölf Frauen aus dem Wald hervorreiten. Sie waren alle in rot gekleidet und saßen auf roten Rossen.
Sie stiegen ab. Das ganze Zaumzeug der Rosse glitzerte von Gold.
Eine von ihnen übertraf alle anderen an Schönheit und sie dienten alle dieser sehr beeindruckenden, prächtigen Frau.
Ihre Pferde begannen zu grasen.
Dann erichteten sie ein Zelt. Es war mit verschiedenfarbigen Streifen gemustert, die mit Gold durchwirkt waren, und die Spitzen der Stangen blitzten golden, als die Stangen aufgerichtet wurden, und auch die Mittelstange selber erhielt, als sie aufrecht stand, obenauf ein Kugel aus Gold.

Diese Goldkugel könnte ein Sonnensymbol sein – aber das ist sehr ungewiß.

Als sie fertig waren, stellten sie eine Tafel auf und trugen allerlei köstliche Speisen auf. Dann holten sie Wasser, um ihre Hände zu waschen, und benutzten dabei einen Krug in der Gestalt eines Menschen und eine Schüsseln aus Silber, die mit Gold eingelegt waren.
Helgi ging näher an das Zelt heran und blickte hinein.
Die Anführerin sprach: „Helgi, komm herein und iß und trink mit uns."
Das tat er. Helgi sah, daß es dort guten Trank und gutes Essen und schöne Kelche gab.

Dann wurden die Tische weggenommen und die Nachtlager vorbereitet, und diese waren weitaus prächtiger als die Betten anderer Menschen. Die Anführerin frug Helgi, ob er lieber allein oder bei ihr schlafen wolle. Helgi frug sie nach ihrem Namen.

Sie antwortete: „Ich heiße Ingibjörg und bin die Tochter Gudmunds von Glaesisvellir."

Hier wird Ingibjörg ausdrücklich als Gudmunds Tochter bezeichnet. Da Gudmund von Glaesisvellir, als „Guthand von Glanztal" ehemals ein Beiname des Sonnengott-Göttervaters Tyr gewesen ist und zudem die Jenseitsgöttin, die ihn wiedergebiert, auch als seine Tochter angesehen wurde (siehe „Inzest" in Band 51), kann man davon ausgehen, daß Ingibjörg ursprünglich die Jenseitsgöttin gewesen ist.

Dazu paßt, das „Helgi" einst ein Beiname des Tyr gewesen ist.

Helgi sagte: „Ich will bei Dir schlafen."

Und so hielten sie es insgesamt drei Nächte. Dann kam schönes Wetter, sie standen auf und zogen sich an.

Da sagte Ingibjörg: „Jetzt werden wir uns hier trennen. Hier sind zwei Kisten, die eine voll Silber, die andere voll Gold. Die will ich Dir geben, aber sag keinem Menschen, woher Du sie hast."

Die drei gemeinsamen Nächte sind ein häufiges Motiv in den Sagas. Insbesondere bei den Szenen, die auf die Wiederzeugung im Jenseits zurückgehen wie z.B. Odins Vereinigung mit Gunnlöd in deren Hügelgrab „Hnitbjörg", sind diese „drei Nächte" sehr oft zu finden.

Die beiden Schatztruhen erinnern an den Schatz, den Sigurd von Fafnir erlangt hat. Vermutlich geht dieses Motiv auf die Grabschätze zurück, die sich in den Hügelgräbern befanden – und die gerne von den Wikingern ausgeraubt worden sind.

Danach ritten sie den gleichen Weg zurück, den sie gekommen waren und Helgi ging zu seinem Schiff.

Dort wurde er voll Freude empfangen. Seine Leute frugen ihn, wo er gewesen sei, aber er wollte ihnen nichts darüber erzählen.

Dann segelten sie südlich am Land entlang und kamen mit einem großen Vermögen heim zu ihrem Vater.

Helgis Vater und sein Bruder frugen, woher er das ganze Geld bekommen habe, das er in den Kisten hatte, aber darüber wollte er nicht sagen.

Die Zeit verging und es wurde Weihnachten. Eines Nachts zog ein großes Unwetter herauf.

Thorstein sagte zu seinem Bruder: „Wir sollten aufstehen und nachschaun, wie es mit unserem Schiff steht."

Das machen sie und es zeigt sich, daß das Schiff gut festgemacht war. Helgi hatte einen Drachenkopf für den Steven ihres Schiffes machen und oberhalb der Wasserlinie gut ausstatten lassen. Dazu verwendete er das Geld, das Ingibjörg, die Tochter Gudmunds, ihm gegeben hatte, aber einiges davon schloß er im Drachenhals ein.

Plötzlich hörten sie ein großes Krachen. Da ritten zwei Männer zu ihnen und nahmen Helgi mit sich fort. Thorstein wußte nicht, was mit Helgi geschah. Danach ließ das Unwetter schnell wieder nach.

Thorstein kam nach Hause und erzählte seinem Vater von dem Geschehen und der fand, daß das eine wichtige Neuigkeit sei.

Er begab sich sofort zu einem Treffen mit König Olaf, sagte ihm, was geschehen ist und bat ihn herauszufinden, was aus seinem Sohn geworden ist.

Der König sagte, er werde das tun, worum er ihn bitte, aber er sei nicht sicher, ob er Thorirs Verwandtem irgendwie helfen könne.

Dann ging Thorir nach Hause. Die Zeit verging bis Weihnachten im Jahr darauf. Während dieses Winters hielt sich König Olaf auf Alreksstatt auf.

Am achten Tag der Weihnachtszeit kamen am Abend drei Männer in die Halle und traten vor König Olaf, als dieser gerade an der Tafel saß. Sie grüßten ihn höflich.

Der König erwidert ihren Gruß. Einer von den dreien war Helgi, aber die anderen beiden kannte niemand.

Der König frug sie nach ihrem Namen und beide sagten, sie hießen Grim. „Wir wurden von Gudmund auf Glæsisvellir zu Euch geschickt. Er läßt Euch seine Grüße überbringen und außerdem diese beiden Hörner."

Der König nahm sie an und sie waren mit Gold verziert – das waren prächtige Kostbarkeiten.

König Olaf selber besaß zwei Hörner, die 'die Gehörnten' genannt wurden, aber obwohl diese sehr gut waren, waren doch diejenigen besser, die Gudmund ihm geschickt hatte.

Trinkhörner waren ein wichtiges Element in den Ritualen der Germanen.

Gudmund, der ursprüngliche Besitzer dieser beiden Hörner, wurde offensichtlich mit dem Jenseits assoziiert – er ist Tyr.

„König Gudmund bittet Euch um Eure Freundschaft. Ihm liegt sehr viel an Euerem Wohlwollen, mehr als an dem aller anderen Könige."

Der König antwortet nicht darauf, aber ließ ihnen Plätze bei seinen Leuten zuweisen.

Der König ließ die Hörner, die ebenfalls Grim genannt wurden, mit gutem Trank füllen und sie vom Bischof segnen und daraufhin den Grimen bringen, damit sie als erste daraus tränken.

Die Bezeichnung der beiden Trinkhörner als „Grime", also als „Maskenhelme" weist auf ihre Verwendung im Totenkult hin – wie z.B. beim Trinken des „Minne-Tranks", also des „Erinnerungs-Tranks" oder „Liebes-Tranks", durch den man in den Ritualen seiner verstorbenen Verwandten und Freunde gedachte.

Dann sprach der König diese Strophe:

„Die Gäste, jeder Grim, soll ein Horn erhalten,
während sich König Gudmunds Mann ausruh'n kann,
sie sollen von ihren beiden Namensvettern trinken;
so sollen die beiden Grime gutes Bier erhalten."

„Gudmunds Mann" ist Helgi.
Die Namensvettern der Grime sind die beiden Grim-Hörner.

Da nahmen die Grime die Hörner und meinten nun zu erkennen, was der Bischof über das Getränk gesprochen hatte.
Da sagten sie: „Jetzt geschieht es nicht viel anders, als wie es Gudmund, unser König, vorausgesehen hat. Dieser König ist betrügerisch und kann Gutes schlecht belohnen, obwohl sich unser König ihm gegenüber ehrenhaft verhalten hat. Laßt uns aufstehen und von hier fortgehen!"

Ein Thema dieser Saga ist offenbar der Gegensatz zwischen dem alten, germanischen Glauben des Königs Gumund (Tyr) und dem neuen, christlichen Glauben des Königs Olaf.

Das taten sie. Da gibt es einen großen Tumult in dem Raum. Sie schütteten das Getränk aus den Hörnern und löschten damit das Feuer. Dann hörten die Leute ein großes Krachen.
Der König bat Gott um Schutz und gebot seinen Männer, aufzustehen und diesen Tumult zu beenden.
Schließlich gelangten die Grime und Helgi mit ihnen nach draußen. Als dann in der Halle des Königs Licht angezündet wurde, sahen die Leute drinnen, daß drei von ihnen erschlagen worden waren und daß die Grim-Hörner auf dem Fußboden bei den Toten lagen.
„Das ist etwas sehr Seltsames," sagte der König, „und es wäre besser, wenn so etwas nur selten geschähe. Ich habe über Gudmund von Glaesisvellir sagen hören, daß er sehr zauberkundig sei und daß es schlecht sei, wenn man mit ihm zu tun hat – und auch, daß es den Leuten schlecht geht, die unter seiner Herrschaft stehen. Wenn wir nur etwas in dieser Sache tun könnten!"

Der König ließ die Hörner der Grime aufbewahren und ließ die Männer daraus trinken – und sie eigneten sich gut dazu.

Die Stelle oberhalb von Alreksstad, wo die Grime nach Osten gegangen waren, heißt jetzt Grimpaß, und seither hat kein Mensch diesen Weg mehr benutzt.

Diese Schilderung des Weges klingt ganz nach einem Helweg. Auch der Name „Grimweg", also „Maskenhelm-Weg" paßt gut zu diesem Jenseitsreiseweg, da der Schädel an dem Fell des Tieres, das für die Toten geopfert wurde, auch als „Maskenhelm" angesehen wurde.

Ein anderer Name für diese Art von Helm war „Schreckenshelm" – wenn man ihn aufsetzte, wurde man zu einem Drachen, d.h. zu seinem Totengeist. Dies Motiv ist eine Umdeutung des „Maskenhelmes", d.h. des Schädels des Opfertieres, den man den Toten aufsetzte.

Wenn die Grime über den Grimpass in das Reich des Gudmund gelangen und dieser Pass ein Helweg war, bedeutet dies, daß Gudmund im Jenseits wohnte – er war Tyr als nächtlicher bzw. winterlicher Jenseitskönig. Sein Reich „Glaesisvellir", also „Glanztal" wird daher mit Alfheim, Muspelheim und Gimle identisch sein, die das strahlende Sonnen-Jenseits am südlichen Himmel sind. Auch das „Tod-lose Feld" oder „Feld der Unsterblichkeit" wird derselbe Ort wie „Glaesisvellir" sein.

Die beiden Grime werden ursprünglich die beiden von den Germanen „Alcis" („Elche") genannten Pferde-Söhne des Tyr gewesen sein, aus denen später nach dessen Absetzung durch Odin und Thor das „Doppel-Pferd" Sleipnir des neuen Göttervaters Odin wurde. Die beiden Alcis werden sowohl „Maskenhelm-Träger", also Reisende zwischen den beiden Welten, als auch die „Kelch-Träger"", also die Priester-Schamanen des Tyr gewesen sein. Daneben waren sie anscheinend auch noch die Boten des ehemaligen Göttervaters.

Der Winter verging und als das nächste Mal der achte Tag der Weihnachtszeit gekommen war, waren der König und sein Gefolge gerade in der Kirche und nahmen an der Messe teil.

Da kamen drei Männer zur Kirchentür und ließen einen von ihnen zurück. Die anderen zwei gingen wieder weg und riefen zurück: „Hier bringen wir Dir Grettir, und es ist nicht sicher, wann Du ihn wieder los wirst."

Da erkannten die Leute den Helgi.

Diese Geschichte orientiert sich sehr stark an den Yulnächten (Weihnachten), in denen die Tore zum jenseits offenstanden, weil in dieser längsten Nacht des Jahres die Sonne (Tyr) wiedergeboren wurde, d.h aus dem Jenseits zurückkehrte.

Der Name „Grettir" bedeutet wörtlich „Grinsender", womit eine Schlange gemeint ist. Anscheinend bringen die beiden Männer den Helgi als Toten bzw. aus dem

Totenreich zurück – was gut zu der Julnacht paßt.

Diese beiden Namen, die Julnacht und die Rückkehr aus dem Jenseits zeigen, daß es sich hier um eine in den Sagenbereich übertragene Mythe der Wiedergeburt der Sonne (Tyr) handelt.

Da setzte sich der König an die Speisetafel. Als die Leute mit Helgi redeten, bemerkten sie, daß er blind war.

Da frug der König, wie er in diesen Zustand gekommen sei und wo er die ganze Zeit lang gewesen ist.

Er erzählte dem König zuerst davon, wie er die Frauen im Wald traf, dann davon, wie die Grime das Unwetter verursachten, als er mit seinem Bruder das Schiff sichern wollte, und schließlich wie die Grime ihn mit sich zu Gudmund auf Glaesisvellir nahmen und ihn zu Ingibjörg, der Tochter Gudmunds, brachten.

Die Blindheit ist ein Motiv, das häufig mit dem Jenseits assoziert wird. So sieht z.B. Odin mit seinem heilen Auge das Diesseits und mit seinem blindenAuge das Jenseits (siehe auch das Kapitel „Blindheit" in Band 63).

Da sagte der König: „Wie fandest Du es, dort zu sein?"

„Sehr gut," sagte er, „und nirgends hat es mir je besser gefallen."

Dann frugt der König nach den Gebräuchen Gudmunds, ob er viele Männer bei sich habe und mit was er sich beschäftige.

Aber Helgi äußerte sich darüber in jeder Hinsicht gut und sagte, daß Gudmund viel mehr Männer habe, als er habe zählen können.

Der König sagte: „Warum seid ihr letzten Winter so plötzlich fortgegangen?"

„König Gudmund schickte sie, um Euch zu betrügen", sagt er, „aber wegen Euren Gebeten ließ er mich frei, so daß Ihr erfahren konntet, was aus mir geworden war. Aber letztes Mal verschwanden wir deswegen so schnell, weil die Grime nicht in der Lage waren, das Getränk zu trinken, das Ihr segnen ließet. Sie wurden zornig, weil sie sich überwunden sahen. Und sie erschlugen Eure Männer, weil König Gudmund ihnen das aufgetragen hatte, falls sie es nicht schafften, Euch Schaden zuzufügen. Aber er erwies Euch seine Ehrerbietung dadurch, daß er Euch die Hörner schickte, damit Ihr weniger nach mir suchen würdet."

Der König frug: „Wie kamst Du dann zum zweiten Mal von dort fort?"

Er antwortete: „Das hat Ingibjörg bewirkt. Sie meinte, nicht mit mir schlafen zu können, ohne Qualen zu erleiden, wenn sie mit mir nackt in Berührung käme – ich bin hauptsächlich aus diesem Grunde von dort fortgegangen. Als König Gudmund wußte, daß Ihr mich von dort zurückholen wolltet, wollte er auch nicht wegen mir mit Euch in einen Streit geraten. Aber über die Ehre und Großzügigkeit König Gudmunds und über die zahlreichen Männer, die bei ihm sind, kann ich nicht mit wenigen

Worten erzählen. "

Die Qual bei der Berühung der nackten Haut ist ein seltsames Motiv. Es hat die Wirkung, daß Helgi sich nicht mehr mit Ingibjörg vereinen kann und ins Diesseits zurückkehren muß. Als Tochter des Jenseitskönigs Gudmund sollte sie eine Walküre und letztlich die zur Tochter des Göttervaters umgedeutete Göttin sein, zu deren wichtigsten Funktionen die Wiedergeburt der Toten gehörte – der die Wiederzeugung mit dem Toten voranging: die drei Nächte, die die beiden zusammen verbracht haben.

Der König frug: „Warum bist Du blind? "
Er antwortete: „Die Königstochter Ingibjörg riß mir beide Augen aus, als wir uns trennten, und sagte, daß die Frauen in Norwegen wenig Freude an mir haben würden. "

Das Ausreißen der Augen des Helgi durch Ingibjörg ist ein Symbol für den Tod. Ingibiörg wird hier von der Jenseitsgöttin zur Todesbringerin umgedeutet.

Der König sagte: „Gudmund würde zu Recht für die Totschläge, die er verübt hat, von mir Schaden zugefügt werden, wenn Gott das zuließe. "

Man kann sich fragen, warum Gott nicht zuließ, daß König Olaf dem König Gudmund „Schaden zufügte" – vermutlich weil sich König Gudmund im Jenseits und somit außerhalb der Reichweite König Olaf Tryggvasons befand ... und weil Gudmund ein Gott ist.

Dann wurde nach Thorir, Helgis Vater, geschickt, und er dankte dem König sehr dafür, daß sein Sohn aus den Händen der Trolle entkommen war. Er ging dann wieder nach Hause und Helgi blieb bei dem König und lebte noch, bis sich das Geschehen zum zweiten Mal gejährt hatte.

Die Bezeichnung des Königs Gudmund und seiner Männer als „Trolle" bestätigt noch einmal, daß sich diese Männer im Jenseits befanden.

Der König hatte die Hörner der Grime bei sich, als er zum letzten Mal das Land verließ. Und die Leute erzählen, daß, als König Olaf von der Langen Schlange verschwand, auch die Hörner verschwunden seien und kein Mensch sie seither gesehen habe.
Und hier endet das, was von den Grimen zu erzählen ist.

„Lange Schlange" isr der Name des Drachenschiffes des Königs Olaf.

Das gleichzeitige Verschwinden des Königs Olaf und der beiden Grim-Hörner zeigt noch einmal, wie eng diese beiden Hörner mit der Jenseitsreise assoziiert worden sind.

35. d) Die Saga über Thorstein Viking-Sohn

Da ergriff Ogautan die Macht in dem Königreich und verlieh sich selber den Titel eines Königs.

Er bat Ingeborg, seine Frau zu werden, aber sie lehnte diese Bitte geradeheraus ab und sagte, daß sie sich lieber selber töten wolle als die Frau des Mörders ihres Vaters zu werden – und dazu noch die Frau von solch einem groben Kerl wie Ogautan, „denn Du,“ sprach sie, „bist mehr wie der Teufel als wie ein Mann.“

Darüber wurde Ogautan wütend und sagte. „Ich werde Dich für Deine üble Rede belohnen und ich verfluche Dich hiermit, sodaß Du dieselbe Gestalt wie meine Schwester Skellinefja haben sollst und auch dasselbe Wesen – soweit es möglich ist, daß Du ihr gleichst! Und Du sollst durch meinen Zauberspruch daran gebunden sein, in der Höhle zu wohnen, die tief in dem Fluß ist, und Du wirst niemals Deinem verzauberten Zustand entkommen können, bis ein edler Mann willens ist, Dich zu nehmen und schwört, Dich zur Frau zu nehmen! Und weiterhin wirst Du nie dem Zauber entkommen, solange ich lebe! Und meine Schwester wird aussehen wie Du!“

Da sprach Ingeborg: „Ich verfluche Dich, daß Du dieses Königreich nur eine kurze Zeit besitzen wirst und niemals etwas Gutes von Deiner Herrschaft haben wirst!“

Die Zaubersprüche, die Ogautan ausgesprochen hatte, erwiesen sich als wahr und wirksam, denn Ingeborg verschwand.

Die schöne Königstochter Ingibjörg, d.h. die Jenseitsgöttin als Wiederzeugungs-Geliebte (Freya), wird durch einen Fluch in die häßliche Riesin Ingibjörg, d.h. die Jenseitsgöttin als Herrin des Totenreiches (Hel) verwandelt.

35. e) Die Saga über Sturlaug den Mühen-Beladenen

Franmar ging zu seinem Schiff und nahm Kurs auf einige Inseln, die nahe an der Küste lagen. Da ließ Franmar sie das Sonnensegel (die Zeltplane auf dem Schiff) hissen.

Dann verkleidete Franmar sich als Händler und ging zu der Halle und frug, ob er den Winter über dort bleiben könne. Der König gewährte ihm die Erfüllung seiner

Bitte und er nannte sich Gest. Er suchte oft nach einer Gelegenheit, um in das Frauenhaus der Königstochter zu gelangen, aber es gelang ihm nie.

Eines Tages, als er die Halle verließ und eine Straße entlangging, geschah es, daß Stimmen aus der Erde neben ihm heraufdringen hörte. Da entdeckte er den Eingang zu einer unterirdischen Kammer und als er hineinging, sah er drei Zauberer.

Da sagte er: „Es ist gut, daß wir uns getroffen haben. Ich werde dem König über euch berichten!"

Da sprachen sie: „Tue das nicht, Franmar! Wir wollen für alles für Dich tun, egal, was es auch sein mag!"

Da antwortete Franmar: „Dann belegt mich mit Lepra, aber in einer Weise, daß ich wieder gesund werde, sobald ich das will."

„So soll es sein," sagten sie, „das ist keine Schwierigkeit für uns."

Sie verwandelten sein ganzes Fleisch so, daß er von Kopf bis Fuß nur noch Schorf und Grind war. Da ging er fort und ging zu dem Frauenhaus der Königstochter und setzte sich vor den Zaun.

Die Königstochter Ingigerd sandte einer ihrer Kammerzofen zur Halle, doch als die Kammerzofe diesen armen Mann sah, kehrte sie um und berichtete der Königstochter über diesen Mann, „und er braucht unsere Hilfe."

Da gingen sie zu dem Zaun und die Königstochter blickte den armen Mann lange Zeit an, da sie noch nie so etwas gesehen hatten – so übel hatte ihn die Krankheit befallen.

Die Königstochter sprach: „Er ist in einem üblen Zustand und sehr arm – aber trotzdem mußt Du Dir schon mehr einfallen lassen als das, um mich zu täuschen, denn ich kann erkennen, daß Du Franmar bist, solange Du noch gesunde Augen in Deinem Kopf hast, egal, mit welchen abscheulichen Zaubersprüchen Du Dich selber belegst!"

Da ging sie zurück in ihr Frauenhaus, während Franmar zu den Zauberern zurückkehrte, die die Krankheit wieder von ihm entfernten.

Das Frauenhaus der Königstochter ist bisweilen eine Saga-Variante der Unterwelt als Haus der Jenseitsgöttin bzw. der Jenseitsgöttin im Hügelgrab, in dem sie sich mit dem Toten vereint – auch Freya selber wird einmal wie eine Königin in einem Frauenhaus geschildert.

Es könnte somit sein, daß die Königstochter Ingigerd, zu der der Held Franmar nur mit Mühe gelangen kann, eine Variante von Ingibjörg ist.

35. f) Gesta danorum

In dieser mythologischen Erzählung treten mehrere „Töchter des Gudmund" auf, die eine Vervielfältigung der Ingibjörg sein werden – so wie die Walküren Vervielfältigungen der Freya sind.

Rings um die Tafel standen zwölf edle Söhne des Gudmund und ebensoviele Töchter von bemerkenswerter Schönheit. Als Gudmund sah, daß der König das, was seine Diener brachten, kaum berührte, tadelte er ihn dafür, daß er seine Freundlichkeit zurückwies und beklagte sich, daß dies eine Beleidigung für ihn als Gastgeber sei. Aber Thorkill war um eine passende Entschuldigung nicht verlegen. Er erinnerte ihn daran, daß Männer, die ungewohnte Speisen zu sich nehmen, danach oft ernsthaft daran litten und daß der König nicht undankbar für den Dienst war, den ihm ein anderer erbot, sondern lediglich auf seine Gesundheit Rücksicht nahm, wenn er sich solcherart erfrischte, wie es tat, und sich mit den eigenen Speisen versorgte. Eine Handlung, die nur aus der gesunden Wunsch getan wurde, sich ein Leid zu ersparen, sollte in keiner Weise mit Ärger abgelehnt werden.

Als Gudmund nun sah, daß die Vorsicht seines Gastes seine hinterhältigen Vorkehrungen zunichte gemacht hatte, beschloß er ihre Keuschheit zu untergraben, wenn er schon nicht ihr Fasten erweichen konnte und bemühte sich allen Kräften darum, die Selbstbeherrschung der Männer aufzuweichen, denn er bot dem König seine Tochter zur Heirat an und versprach dem Rest seiner Männer, daß sie jede Frau aus seinem Haushalt haben sollten, welche sie auch immer auswählen würden.

Die meisten von ihnen hätten diesem Angebot nachgegeben, aber Thorkill bewahrte sie, wie er es bereits zuvor getan hatte, durch seinen gesunden Rat davor, der Versuchung nachzugeben.

An dieser Stelle hört man deutlich die christliche Weltanschauung des Mönches Saxo durch, der diese Saga aufgeschrieben hat. Aus der Wiederzeugung mit der Jenseitsgöttin ist in dieser Saga bereits ein Keuschheits-Test geworden.

... ...

Buchi ließ in seiner Wachsamkeit für sich selber nach, seine Selbstbeherrschung lockerte sich und er verließ die Tugend, derer er sich bisher erfreut hatte, denn er empfand eine unheilbare Liebe zu einer der Töchter des Gudmund und umarmte sie. Er empfing jedoch eine Braut, die sein Verderben war, der schon bald begann sein Hirn zu schwinden und er vergaß jegliche Erinnerung. So wurde der Held, der alle Ungeheuer besiegt und alle Gefahren überstanden hatte, schließlich von seiner Leidenschaft für ein Mädchen überwunden, seine Seele verirrte sich weit von der Mäßigkeit fort und er war nun unter einem Sinnen-Joch gefangen.

229

Das Schwinden der Erinnerung (oft durch einen Vergessens-Trank) erscheint in den germanischen Mythen des öfteren als Aspekt der Jenseitsreise.

35. g) Die Saga über Fridthjof den Kühnen

In dieser Saga erscheint „Ingeborg die Schöne" als Tochter eines Königs.

Der Anfang dieser Saga ist, daß König Bele über die Gegend von Sogn herrschte. Er hatte drei Kinder: einen Sohn, der Helge hieß, einen zweiten mit dem Namen Halfdan und eine Tochter, die Ingeborg genannt wurde, eine schöne junge Frau mit großer Weisheit und die erste der Kinder des Königs.

Die Namen dieser vier Personen zeigen, daß diese Saga zumindestens teilweise auf die Mythen des ehemaligen Sonnengott-Göttervaters Tyr zurückgehen:

„Bele" ist ein sehr alter Name des Sonnengottes, der in den germanischen Mythen auch als „Beli" erscheint. Bele/Beli ist einst sehr wahrscheinlich mit Baldur identisch gewesen. Ein Teil der Saga spielt in dem Baldur-Tempel des Königs Bele, der der Vater der Ingeborg ist.

„Helge" ist ebenfalls ein Beiname des Tyr. Er bedeutet „Heiler, Heiliger".

„Halfdan" tritt in sehr vielen Sagas auf, die einen Bezug zu den alten Tyr-Mythen haben.

Der Held Fridthjof begegnet im weiteren Verlauf der Geschichte Ingeborg und den acht sie begleitenden Mädchen im Tempel des Baldur. Dieses Arrangement läßt vermuten, daß Ingeborg die Priesterin des Baldur gewesen ist und die acht Mädchen ihre Helferinnen.

35. h) Zusammenfassung

„Ingibjörg" bedeutet „Hilfe des Yngvi(-Freyr)". Sie ist die Tochter des ehemaligen Sonnengott-Göttervaters Tyr-Gudmund, was bedeutet, daß sie ursprünglich die Jenseitsgöttin Freya gewesen sein wird. Die „Hilfe" für Yngvi-Freyr, auf die ihr Name hinweist, wird daher dessen Wiedergeburt im Jenseits gewesen sein – Freya und Freyr sind sowohl Geschwister als auch ein Paar, was ein Motiv ist, daß sich aus den Wiederzeugungsvorstellungen entwickelt hat (siehe „Inzest" in Band 51).

In den Sagas reist der Held zu der Königstochter Ingibjörg bzw. wird zu ihr geholt, was eine Umdeutung der Jenseitsreise ist. Die Vereinigung des Helden mit Ingibjörg ist die Saga-Variante der Wiederzeugung.

Die schöne Königstochter Ingibjörg, d.h. die Jenseitsgöttin als Wiederzeugungs-Geliebte (Freya), wird durch einen Fluch in die häßliche Riesin Ingibjörg, d.h. die Jenseitsgöttin als Herrin des Totenreiches (Hel) verwandelt. Als Hel reißt sie dem Helden die Augen aus, was in symbolischer Hinsicht bedeutet, daß sie ihn tötet – Tyr und später auch Odin im Jenseits werden „Blinder" genannt (siehe auch „Blindheit" in Band 63).

Die Königstochter Ingigerd in ihrem Frauenhaus (= Hügelgrab), zu der der Held Franmar nur mit Mühe gelangen kann, ist eine Variante von Ingibjörg.

Die „Töchter des Gudmund" sind wie die Walküren eine vervielfältigte Variante der Jenseitsgöttin Freya-Ingibjörg.

35. i) Das Aussehen der Ingibjörg

Ingibjörg, die Tochter des Tyr-Gudmund-Beli, ist eine sehr schöne Frau und wird daher „Ingiborg die Schöne" genannt.

Ingibjörg wird von ihren elf Schwestern begleitet. Sie sind alle rot gekleidet und reiten auf roten Pferden mit goldenem Zaumzeug.

Ingibiörg ist die Priesterin des Baldur, der auf Tyr-Beli zurückgeht. Sie wird von acht Mädchen begleitet, die ihr untergeordnet sind.

Ingibiörg ist weise und kann jede Verkleidung und jede Gestalt, die jemand mithilfe von Magie angenommen hat, durchschauen. Sie wird daher sehr klare Augen haben.

Sie besitzt einen Schatz in einer Thruhe, den sie Tyr-Helgi nach ihrer drei Nächte dauernden Vereinigung mit ihm schenkt. Möglicherweise ist dies derselbe Schatz, den auch Frigg in ihrem Kästchen verbirgt: der Goldring, der die Sonne und die Jenseits-reise symbolisiert. Dieser Schatz verkörpert auch die Wiedergeburt – er entspricht dem Brisingamen der Freya, dem Haarreif der Fulla, dem Draupnir des Odin und den Äpfeln der Idun.

Sie lebt in ihrem Frauenhaus in dem Jenseits-Sonnenland ihres Vaters Tyr-Gudmund in Glaesisvellir („Glanzland"). Dieser Ort liegt auf einer Landzunge (Insel) in Niflheim verborgen.

Ingiborg hat zwei Seiten: die schöne, ersehnte Wiederzeugungs-Geliebte Freya und die häßliche, gefürchtete Todesgöttin Hel.

35. j) Anrufung der Ingibjörg

Die folgenden Verse sind keine traditionelle Anrufung, sondern eine Neudichtung.

Zwölf Schwestern auf roten Zeltern[92]
ziehen hinab zum Gischt-weißen Strand,
gold'ne Zügel, rote Gewänder:
Gudmunds Töchter reiten aus.

Am Strand, im dunklen Nebelland
erhebt die Schönste die weiße Hand,
Die Tochter des Tyr kam zum Meer
von Glaesisvellir kam sie her.

Das Frauenhaus hat sie verlassen,
folgte dem Weg zu Rans Geliebten[93],
Über die Wogen blickt Ingibjörg;
Unter den Wolken: ein Drachenschiff.

Helgi springt vom hohen Heck,
Hinüber zu der Holden geht er.
Sie erkennt seine Herzens-Sonne[94] –
die Schöne ist weise und scharf ihre Augen.

Die Seherin des Suttung-Tempels[95]
schaut auf den edlen König der Götter[96]:
„Willkommen hier auf Walaskialf[97],
Dein Weg hat hier sein Ziel und Ende."

---

92 Zelter = Reitpferd
93 Ran = Meeresgöttin; ihr Geliebter = der Meeresgott Ägir (Tyr)
94 Herzens-Sonne: Auf dem Goldhorn von Gallehus ist auf Tyrs Brust (Herzchakra) eine
     strahlende Sonne dargestellt worden.
95 Suttung = Tyr = Baldur; Ingibjörg lebte im Tempel des Tyr-Baldur.
96 König der Götter = Tyr-Helgi
97 Walaskialf = „Toteninsel" = Jenseitsinsel, auf der die Sonne abends in das Jenseits eingeht
     und von der Jenseitsgöttin (Ingibjörg) begrüßt wird. Die Toten werden von einer Walküre
     begrüßt.

Drei Nächte liegen sie beisammen,
Drei Nächte sind ihre Glieder vereint,
Drei Nächte erschafft die Sonne die Sonne,[98]
Drei Nächte erschafft die Göttin das Leben.[99]

Einen Ring reicht Ingibjörg
die Gabenreiche, dem edlen Helgi:
den Reif der Verwandlung, des Lebens, des Todes
der Wiederzeugung, der Wiedergeburt.

Nun kennt Helgi der Kühne beides:
die kohlschwarze Riesin in der Höhle[100],
die schöne Frau im Baldur-Tempel –
die sanfte, starke, Leben-gebende Ingibörg.

35. k)   Traumreise zu Ingibjörg

„Ingibiörg, ich würde gerne mit Dir sprechen."
„Ja? Und warum?"
Ich kann sie sehen – sie sieht mehr wie eine Königstochter aus ... in vornehmer Kleidung.
„Ich wüßte gerne, ob 'Ingibjörg' tatsächlich ein Göttinnenname gewesen ist."
„Nicht direkt. Aber es ist ein Name, der sehr früh entstanden ist, als aus der Göttin Gerdr allmählich eine Sagengestalt geworden ist. Deshalb taucht sie in so vielen Sagen auf."
„Das heißt, die Göttin mithilfe des Namens 'Ingibjörg' anzurufen, ist eigentlich nicht so sinnvoll."
„Es ist völlig o.k., das zu tun – wenn Du Gerdr oder Freya mit diesem Namen rufst. Du wirst auch mit diesem Namen Kontakt zu der Erdgöttin-Muttergöttin bekommen."
...
„Hm ... gibt es etwas, wovon Du gerne hättest, daß das noch in meinem Buch stände?"
„Das, was ich gerade gesagt habe, ist eine Sache ... Das andere ist: Seid eigenständig. Lebt aus dem Herzchakra heraus. Das ist das Wichtigste – das Zentrum in

---

98 die Sonne erschafft die Sonne = Wiederzeugung und Wiedergeburt der Sonne
99 die Göttin erschafft das Leben = Wiedergeburt des Tyr-Helgi (Sonne) durch die Jenseitsgöttin (Ingibjörg)
100 kohlschwarze Riesin in der Höhle = Hel

sich selber zu haben. "

...

„Ich frage mich – nein, ich frage mich eigentlich nicht – aber kannst Du noch ein bißchen mehr dazu sagen? Und wieso empfiehlst Du das? "

„Nun, ich bin die Erdgötin, die Muttergöttin ... und ich möchte, daß meine Kinder gedeihen. Und was ich mehr dazu sagen kann ... Du erforschst es ja gerade mit Deinem Buch über die Nebenchakren ... mach' das weiter – das ist gut. "

...

„Hm ... kannst Du mir dazu noch etwas sagen? "

„Fühle in die Chakren hinein ... fühle, was da bei Dir ist ... und dann sei freundlich zu dem, was da ist ... und dann wirst Du sehen, was weiter geschieht ... "

„Ja ... ja ... das mach' ich so. ... ... Gibt es ... ja, wie soll ich sagen ... Wenn Dich jemand als Ingibjörg anspricht oder anruft, spricht er dann mit einem bestimmten Aspekt der Erdgöttin und der Muttergöttin? "

„Ja, mit dem Aspekt der Eigenständigkeit und zu einem kleinen Teil – der ist aber ziemlich klein – mit dem Aspekt der Zauberkunst. "

„Der Aspekt der Eigenständigkeit ... Das heißt, der wäre vor allem für Frauen gut, die sich klein fühlen oder unterdrückt fühlen oder Minderwertigkeitsgefühle haben? "

„Ja ... wenn die mich fragen und um Hilfe bitten – denen kann ich helfen. "

„Das ist schön. Danke Ingibjörg. "

„Bitteschön. "

Ich kehre zurück.

„Ho! "

36.   Die Göttin Skellinefja

Die Riesin Skellinefa tritt nur in der Saga über Thorstein Viking-Sohn auf. In dieser „halbmythologischen Saga" sind viele Themen, die früher in den Bereich der Götter gehörten, in die Schilderung des Lebens von Helden und Königen übertragen worden.

Die vollständige Saga findet sich in Band 79.

36. a)   Der Name „Skellinefja"

Dieser Name setzt sich aus „skella" für „Schlag, Klang, Knall" und „nefa" für „Nase, Nasenbein" zusammen und bedeutet somit in etwa „platt geschlagene Nase".

36. b)   Die Saga über Thorstein Viking-Sohn

Zunächst einmal erfuhren die Hörer dieser Saga, daß Skellinefa die Schwester des zauberkundigen Riesen Ogautan ist – und daß sie sehr häßlich ist.

Da ergriff Ogautan die Macht in dem Königreich und verlieh sich selber den Titel eines Königs.

Er bat Ingeborg, seine Frau zu werden, aber sie lehnte diese Bitte geradeheraus ab und sagte, daß sie sich lieber selber töten als die Frau des Mörders ihres Vaters zu werden wolle – und dazu noch solch einen groben Kerl wie Ogautan, „denn Du," *spricht sie, „bist mehr wie der Teufel als wie ein Mann."*

Darüber wurde Ogautan wütend und sagte. „Ich werde Dich für deine üble Rede belohnen und ich verfluche Dich hiermit, sodaß Du dieselbe Gestalt wie meine Schwester Skellinefja haben sollst und auch dasselbe Wesen – soweit es möglich ist, daß Du ihr gleichst! Und Du sollst durch meinen Zauberspruch daran gebunden sein, in der Höhle zu wohnen, die tief in dem Fluß ist, und Du wirst niemals Deinem verzauberten Zustand entkommen können, bis ein edler Mann willens ist, Dich zu nehmen und schwört, Dich zur Frau zu nehmen! Und weiterhin wirst Du nie dem Zauber entkommen, solange ich lebe! Und meine Schwester wird aussehen wie Du!"

Da sprach Ingeborg: „Ich verfluche Dich, daß Du dieses Königreich nur eine kurze Zeit besitzen wirst und niemals etwas Gutes von Deiner Herrschaft haben wirst!"

Die Zaubersprüche, die Ogautan ausgesprochen hatte, erwiesen sich als wahr und wirksam, denn Ingeborg verschwand.

Dieser Gestalten-Tausch wurzelt vermutlich in den beiden Bildern für die Jenseits-göttin: Hel, die gefürchtete Herrin der Unterwelt, und die ersehnte Wiederzeugungs-Geliebte. Ursprünglich waren diese beiden dieselbe Gestalt: Der Tote zeugte sich in der Grabkammer („Hel" = Höhle) seines Hügelgrabes mit der Göttin wieder. Erst durch die Angst vor dem Tod spaltete sich dieses Bild in das Angstbild der Hel und das Sehnsuchtsbild der „schönen Frau, die in einer Höhle o.ä. gefangen ist" auf. In den Sagas gab es schließlich nur noch den Zusammenhang des Fluches zwischen den beiden – entweder verflucht die Häßliche die Schöne oder ein dritter legt wie in der Thorstein-Saga einen Fluch auf die Schöne.

Die Höhle in dem tiefen Fluß, in die Ingeborg verbannt wird, ist wahrscheinlich die Jenseitshöhle hinter dem Jenseitsfluß.

Der Gestaltwandel ist ein häufiges Motiv im Zusammenhang mit der Jenseitsreise – so nimmt z.B. auch Sigurd die Gestalt des Gunnar an, damit dieser Brünhild erlangen kann (siehe die Kapitel über die magischen Verwandlungen in Band 65).

... ...

Nun muß sich unsere Saga Thorstein zuwenden, und zwar zu der Zeit, als er von seinen Raubzügen zu dem Bauern Grim heimkehrte, auf dessen Insel sein Bruder Thorer lebte.

Jokul erfuhr von Thorsteins Fahrt. Er sprach zu Ogautan und bat ihn, seine Künste zu nutzen und durch Zauberei einen Sturm gegen ihn zu senden, damit dieser zusammen mit allen seinen Männern ertrinkt.

Ogautan sagte, daß er es versuchen wolle – was auch immer das Ergebnis sein werde. Dann sandte er mit seinen Zaubergesängen einen solch fürchterlichen Sturm gegen, daß seine Schiffe in den tobenden Wogen untergingen und die gesamte Mann-schaft ertrank.

Thorstein hielt sich lange Zeit über Wasser, aber schließlich wurde er so müde vom Schwimmen, daß er, als fast den Strand erreicht hatte, zu sinken begann. Da sah er eine alte Frau von sehr großer Gestalt, die vom Ufer zu ihm hinausgewatet kam. Sie trug einen schrumpeligen Fell-Kittel, der vorne bis zu ihren Füßen hinabreichte, aber hinten sehr kurz war, und sie hatte ein Gesicht wie ein Ungeheuer.

Sie ging zu ihm und hob ihn aus dem Meer und sagte: „Willst Du Dein Leben von mir annehmen?"

Er antwortete: „Warum sollte ich das nicht tun? Aber was ist Dein Name?"

Sie sagte: „Mein Name ist ungewöhnlich – er lautet Skellinefja. Du aber mußt ein Opfer bringen im Austausch für Dein Leben."

Er sprach: „Was ist das?"

Sie antwortete: „Daß Du mir einen Wunsch gewährst, wenn ich Dich darum bitte."

Thorstein sprach: „Du wirst nichts von mir verlangen, was mir nicht gutes Ge-schick bringen wird. Aber wann soll ich Dir diesen Wunsch gewähren?"

Sie antwortete: „Noch nicht."

Dann trug sie ihn ans Ufer – das war das Land des Grim. Dann rang sie mit ihm, bis er warm geworden war. Dann trennten sie sich und jeder wünschte dem anderen viel Erfolg.

Dann ging sie fort, denn sie sagte, daß sie noch an anderen Orten zu tun hätte.

... ...

Früh im nächsten Frühjahr bereiteten sich Thorstein und Thorer für eine Reise vor, denn sie wollten ihren Vater Viking besuchen. Als sie bis zu dem Tief-Fluß gekommen waren, fiel dort unversehens Jokul mit dreißig Männer über sie her. Zwischen ihnen entbrannte sofort ein Kampf. Jokul kämpfte voller Eifer und ebenso sein Bruder Grim. Thorer und Thorstein verteidigten sich tapfer und es dauerte lange, bevor die beiden Brüder von Jokul und seinen Männern eine Wunde erhielten, denn es teilte nicht nur Thorstein heftige Schläge aus, sondern Angervadil biß Eisen als ob es bloß Kleidung sei.

Angervadil ist ein magisches Schwert, daß in dieser Saga eine große Rolle spielt. Es geht auf Tyrs Sonnenschwert zurück (siehe die vollständige Saga in Band 79).

Thorer verteidigte sich vorzüglich, obwohl er seine Kesia nicht dabeihatte, die er daheim gelassen hatte.

Dieses „Kesia" ist ein weiteres Schwert, das allerdings bei weitem nicht die Bedeutung von Angervadil hat.

Er traf mit Grim aufeinander und sie kämpften tapfer, aber das Ende des Kampfes war, daß Grim tot zur Erde niederstürzte.

Zu dieser Zeit hatte Thorstein schon achtzehn Männer getötet, aber war inzwischen, wie man sich denken kann, sowohl erschöpft als auch verwundet – und ebenso Thorer. Da stellten sich die Brüder Rücken an Rücken und verteidigten sich weiterhin gut. Da griff Jokul sie mit seinen elf Mann an und drang so heftig auf sie ein, daß Thorer fiel.

Da verteidigte sich Thorstein mannhaft bis nur noch Jokul und drei seiner Männer standen. Doch da stach Jokul Thorstein mit seinem Schwert und verwundete ihn am oberen Ende seines Oberschenkels und da Jokul ein sehr starker Mann war und sein Schwert mit all seiner Kraft geführt hatte, als er Thorstein stach, stürzte Thorstein, der schon sehr erschöpft war und an der Kante des Flußufers stand, den Abhang hinab, während sich Jokul gerade noch vor dem Sturz bewahren konnte.

Da ging Jokul heim, da er dachte, daß er Thorstein und Thorer getötet hatte. Dann blieb er eine zeitlang daheim.

*Doch nun muß über Thorstein berichtet werden, daß er, als er den Abhang hinab-
gefallen war, auf einer grasigen Stelle zwischen den Felsen aufgeschlagen war. Da er
so erschöpft und verwundet war, konnte er sich nicht mehr bewegen, aber war nach
seinem Sturz bei vollem Bewußtsein.*

*Angervadil war aus seiner Hand und in den Fluß hinab gefallen. Dort lag Thorstein
nun zwischen Leben und Tod und glaubte bald seinen letzten Atemzug zu tun.*

*Doch bevor er dort lange gelegen hatte, sah er Skellinefja kommen. Sie war in ihren
Fellkittel gekleidet und sah nicht schöner aus als zuvor.*

*Sie nahte sich dem Ort, an dem Thorstein lag und sprach: „Mir scheint, Thorstein,
daß Deine Mißgeschicke niemals enden werden, und nun scheinst Du bald Deinen
letzten Atemzug zu tun. Oder wirst Du mir nun den Gefallen tun, den Du mir zuvor
versprochen hast?"*

Thorstein sagte: „Ich bin nun nicht in der Lage, Dir von großer Hilfe zu sein."

*Da gab sie zur Antwort: „Es ist mein Wunsch, daß Du mir versprichst, mich zu
heiraten – dann werde ich Deine Wunden heilen."*

*Thorstein sagte: „Ich weiß nicht so recht, ob ich Dir dieses Versprechen geben soll,
denn Du erscheinst mir wie ein Ungeheuer."*

*Sie sagte: „Dennoch hast Du die Wahl zwischen zwei Dingen: Entweder heiratest
Du mich oder Du stirbst. Und in dem zweiten Fall würdest Du auch Dein Versprechen brechen, das Du mir gegeben hast, als ich Dich auf Grims Insel gerettet habe."*

*Thorstein sagte: „In Deinen Worten liegt viel Wahrheit und es ist besser, wenn man
seine Versprechen hält. Daher schwöre ich, daß ich Dich heiraten werde – Du hast
Dich als meine größte Hilfe in Zeiten der Not erwiesen! Dennoch möchte ich mit Dir
vereinbaren, daß Du mein Schwert holst, damit ich es tragen kann, wenn mein Leben
noch weitergehen sollte."*

Sie sagte: „So soll es sein."

Auch das Motiv des im Wasser versinkenden und anschließend wiedergewonnenen
magischen Schwertes stammt aus den Tyr-Mythen. Dessen Schwert versank
zerbrochen im Herbst nach seiner Niederlage gegen Loki in der Wasserunterwelt.
Nachdem Tyr es in der Unterwelt in seiner Jenseitsgestalt als Schmied Wieland
neugeschmiedet hatte, kehrte er im Frühjahr mit seinem Schwert aus den Wassern der
Unterwelt zurück.

*Sie legte ihn in ihr Fell-Gewand und sprang, als ob die keinerlei Last tragen würde,
den Abhang hinauf und weiter bis sie zu einer großen Höhle kam.*

Dies ist offensichtlich die Höhle, in der Ogautan am Anfang der Saga Ingeborg
verbannt hatte, die nun die Gestalt der Skellinefja hatte. Das bedeutet, daß sich beide
gerade an dem Jenseitsfluß befinden, der passenderweise den Namen „Tief-Fluß"

trägt, da dieses „Tief" eine häufige Bezeichnung für das Jenseits ist.

Nachdem sie in die Höhle eingetreten war, verband sie Thorsteins Wunden und legte ihn auf ein weiches Bett und innerhalb von sieben Nächten war er geheilt.

Eines Tages verließ sie die Höhle und kehrte am Abend mit dem Schwert zurück, daß triefnaß war, und gab es Thorstein.

Wie in der Tyr-Mythe fällt auch in dieser Saga die Genesung des Helden und das Wiedererlangen des versunkenen bzw. zerbrochenen Schwertes zeitlich zusammen.

Sie sprach: „Nun habe ich Dein Leben zweimal gerettet und Dir Dein Schwert zurückgegeben, daß Dir lieber ist als alles andere; und zum vierten, was für uns beide von großer Wichtigkeit ist, habe ich Ogautan erhängt. Und doch hast Du mich vollständig dafür belohnt, denn Du hast mich von dem Zauberspruch befreit, mit dem mich Ogautan belegt hatte. Mein Name ist Ingeborg; ich bin die Tochter des Königs Skate und die Schwester des Bele. Die einzige Möglichkeit meiner Erlösung von meinem Bann war, daß ein Mann von edler Geburt mich zu heiraten verspricht. Nun hast Du dies getan und nun bin ich frei von dem Zauberbann."

Wie in der Saga über Fridthjof den Kühnen ist Ingeborg auch hier eng mit König Bele, der eine Variante des ehemaligen Sonnengott-Göttervaters Tyr ist, verwandt.

36. c) Zusammenfassung

Der Name der als sehr häßlich geschilderten Riesin „Skellinefja" bedeutet „die einen Schlag auf die Nase erhalten hat".

Sie ist ursprünglich die schöne Königstochter Ingeborg gewesen, die von dem zauberkundigen Riesen Ogautan mit dem Bann belegt worden ist, in der Gestalt seiner häßlichen Schwester Skellinefja in einer Höhle unter einem tiefen Fluß zu leben.

Ingeborg ist ursprünglich die Jenseitsgöttin als die Wiederzeugungs-Geliebte, während Skellinefja die Göttin Hel ist, also die gefrüchtete Herrin der Unterwelt. beide sind ursprünglich dieselbe Gestalt gewwesen. In der Saga über Thorstein Viking-Sohn ist aus diesem Zusammenhang die Verwandlung durch einen Fluch geworden.

36. d) Traumreise zu Skellinefja

„Skellinefja?"

„Ja?"

„Möchtest Du mir etwas zu Dir sagen? Oder mir zeigen?"

„Du hast es schon treffend beschrieben: Ich bin der Jenseitsaspekt der Göttin. ... Und ihr braucht euch nicht vor mir zu fürchten. ... Das Schreckliche, was ihr seht, wenn ich mich oder Hel oder Hyndla oder Hyrrokkin anschaut – das ist eure Angst, das bin nicht ich. ... Wenn ihr etwas Schreckliches seht in der Welt der Götter, dann schaut, ob es vielleicht in euch eine Wurzel hat – dann könnt ihr es verwandeln."

„Danke. Danke, Skellinefja! ... Gibt es noch etwas?"

„Verzagt nicht, wenn ihr etwas seht, wovor ihr euch fürchtet – dann wird es gut."

„Danke."

„Bitte."

Ich kehre zurück.

„Ho!"

37. Die Göttin Sinthgunt

37. a) Der Name „Sinthgunt"

Der Name dieser Göttin leitet sich vermutlich von „Sentha-gunthjo" ab und bedeutet „Kriegszug-Kampf" oder, wenn man den Namen ein wenig freier übersetzt, „Gang zur Schlacht". Dieser Name klingt sehr nach einer Walküre.

Dem Name der Göttin ähnelt dem althochdeutsche Frauenname „Sindhild", der sich aus „Sentha-hildr" entwickelt hat, was ebenfalls „Kriegszug-Kampf" bedeutet.

37. b) Zweiter Merseburger Zauberspruch

Die beiden Merseburger Zaubersprüche wurden ungefähr zwischen 850 n.Chr. und 950 n.Chr. niedergeschrieben.

Phol und Wodan
ritten ins Holz.
Da wurde dem Fohlen Baldurs
der Fuß verrenkt.
Da besprach ihn Sinthgunt
und Sunna, ihre Schwester;
da besprach ihn Frija
und Volla, ihre Schwester;
da besprach ihn Wodan,
wie nur er es verstand:

Sei es Knochenrenke,
sei es Blutrenke,
Sei es Gliedrenke:
Knochen zu Knochen,
Blut zu Blut,
Glied zu Gliedern,
als ob geleimt sie seien.

In diesem Heilungs-Zauberspruch wird erzählt, daß „Phol und Wodan in den Wald ritten". „Wodan" ist Odin, aber wer „Phol" ist, ist unklar – möglicherweise Odins

Sohn Baldur, dessen Pferd sich den Fuß verrenkte.

Sinthgunt und Sunna sind zwei offenbar heilkundige Schwestern. Der Name der Sunna bedeutet „Sonne". Diese Göttin wird sonst nirgends erwähnt.

Die nächsten beiden Schwestern, die das Bein des Pferdes besprechen, sind Freya und Volla (Fulla).

Schließlich fügt noch Wodan als fünfter seinen Zauberspruch hinzu.

Aus diesem Zauberspruch ergibt sich abgesehen davon, daß Fulla als Schwester der Freya aufgefaßt wird, daß sie heil- und zauberkundig ist und in einem Zusammenhang zu der Sonnengöttin Sunna und der Asin Sinthgunt, die wohl eine Kriegsgöttin sein wird, steht.

37. c) Zusammenfassung

Sinthgunt ist eine heil- und zauberkundige Göttin. Möglicherweise ist sie der Diesseits-Aspekt der Großen Mutter – ihre Schwester Sunna müßte deren Jenseits-Aspekt sein.

„Sinthgunt" bedeutet „Gang zur Schlacht" und klingt nach einem Walküren-Namen.

37. d) Anrufung der Sinthgunt

Die folgende Verse sind keine traditionelle Anrufung, sondern eine Neudichtung.

Sinthgunt, Sunnas starke Schwester,
spricht den Galdr, braut den Seidir:
Heilerin, Zauberin ist die Hohe
aus der Halle der Hel in der Tiefe.

Feste Freundin von Freya und Fulla,
früh siehst Du Gefahren kommen,
schützt und kämpfst gegen Schaden
durch Sturm und Krieger und Hungersnöte.

37. e)   Traumreise zu Sinthgunt

„Sinthgunt, ich würde Dich gerne besser kennenlernen."
„Komm' her."

...

Hm ... ich lande in der Szene aus dem Merseburger Zauberspruch. Ich bin auf einer Lichtung im Wald, oder ... ja ... es ist ein ziemlich lichter Wald, also ... die Bäume stehen nicht dicht ... Da ist das lahmende Pferd, da sind noch andere Pferde ... Da steht Odin und ... ja, das scheint Baldur zu sein ... Freya und Fulla ... Sinthgunt und Sunna, ja ...

„Warum hast Du mich hierhin geholt, Sinthgunt?"
„Das war am einfachsten – die Szene kennst Du schon."
„Bist Du eine Heilungsgöttin?"
„Nein."
„Eine Kriegsgöttin?"
„Sagen wir eine Walküre."

...

„Kannst Du mir mehr über Dich sagen?"
„Komm' mit."
Wir gehen von den anderen weg in den Wald.

... ...

Nach einer Weile bleibt sie stehen, dreht sich zu mir um und zieht ihr Gewand aus ...

Ich wundere mich ziemlich ...

Sie legt ihr Gewand auf den Boden und setzt sich darauf und sagt mir, daß ich mich auch ausziehen und hinsetzen soll.

„Warum ..."
„Sei still."

... ...

Wir sitzen ziemlich nah voreinander ... sie streckt ihren rechten Arm in die Richtung von meiner Brust ... und bewegt ihre Hand kurz vor meiner Brust, also noch innerhalb meiner Aura ... so, hm, 20, 30cm vor meinem Herzchakra ...

Ich merke, daß Sunna gekommen ist und hinter mir sitzt ... Ich glaube, sie hat auch ihre Kleider abgelegt und sie macht dieselbe kreisende Bewegung hinter meinem Herzchakra.

... ...

Ich spüre mein Herzchakra ... also nicht als Hitze, sondern wie ... hm ... so wie ich still sitzen kann und mit meinem Bewußtsein in meine rechte Wade gehen und sie spüren kann, obwohl da gerade kein Druck und keine Bewegung ist – so auf diese Art spüre ich mein Herzchakra ... das kannte ich so noch nicht.

... ...

Sinthgunt hält nun ihre linke Hand vor mein Herzchakra und macht kreisende Bewegungen im Uhrzeigersinn. Mit ihrer rechten Hand macht sie Bewegungen von meinem Herzchakra in die Erde hinunter und wieder zum Herzchakra hinauf ... als würde sie da die Verbindung herstellen.

...

Und Sunna hinter mir ... ist gerade undeutlich.

... ...

„Bleibe bei Deinem Erleben. Fühle einfach. Fühle, was in Dir passiert."

... ...

Das ist das, was jetzt schon einige von den Göttinnen gesagt haben ... im Herz-chakra bleiben und Geborgenheit haben ... die Geborgenheit – das ist diese Verbin-dung zur Erde ...

Bisher habe ich die Verbindung zur Erde immer vom Wurzelchakra aus gespürt ... zu dem Kern der Erde, der das Wurzelchakra der Erde ist ... aber jetzt ist es eine Verbindung von meinem Herzen zu dem Erdkern ...

„Spürst Du die Kraft, die da drinnen liegt? ... Den Halt, den das Dir gibt?"

„Ja, den kann ich deutlich spüren. ... Warum sind wir dabei nackt?"

„Das ist unsere Wahrheit. Wir sind nackt. Die Kleidung gehört nicht zu unserer Wahrheit."

„Ja ... so kann man das wohl sagen ..."

„Spüre Dich, Dein Herzchakra, und spüre die Erde – dann ist es gut."

„Möchtest Du noch etwas sagen, Sinthgunt?"

„Nein, das ist das Wesentliche."

„Danke! Danke, Sinthgunt!"

38. Die Göttin Syn

38. a) Der Name „Syn"

Der Name dieser Göttin wird von Snorri von dem Substantiv „syn" hergeleitet, das „Abwehr, Leugnung, Protest" u.ä. bedeutete.

38. b) Gylfis Vision

Die zehnte ist Syn, welche die Türen der Halle bewahrt und denen verschließt, welche nicht eingehen sollen. Ihr ist auch der Schutz derer befohlen, die bei Gericht eine Sache in Abrede stellen, daher die Redensart: Abwehr (Syn) ist vorgeschoben, wenn man die Schuld leugnet.

Zunächst einmal ist Syn wohl eine Schutzgöttin des Hauses und des Hofes gewesen, die vor Einbrüchen und Überfällen schützt.

In Erweiterung dieser Schutzfunktion ist Syn auch eine Göttin der Gerechtigkeit oder genauer gesagt, der Gerichtsverhandlungen gewesen. Sie war folglich eng mit dem Thing verbunden, da dies die damalige Gerichtsstätte gewesen ist.

Man kann daher davon ausgehen, daß sie auch den Richtergott Forseti Baldur-Sohn, den Gerichtsgott und Göttervater Tyr sowie den Skaldengott Bragi „zu ihren näheren Bekannten gezählt" hat.

Die angeführte Redensart würde in heutiger Sprache in etwa „wer seine Schuld leugnen will, wehrt sich mit Vorgetäuschtem" lauten.

38. c) Thulur

Auch in seinen Namens-Listen führt Snorri Sturluson Syn als Asin auf:

Nun nenne ich
alle Asinnen-Namen:
Frigg und Freyja,
Fulla und Snotra,
Gerdr und Gefjun,

Gna, Lofn, Skadi,
Jörd und Idunn,
Ilmr, Bil, Njörun.

Hlin und Nanna,
Hnoss, Rindr und Sjöfn,
Sol und Saga,
Sigyn und Vör,
Var und <u>Syn</u>
sind die edlen Namen,
aber zum Schluß müssen noch
Thrudr und Ran genannt werden.

38. d) Thorsdrapa

Der Schlächter der häufigen Besucher
der Halle der Herdstein-Synjar war siegreich.

„Herdstein-Synjar" ist eine Kenning, die sich aus „steinerner Herd" sowie aus dem Plural des Namens der „Syn" zusammensetzt. Die Herdstein-Göttin ist die Hausherrin. Da diese Kenning im Plural steht und sich offensichtlich auf die Riesen bezieht, sind mit ihr die Riesinnen in der Halle des Geirröd gemeint. Diese Kenning könnte bei Eilifirs Hörern die Assoziation zu der Riesin und Unterweltsgöttin Hel hervorgerufen haben.

Wenn dies der Fall gewesen sein sollte, dann würde „Halle der Herdstein-Göttinnen" sowohl „Höhle des Geirröd" als auch „Halle der Hel" bedeutet haben. Da auch die Riesen im Jenseits leben, sind beide Namensdeutungen letztlich Bezeichnungen für die Unterwelt/Utgard.

Die „häufigen Besucher der Utgard-Unterwelt" sind die Riesen, die dort wohnen. Der „Schlächter der Riesen" ist Thor.

38. e) Steinar

Der Skalde Steinar benutzte für „Frau" die Kenning „Syn des Halsketten-Ständers". Mit dem „Halsketten-Ständer" ist der Nacken gemeint, an dem die Halskette hängt.

„Syn" ist hier lediglich eine Heiti für „Göttin" und somit für „Frau" – evtl. mit

246

Beiklang, daß die Frau ihre Kette genauso sorgfältig bewahrt und beschützt wie die Göttin Syn das Haus und den Hof bewahrt und beschützt.

Die Wahl der Worte in den Kenningarn ist zwar manchmal auch einfach durch die Suche nach einem passenden Stabreim bedingt, aber sie enthalten in der Regel auch eine mehr oder weniger deutliche Anspielung. Vielleicht spielte der Skalde Steinar hier darauf an, daß manchen Frauen ihr Schmuck übermäßig wichtig ist … Es könnte sein, daß ihm diese Kenning daher ein gewisses Grinsen bei manchen seiner Zuhörern eingebracht hat.

Die „Göttin des Nackens, an dem eine Halskette hängt" ist eine wohlhabende Frau, die sich Schmuck leisten kann.

38. f) Landnahmebuch

In der Geschichte der besiedlung Islands wird eine Frau an einer Stelle als *„Syn des Falken-Sitzplatzes"* bezeichnet. Diese Kenningar ist nicht ganz regelgerecht gebildet:

Gemeint ist eine „Schmuck-tragende Frau", woraus in einem ersten Schritt normalerweise „Gold-Frau" o.ä. gebildet wird. Das Gold wird wiederum oft mit „Feuer des Armes" (goldener Armreif) umschrieben. Der Arm kann schließlich „Falken-Sitzplatz" genannt werden. Die korrekte Kenning müßte daher „Syn des Feuers des Falken-Sitzplatzes" lauten.

38. g) Jakob Grimm: Deutsche Mythologie

Die gothische sprache unterscheidet fein zwischen sunja (veritas) (Wahrheit) *und sunjô (defensio, probatio veritatis)* (Abwehr)*, im althochdeutschen recht bedeutet sunna, sunnis excusatio und impedimentum. auch das altnordische recht hat dieses syn, genitiv synjar für excusatio, defensio, negatio, impedimentum, aber die edda stellt zugleich eine personificierte Syn auf, sie war den Heiden göttin der gerechtigkeit und wahrheit, sie schützte den angeklagten.*

Mit ihr in gleicher reihe steht Vör, genitiv Varar, göttin der treue und des abgeschlossenen vertrags, eine dea foederis, wie auch die Römer Tutela heiligten. der ausdruck ›vigja saman Varar hendi‹, consecrare Tutelae manu stimmt zu den stellen über des Wunsches hände. so gut neben der abstraction wunsch ein lebendig erhöhter Wunsch, konnte auch neben althochdeutsch wara foedus eine göttin Wara statt finden, neben sunia eine Suniâ.

38. h)   Zusammenfassung

Syn („Abwehr") ist die Schutzgöttin des Hauses und des Hofes. Sie hilft auch bei Gerichtsverhandlungen.

38. i)   Anrufung der Syn

Die folgende Verse sind keine traditionelle Anrufung, sondern eine Neudichtung.

Syn, Asin des Schutzes des Saales,
starke Hüterin der hohen Halle,
hilf mir, Hohe, beim Thing im Wald,
wo Helden mit Worten heftig streiten!

Lenke die Zungen der Zeugen,
ziehe die Wahrheit ans Licht,
Gib' Reinheit dem Ring-Eid im Tempel,
lasse die Richter weise sprechen.

38. j)   Traumreise zu Syn

„Syn, ich möchte Dich gerne besser kennenlernen."
„Dann komm'."
Ich sehe etwas Dunkles, da sind glatte Felswände ... die sind von Menschen bearbeitet worden ... da ist eine Kammer ... unten brandet das Meer hinein ...
„Was ist das für ein Ort?"
„Was siehst Du? Was spürst Du?"
„Eine Kammer, einen Zugang ... das Meer ... es fühlt sich geborgen an ... ich kenne das ... Das ist wie vor der Geburt, wenn man im warmen Fruchtwasser seiner Mutter schwebt ... daran kann ich mich erinnern ... Ist das eine Grabkammer im Meer? Ist das der Schoß der Göttin?"
„Ja, das ist er."
„Die Schwitzhüten, die ersten Tempel in Göbekli Tepe, die Megalithanlagen mit ihren Steinkreisen und den Steinreihen, die zu ihnen führen, die Hügelgräber ... das ist alles der Bauch von Mutter Erde ..."

„Ja, so ist es. ... was spürst Du noch?"

„Ich bin da drinnen. Ich bin meine Seele ... meine Seele hat sich gerade nach der Zeugung inkarniert ... meine Mutter ... meine Mutter ist die ganze Zeit rings um mich ... ich bin nicht nur meine Seele und ihr Leib, ihr Selbstausdruck, ihr Strahlen – da ist auch die Geborgenheit in meiner Mutter ... das ist da ja beides zusammen ... Das ist mir noch nie wirklich deutlich geworden! Ich habe immer die Seele wie im luftleeren Raum schweben sehen ... aber da ist ringsum Geborgenheit und Wärme und Genährtwerden!"

„Ja, die Seele entfaltet sich inmitten der Geborgenheit. Das gehört beides zusammen – Entfaltung und Geborgenheit."

„Das ist mir noch nie so deutlich gewesen ... und das Hügelgrab ist ein Bild für diese Geborgenheit ..."

„Ja, das ist es. ... Bleibe nun einfach dort und fühle ..."

... ...

„Hm ... ich bin vor vielen Jahren einmal auf der Insel Belle Ille gewesen und habe dort eine Höhle unten an einer hohen Felswand gefunden, die bei Flut voll Wasser war. Kurz vorher habe ich mir in Quiberon eine kleine Statue der tibetischen Göttin Tara gekauft – die habe ich hinten in diese Höhle gestellt und dort in mich gespürt, die Höhle gespürt und die Göttin gespürt, mich in der Höhle gespürt – das war wie im Schoß von Mutter Erde ...

... ...
Danke, Syn! Vielen Dank!"
„Bitte."
Ich kehre zurück.
„Ho!"

249

39.   Die Göttin Njörun

39. a)   Der Name „Njörun"

Der Name „Njörun" setzt sich wie die Namen der Göttinnen „Gefjun" und „Idun" sowie der Name der Ziege „Heidrun", die von den Blättern der Weltesche frißt und Met statt Milch gibt, aus einem Bestimmungswort und der Endung „-un" zusammen.

Njörun und Gefjun				
Göttin	*1. Teil des Namen*		*2. Teil des Namens*	
	Wortlaut	*Bedeutung*	*Wortlaut*	*Bedeutung*
Njörun	Njör-	?	-un	Feminin-Endung
Gefjun	Gef-	geben	-un	Feminin-Endung
Idun	Id-	gehen, wiederholen	-un	Feminin-Endung
Heidrun	Heid-	Heide	-run	Rune

Die Endung „-un" findet sich auch des öfteren in Frauennamen. Sie kann vier verschiedene Ursprünge haben. Vermutlich haben alle vier Möglichkeiten gemeinsam diese Frauennamens-Endung entstehen lassen.

die Frauennamen-Endung „-un"			
Ursprung	*Bedeutung*	*wurde zur Endung*	*Bedeutung*
unnr	Woge	*-un*	Frau (Meeresjenseits-Göttin?)
unna	lieben	*-un*	(geliebte) Frau
runa	Freundin (Geliebte)	*-(r)un*	(geliebte) Freundin
runar	Rune, Geheimnis	*-(r)un*	(weise) Frau

Die Endung „-un" hat somit wahrscheinlich in etwa die Bedeutung „geliebte, weise Göttin/Frau".

250

Die Bedeutung des Bestimmungswortes „njör-" in dem Namen „Njörun" ist unsicher, da über diese Göttin kaum etwas bekannt ist und mehrere Herleitungen möglich sind.

Bedeutung von „Njörun"		
mögliche Wortwurzel	*Bedeutung der Wortwurzel*	*sich daraus ergebende Bedeutung von „Njörun"*
altnordisch: „nar"	Tod, Leiche	Totengöttin => Norne
altnordisch: „njard"	verzaubert o.ä.	Zauberin, Seherin => Norne
altnordisch: „ner"	drehen, winden, spinnen	Spinnerin => Norne
altnordisch: „ner"	murmeln	Murmelnde => Norne
altnordisch und indogermanisch: „ner"	unten	Unterweltsgöttin => Norne
germanisch: „nära"	Vereinigung, Sund, drehen, winden, spinnen	Spinnerin => Norne
Ableitung von „Njörd"	verwandt mit irisch „nert" für „Macht"	mächtige Göttin
	verwandt mit der Göttin „Nerthus" (Römerzeit)	Nerthus („Mächtige"?)
verwandt mit der römischen Göttin Nerio	„stark"	starke Göttin

Die sechs altnordischen und germanischen möglichen Wortwurzeln des Namens „Njörun" weisen alle auf eine Norne hin.

Die beiden Herleitungen des Namens der Asin von „Nerthus" bzw. „Nerio" führen beide zu der Bedeutung „die Starke" oder „die Mächtige".

Die Deutung von „Njörun" als einer „mächtigen Norne" ist sicherlich nicht präzise, aber man wird doch eine begründete Hoffnung haben dürfen, daß diese Auffassung Ähnlichkeit mit dem ursprünglichen Charakter dieser Göttin hat.

39. b)   Skaldskaparmal

Die Erwähnung der Göttin Njörun oder Niörun in einer Liste in der Skaldskaparmal sagt leider nichts über ihren Charakter aus. Auch aus ihrer Stellung innerhalb dieser Liste läßt sich nichts sicher schließen, da wahrscheinlich einfach die beiden wichtigsten Asinnen am Anfang stehen und dann alle anderen ungeordnet folgen.

Nun sollen alle Asinnen genannt werden: Frigg und Freya, Fulla und Snotra, Gerd und Gefiun, Gna, Lofn, Skadi, Jörd und Idunn, Ilm, Bil, Niörun. ... ...

39. c)   Thulur

Snorri Sturluson führt die Göttin Njörun auch in seiner Asinnen-Liste auf. Die erste Strophe ist mit der eben genannte Liste aus der Skaldskaparmal identisch. In den Thulur steht Njörun genau in der Mitte der Gesamtliste, die jedoch nicht nach der Wichtigkeit geordnet ist, wie z.B. Rindr, Sol und Ran zeigen, die erst ziemlich weit am Ende der Aufzählung erscheinen.

Nun nenne ich
alle Asinnen-Namen:
Frigg und Freyja,
Fulla und Snotra,
Gerdr und Gefjun,
Gna, Lofn, Skadi,
Jörd und Idunn,
Ilmr, Bil, Njörun.

Hlin und Nanna,
Hnoss, Rindr und Sjöfn,
Sol und Saga,
Sigyn und Vör,
Var und Syn
sind die edlen Namen,
aber zum Schluß müssen noch
Thrudr und Ran genannt werden.

39. d) Njörun als Asin

Njörun wird in drei weiteren Texten als Asin oder als Frauen-Heiti benutzt, ohne daß dort jedoch näheres über diese Göttin berichtet wird:

Torfi Valbrand-Sohn: Lausavisur
anonyme Thulur: Dögra heiti
anonym: dritte grammatische Abhandlung

39. e) Kenningar

Einige Skalden haben den Namen „Njörun" in Frauen-Kenningarn benutzt. Dies weist daraufhin, daß diese Asin recht bekannt gewesen sein muß. Möglicherweise handelt es sich um einen Beinamen der Freya, der Frigg oder der wichtigsten Norne, d.h. der Wyrd/Urd. Letzteres würde zwar gut zu der vermuteten Bedeutung des Namens „Njörun" passen, aber es würde dem Umstand widersprechen, daß ansonsten die Namen der Nornen in poetischen Umschreibungen für „Frau" nicht üblich sind – die Assoziationen zu den Nornen waren dafür zu düster …

Somit käme entweder eine „mächtige Frigg/Freya" infrage oder eine sehr frühe Entstehung des Namens Njörun, der aus einer Zeit stammt, als die Große Mutter im Jenseits noch nicht in eine Liebesgöttin (Freya) und in eine Todesgöttin (Hel, Nornen) auseinandergefallen war. Für diese zweite Deutung spricht die Verwandtschaft des Namens der Göttin mit der germanischen Göttin Nerthus, deren Prozession von Tacitus um ca. 100 n.Chr. beschrieben worden ist.

Die Kenningar, in denen der Name „Njörun" benutzt worden ist, sind:

Kenningar, die mit „Njörun" gebildet sind			
Kenning	*Bestimmungswort*	*Stammwort*	*Bedeutung*
Eld-Njörun	Eld = Feuer	Njörun	Jenseits-Göttin (?)
Hól-Njörun	Hól = Lob, Preis	Njörun	gepriesene Frau (?)
Draum-Njörun	Draum = Traum	Njörun	ein „Zwergenwort" für die Nacht

Die Verwendung der Kenning „Traum-Njörun" für die Nacht paßt zu der Auffassung der Njörun als einer Art Norne, da die Nacht mit der Unterwelt assoziiert wurde.

Die „Feuer-Njörun" könnte sich auf die Waberlohe beziehen, die das Diesseits vom

253

Jenseits trennt. Diese Feuer-Symbolik ist durch die Brandbestattungen entstanden. Auch dies würde zu der Deutung der Njörun als einer Art Norne passen.

Die Frauen-Kenning „Lob-Njörun" ist zu allgemein, um etwas aus ihr herleiten zu können.

39. f) Zusammenfassung

Njörun bedeutet möglicherweise in etwa „mächtige Spinnerin/Norne" und ist mit dem aus der Römerzeit bekannten germanischen Göttinnen-Namen „Nerthus" verwandt. „Njörun" könnte ein Beiname der Urd, der ältesten der Nornen gewesen sein. Letztlich wäre Njörun dann mit Frigg/Freya identisch.

39. g) Anrufung der Njörun

Die folgende Verse sind keine traditionelle Anrufung, sondern eine Neudichtung.

Njörun, Norne in Niflheim,
Traumgöttin der Nacht, Botin des Nid[101]:
spinne mir weise Schlaf-Bilder[102],
erschaffe mir Träume, die mich leiten!

Asin des Feuers, Alfenfrau,
Mutter des alles belebenden Drachens[103]:
erwecke die Kraft in meinem Körper,
laß Herzens-Erkennis in mich kommen!

---

101 Nid = „Niederes", „das in Tiefe" = Unterwelt; dessen Botin = Norne, Walküre
102 Schlaf-Bilder = Träume
103 belebender Drache = Kundalini; dessen Mutter = Erd- und Jenseitsgöttin

39. h) Traumreise zu Njörun

„Njörun?“

„Ja?“

„Bist Du die Frau des Njörd? Und bist Du dieselbe Göttin wie Nerthus?“

„Die drei Namen sind miteinander verwandt und die Mythen der drei Gottheiten sind miteinander verwandt, aber es hat nie ein Paar 'Njörd und Nerthus' oder 'Njörd und Njörun' gegeben. Aber Du kannst sie ruhig als Paare auffassen – das entspricht ihrem Wesen und ihren Mythen.“

„Hm ... möchtest Du mir etwas zeigen, Njörun?“

„Schau hin.“

„Hm ... da ist etwas Dunkles ... da sind Felsen ... eine Kammer ... das scheint wieder ein Hügelgrab zu sein ...“

„Schau hin.“

„Hm ... da liegt ein goldener Ring auf einem Felsen in der Mitte der Grabkammer des Hügelgrabes. ... Ich kann seine Größe nicht so recht erkennen. Ich weiß nicht, ob es ein Halsreif oder ein Armreif ist.“

„Spüre ihn.“

„Hm ... er leuchtet golden. ... Seine Ausstrahlung ist eine Mischung aus Sonnenlicht und der Herzchakra-Wärme.“

„Er ist das Symbol der Sonne und der Seele – und die Seele ist im Herzchakra.“

Ich spüre die leuchtende Wärme dieses Ringes.

„Nimm ihn in Deine Hand.“

Ich nehme ihn in die Hand. Das Gefühl in diesem Ring, seine Ausstrahlung wird für mich deutlicher spürbar.

Da wird mir auf einmal das Gefühl und die Situation noch greifbarer: „Das Hügelgrab und der Ring ... das ist die Sonne in der Unterwelt, das ist der Tote in seinem Grab, das ist die Seele im Embryo im Leib der Mutter ... das ist das strahlende Herzchakra in der Geborgenheit des Brustraums ...“

Da beginnt der Ring auf einmal hell zu strahlen und sein Licht erfüllt die ganze Grabkammer ... der Ring in der Grabkammer ist auch meine Seele in meinem Herzchakra im Brustbereich, der von ihrem Licht, von ihrer Selbstliebe erfüllt wird ... und von außen her von der Liebe der Mutter umhüllt wird ...

... ...

„Danke, Njörun! Vielen Dank!“

„Bitteschön.“

Ich kehre zurück.

„Ho!“

40. Die Göttin Nehalennia

40. a) Der Name „Nehalennia"

Der Name dieser Göttin bedeutet entweder „nahe beim Wasser" oder „die im Nebel verschwindet".

Dieses „nahe beim Wasser" erinnert an die Göttin „Skjalf" („Insel"), deren Name sich auf die Jenseitsinsel bezieht, auf der sich auch das Heiligtum der Göttin Nerthus befand.

Die „im Nebel verschwindenden Göttin" wäre eine Göttin in Nifelheim.

Beide Deutungsmöglichkeiten führen zu der Deutung der Nehalennia als einer Jenseitsgöttin.

40. b) Statuen der Nehalennia

Nehalennia wurde zwischen 100 und 300 n.Chr. im Bereich der Mündung der Schelde in den Westniederlanden von den dort lebenden Germanen, Kelten und Römern verehrt. Es hat auch mindestens einen Nehalennia-Tempel gegeben, der zumindestens zwischen 188 und 227 n.Chr. benutzt worden ist. Es sind über 100 Reliefs, Statuen und Statuetten der Göttin sowie 28 Nehalennia-Altäre bekannt.

Diese Göttin ist vor allem von Seeleuten verehrt worden. Auf vielen der Votiv-Steine bedankt sich der Spender für die sichere Überfahrt nach Britannien. Der Thron über ihrem Baldachin ist oft wie eine Muschel geformt.

Es ist denkbar, daß ein allgemeiner Zusammenhang zu der von Tacitus als „Isis" bezeichneten „Göttin mit Schiff" besteht – aber die meisten Jenseitsgöttinnen sind mit dem Wasser assoziiert, da das Motiv der Wasserunterwelt weit verbreitet gewesen ist.

Auf den Seitenflächen der Nehalennia-Steine erscheinen hin und wieder auch Neptun, Merkur und einmal auch Jupiter. Neptun (Meer) und Merkur (Handel) sind zusammen die Beschützer des Seehandels. Jupiter ist der Götterkönig der Römer.

Nehalennia wurde oft mit einem Mantel und einem Hund oder Wolf dargestellt, was sie vermutlich als Totengöttin kennzeichnen sollte. Sie ist somit eine Vorläuferin der auf dem Fenris-Wolf reitenden Hel gewesen.

Der Korb mit Früchten neben ihr und das Füllhorn an der Seite einiger Nehalennia-Steine könnte auf den Ackerbau, aber auch allgemein auf Wohlstand hinweisen.

DEAE·NEHALENN
AE·IANVARINVS
AMBACTHIVSPRo
SE·E·SVIS·V·R·LM

Domberg

Oosterschelde

Museum von Leyden

aus dem Nehalennia-Tempel von Colijnsplaat

257

Museum von Oudheden

Fundort unbekannt

Nehalennia-Statue

Fundort unbekannt

Fundort unbekannt

Fundort unbekannt

258

Fundort unbekannt

Fundort unbekannt

Fundort unbekannt

Fundort unbekannt

Domburg

Fundort unbekannt

Fundort unbekannt

Fundort unbekannt

Fundort unbekannt

Ein typischer Weihespruch an Nehalennia lautet:

An die Göttin Nehalennia,
wegen der gut beschützten Güter:
Marcus Secundus Silvanus
Töpferei-Händler mit Britannien,
erfüllt gerne und gebührend seinen Eid.

Die Erfüllung des Eides an Nehalennia besteht in der Errichtung des Votiv-Steines.

40. b)   Der Nehalennia-Tempel von Domburg

Um 1647 n.Chr. wurden in Domburg auf der Insel Zeeland in der Nähe von Rotterdam die Fundamente eines Tempel der Nehalennia gefunden, nachdem ein Sturm eine seit sehr langer bestehende Dühne abgetragen hatte.

Im Norden des Tempels befand sich damals eine kleine Stadt, von der aus ein gepflasterter Weg zu dem Tempel führte.

Rings um diesen Tempel stand einst ein kleiner Wald, wie man anhand von vielen Baumstümpfen feststellen konnte. Möglicherweise ist er bereits vor der Errichtung des Tempels ein Heiliger Hain gewesen.

Der Tempel war quadratisch mit einer Seitenlänge von 3,80m. Ringsum befand sich ein ca. 1,2m breiter überdachter Umgang. Dieser Aufbau entspricht dem damals üblichen römischen Stil.

Der zentrale Altar im Inneren des Tempels war 90cm hoch und 75cm im Quadrat groß. An seiner Unterkante befand sich die römische Inschrift „Deo Neptuno Octavius Ammius" = „dem Gott Neptun von Octavius Ammius".

An den Tempelwänden stand rings um den Innenraum Weihesteine an Nehalennia, in denen die Göttin in einer Nische in diesem Stein sitzt.

In dem Tempel befand sich auch ein Mosaik aus schwarzen, roten und weißen Steinen, das die Göttin Nehalennia darstellt, die am sturmgepeitschten Meer mit einem Hund neben sich steht.

Außen an den Tempelwänden standen auf einer Seite fünf Sockel in einer Reihe. Auf dem letzten von ihnen hat man noch die Statue der sitzenden Göttin gefunden – auf den anderen werden vermutlich ähnliche Statuen gestanden haben.

Der Weg zwischen der Stadt und dem Tempel wurde durch mehrere Fluten fortgespült, wodurch der Tempelbereich zu einer kleinen Insel wurde, die spätestens um 700 n.Chr. verlassen wurde. Ab dieser Zeit bildete sich dann die Dühne, die den Tempel 1000 Jahre lang verbarg.

Rekonstruktion des Nehalennia-Tempels

40. c)   Zusammenfassung

Der Name der Göttin Nehalennia bedeutet entweder „die in der Nähe des Wassers ist" oder „die im Nebel verschwindet". Sie wurde zwischen 100 und 300 n.Chr. an der Mündung der Schelde von Germanen, Kelten und Römern verehrt – möglicherweise auch schon zuvor und auch noch danach.

Sie war eine Göttin der Fülle, des Ackerbaus und vor allem der Handelsschifffahrt. Sie wird von einem Hund begleitet, der ein Hinweis darauf sein könnte, daß sie auch eine Göttin der Jenseitsreise gewesen ist.

Ihr Tempel stand wahrscheinlich in einem heiligen Hain.

40. d)   Das Aussehen der Nehalennia

Die Göttin sitzt meistens auf einem Thron. Ihre Haare sind zu einer Art Kranz um den Kopf gebunden oder geflochten. Dadurch ähnelt sie ein wenig den in derselben Zeit und in demselben Gebiet verehrten Matronen.

Sie ist manchmal auf südländische Weise halbnackt und nur teilweise in ein langes, leichtes, loses Tuch gewickelt. Meistens ist sie jedoch entsprechend dem rauheren Nordsee-Klima mit einem langen, warmen Gewand und einem Mantel bekleidet.

Sie hält auf ihrem Schoß einen flachen Korb mit Äpfeln. Neben ihrem Thron sitzt auf ihrer linken Seite (vom Betrachter aus gesehen) ein Hund oder Wolf. Auf der anderen Seite steht ein hoher Korb voller Äpfeln.

In ihrer rechten Hand hält sie manchmal einen langen Stab – entweder einen Seherinnenstab oder den Stab eines Schiffers zum Staken.

Auf einigen Darstellung steht sie aufrecht – der eine Fuß steht fest an Land, das andere Bein hat sie angewinkelt, um ihren Fuß auf ein Schiff setzt zu können. Die Meeresgöttin Nehalennia ist die Beschützerin der Seefahrer.

An den Außenseiten der Votivsteine ist manchmal ein Füllhorn mit Früchten abgebildet.

Sie ist zumindestens in einem Tempel zusammen mit dem Meeresgott Neptun und dem Händlergott Merkur verehrt worden.

Der Baldachin über ihr, also das halbkugelförmige Dach, ist oft in der Form einer Muschel gebildet worden.

Nehalennias Tempel steht am Meeresstrand. Auch sie selber steht am Meer, um die Seefahrer und die Güter in ihren Schiffen zu beschützen.

Siehe auch die Bilder ihrer Statuen weiter oben.

40. e) Anrufung der Nehalennia

Die folgende Verse sind keine traditionelle Anrufung, sondern eine Neudichtung.

Ich bin Nehalennia vom Nebelland,
Ich bin Neptuns Freundin;
Ich komme vom der Küste,
Ich komme vom Hafen;

Ich schütze die Schiffe,
Ich schütze die Güter;
Ich stehe am stürmischen Meer,
Ich stehe in der Gischt-weißen Brandung;

Ich singe Lieder, den Sturm zu beruhigen,
Ich singe Lieder, die See zu befrieden;
Ich sitze zwischen den Säulen des Meeres,
Ich sitze unter der Muschel der Brandung;

Ich bin die Schützerin der Schiffer,
Ich bin die Beschirmerin der Segler;
Ich bin die Göttin der weiten Wasser,
Ich bin die Gebieterin des Windes;

Ich bin die Herrin der Inseln im Haff,
Ich bin die Herrin der Flüsse im Land;
Ich gehe vom Weihe-Ort zum Watt,
Ich gehe vom Tempel zu den Wogen;

Ich rufe den Wolf aus dem Ried,
Ich rufe den Hund aus der Dühne;
Ich sitze auf dem Thron der See,
Ich sitze auf dem Stuhl der Äcker;

Ich fasse das Füllhorn mit beiden Händen,
Ich fasse den Korb mit den Früchten;
Ich bin die Helferin der Händler;
Ich bin die Hüterin der Häfen;

Ich bin die Göttin der reichen Gaben,
Ich bin die Göttin der Äpfel und Garben;
Ich stehe halbnackt im Schein der Sonne,
Ich stehe in warmen Mantel im Sturm;

Ich halte den Stab der Seherinnen,
Ich halte den Stecken der Schiffer;
Ich messe die Wege mit Merkur,
Ich messe die Ernte mit Gaia;

Ich bin Nehalennia vom Nebelland,
Ich bin Nerthus von der Insel!
Ich weihe das Wasser,
Ich weihe die Wogen!

40. f)   Traumreise zu Nehalennia

„Nehalennia?“
„Ja?“
„Ich würde Dich gerne besser kennenlernen.“
„Dann komm' her.“
Ich wünsche mich zu ihr. Ich sehe einen Tempel, einen einfachen Tempel im schlichten römisch-keltischen-germanischen Stil: eine kleine Kammer, ein Gang ringsherum, außen Säulen, ein Dach über dem ganzen, ringsum Erde, ein wenig Gras, ganz außen ein Zaun ...

Nehalennia sitzt ein Stück von dem Tempel entfernt, sie trägt helle Kleidung. Ich setze mich links neben sie. Wir sitzen oben auf einem langen Bergrücken – helles Gestein, vermutlich Kalkstein. Wir blicken auf das Meer – das ist das Mittelmeer, wir sind in Süditalien – ungefähr zwischen Rom und Brindisi ... wir blicken nicht auf die Adria, sondern von der Westseite Italiens aus auf das Meer.

Es ist hell, es fühlt sich leicht an ... nicht mühelos, aber so wie im Hier und Jetzt ... diese Qualität kenne ich bisher nur von einer Traumreise zu Poseidon – lichtdurchflutetes Wasser, Wärme, Sonne, helles Gestein, Kräuter, Fichten ...

Nehalennia wendet sich mir zu. Ich setzte mich auch so, daß ich sie anblicken kann.
„Bist Du die Meeresgöttin?“
„Nein, ich bin die Erd- und Muttergöttin – aber ich bin in der Nähe des Meeres.“
„So wie auf der Jenseitsinsel?“
„Ja, so in der Art.“

„Warum bist Du so weit im Süden?"

„Das ist ein Rätsel für Dich."

„Ein Rätsel?"

„Ja, ein Rätsel."

„Hm ... gibt es etwas, was Du mir sagen oder zeigen möchtest, Nehalennia?"

„Nein, Du hast das Wesentliche schon verstanden. ... Es bleibt nur das Rätsel."

„Ja, gut ... dann werde ich mal schauen, ob ich das Rätsel lösen kann. ... Danke, Nehalennia."

„Bitte."

Ich kehre zurück.

„Ho!"

Ein paar Stunden nach dieser Traumreise ist mir aufgefallen, daß Tamfana die Göttin ist, die in Italien verehrt worden ist – und nicht Nehalennia. Da habe ich etwas durcheinandergebracht und meine falsche Vorstellung offenbar fest in meine Traumreise-Szenerie eingebaut.

Freundlicherweise hat Nehalennia mich auf meinen Irrtum hingewiesen. Ich hoffe, daß mir ansonsten keine anderen Fehler unterlaufen sind – aber auf die wäre ich ja dann hoffentlich ebenfalls hingewiesen worden …

41. Die Göttin Zisa

41. a) Der Name „Zisa"

Der Göttinnenname „Zisa" ist eine Variante von „Dise", also von der Feminin-Form des Namens „Tyr" des ehemaligen germanischen Sonnengott-Göttervaters.

In der Bezeichnung der Tyr-Priester als „Diar" findet sich dasselbe „d" wie in „Dise" – beides geht auf den indogermanischen Namen „Dhyaus" des Sonnengott-Göttervaters zurück. Die Römer und Inder haben dieses „dh" bewahrt: „deus" bzw. „deva".

In der Variante „Ziu" des Namens „Tyr" findet sich dasselbe „z" wie in „Zisa". Auch in der griechischen Sprache ist das „dh" zu einem „z" geworden, sodaß aus dem „Dhyaus" bei ihnen „Zeus" geworden ist.

„Zisa" bedeutet somit einfach „Göttin".

41. b) Jakob Grimm: „Deutsche Mythologie"

Küchlin, ein geistlicher, dichtete um 1373–1391 für Peter Egen, den jungen bürgermeister zu Augsburg, der sein haus mit vorstellungen daraus bemalen lassen wollte, eine geschichte der stadt. darin heißt es capitel 2. folgende von den schwaben:

*„sie bawten einen tempel groß darein
zu eren Zise der abgöttin,
die sie nach heidnischen sitten
anbetten zu denselben zeiten.
die stat ward genennt auch Zisaris
nach der abgöttin, das war der pris.
der tempel als lang stůnd unversert,
bis im von alter was der val beschert,
und da er von alter abgieng
der berg namen von im empfieng,
daruf gestanden was das werck,
und haist noch hüt der Zisenberck. "*

Vergleiche Kellers fastnachtsspiele Seite 1361. Sigismund Meisterlin in seiner vom

266

achten capitel des ersten buchs an gedruckten Augsburger chronik handelt capitel 5, 6 des zweiten buchs von dieser Cisa. im ungedruckten capitel 4 des ersten bezieht er sich unverkennbar auf Küchlin, und capitel 7 am ende wiederum:

›*das er auch melt von der göttin Cisa, die auch genent wird Cizais, das sy geert habend nach jrem sitten, die doch aus Asia warend; dawider seind die andern, die von Cysa schreibent, die sprechent, das sy die Vindelici habend nach schwebischen sitten angebettet. von der göttin wirst du hernach mer haben ob got wil (buch 2. capitel 5, 6)‹.*

Unheilbare widersprüche jenes fragments liegen am tage. Bogud, ein punischer schiffshauptmann, der im jahre 494 Roms, also 260 vor Chr. lebte, ist hier in einen macedonischen könig umgewandelt, und Avar sein sohn soll dem 200 jahre später auftretenden (ciceronischen) Verres, oder gar dem noch jüngeren Varus gleichzeitig sein. doch kommen Bogudes und Varus auch als zeitgenossen des Pompejus vor bei Dio Cassius 41, 42. welcher Titus Annius unter dem praetor gemeint wird, errathe ich nicht; ein gleichnamiger consul findet sich im jahre 601 und 626 der stadt, 123, 158 jahr vor Chr. Vellejus Paterculus kann dergleichen nicht verfaßt haben.

Aber all der unsinn, den sie enthält, hebt den werth der merkwürdigen überlieferung für uns nicht auf. schon der reinere, lateinische stil thut dar, daß sie nicht erst im zwölften jahrhundert niedergeschrieben sein kann; Lazius und Velser sind geneigt, sie in das carolingische zeitalter zu setzen, zugleich scheint sie von einem ausländer, dem die Deutschen heiden und barbaren waren, abgefaßt.

Durch die glossen wird die örtliche anknüpfung der ganzen tradition an Augsburg und die umgegend befestigt, und nicht bloß die lateinischen verse, auch die deutschen formen werthaha, cizûnberc, habino, habinonberc scheinen über das 12 jahrhundert hinaus zu reichen. Habino (Hepino), Habinolf ist urkundlicher althochdeutscher mannsname; ein Cacus kenne ich nicht, sprachgemäßer schiene Cagan, Cacan, worauf der verglichene ortsnamen Geginen leitet.

Einzelne der angeführten benennungen haben sich bis heute erhalten. Perlach heißt fortwährend die anhöhe mitten in der stadt, nächst dem rathhaus, auf welcher im jahr 1064 das stift und die kirche st. Peter gegründet wurde; die verse 'subdidit hunc (collem) Romae praepes victoria Petro' sind also später gedichtet?

Der name perleih, den die sage auf periens oder perdita legio zieht, gemahnt an das althochdeutsche eikileihi, aigilaihi (phalanx); leih ist auch in andern zusammensetzungen vieldeutig.

Zisenberg und Havenenberg sind heute verschollen, die dörfer Pfersen (Verisse) und Kriegshaber desto bekannter. auf welche weise die richtigere alte form Criechesaveron immerhin zu erklären sei, es leuchtet hervor, daß die benennung des ortes Criahhes (graeci) avarâ (imago, sonst auch avaro proles) den Graecus Avar erst erzeugt hat, wie Habinonberc den helden Habino. des Auersberger chronisten anga-

be, die lateinischen verse seien an allen diesen orten eingehauen gewesen, ist zu ver-
werfen.

Es ergibt sich, daß die überlieferung, nach ihrer weise, gegründetes und erdichtetes
mengte; das merkwürdigste was sie enthält ist aber die nachricht von einer suevi-
schen göttin. Cisa scheint ältere, bessere schreibung, Ciza weniger deutbar. aus der
göttin namen läßt sich indessen Cisara, als benennung der stadt, schwerlich herlei-
ten, wenn es rein deutsche formation sein soll, denn nie werden ortsnamen auf solche
weise aus weiblichen oder männlichen eigennamen gebildet.

Annehmlicher schiene Cisara = Cisae ara, nach dem altar und tempel der gottheit;
die späteren schreiber entstellten Cisaram in Zizarim, Zizerim?

Cisa wird von den Sueven aufs eifrigste (religiosissime) verehrt, ihr jahrestag ist ein
hauptfest, dem spiel und der freude geweiht; dieser tag wird genau als der neunund-
fünfzigste vom ersten august an beschrieben: er fiel also auf den 28. september. zu
dieser zeit konnte ein fest der gottheit begangen werden, die das gedeihen der eben
eingebrachten ernte verliehen hatte. Den 29 september feierten die Christen einen
ihrer hehrsten tage, des heiligen Michael, der oft einen heidnischen gott des kriegs
und siegs vertreten muste.

Bemerkenswerth scheint, daß die Sachsen ihr großes siegsfest etwa in die nemliche
zeit, den beginn des october legten. von dem nächsten sonntag nach Michaelistag
rechnete man im mittelalter die heilige gemeinwoche an. in der überlieferten, sicher
echten zeitbestimmung finde ich die glaubwürdigkeit der sage bestätigt.

Wer ist nun Cisa? man wird zunächst an des Tacitus suevische Isis denken, deren
name nicht einmal fern von Cisa, Zisa zu liegen scheint, wenn man den bloßen
abgang des anlauts erwägt, den bei dem Römer die ähnlichkeit der bekannten Isis
verursachen konnte. Wäre aber auch Zisa grundverschieden von Isis, so läßt sie sich
mit desto größerm recht unserm Zio an die seite stellen, in welchem wiederum ein
echt schwäbischer gott hervorleuchtete, ja neben dem behaupteten femininen Ziu galt
vielleicht die nebenform Zisâ, so daß sich ihr Zisûnberg dem Ziewesberg, Zisberg des
gottes genau vergliche.

Soll ich für diese vermutung einen grund anführen, der gar nicht ohne schein ist?
die mittelniederländische benennung des dritten wochentags lautete seltsam Disen-
dach, das offenbar aus Tisendach verderbt unmittelbar auf Tise = Zisa führt. es wird
darauf ankommen sie durch künftige forschungen zu bestätigen, doch daß drei gott-
heiten den Sueven überwiesen sind, Zio, Zisa und Isis, steht schon jetzt fest.

Der niederländnische „Diesendach", auf deutsch also „Diesentag", läßt sich am
einfachsten als „Disen-Tag" erklären.

In den von Jakob Grimm angeführten Namen verwandeln sich wieder „d", „t" und
„z" ineinander: Dise, Tyr, Tise, Zio, Ziu, Zisa usw.

Dieser Wandel entspricht der von Jakob Grimm entdeckten „ersten Lautverschiebung", die eine systematische Veränderung der Konsonanten in der deutschen Sprache beschreibt. Zusammen mit der zweiten Lautverschiebung werden die Namen Dise, Tyr, Tise, Zio, Ziu, Zisa usw. als Teil einer umfassenden Sprachveränderung erkennbar.

Diese beiden Lautverschiebungen sind durch den Kontakt der Germanen mit neuen Völkern bei ihrer Expansion nach Mitteleuropa hin bzw. während der Völkerwanderungszeit entstanden.

In der Tabelle sind nur die von „Dhyaus" abgeleiteten Worte aufgeführt:

Die Entstehung des Namens „Zisa"		
vor 500 v.Chr.	*500 v.Chr. - 500 n.Chr.*	*nach 500 n.Chr.*
---	*nach der 1. Lautverschiebung um ca. 500 v.Chr.*	*nach der 2. Lautverschiebung um ca. 500 n.Chr.*
Germanen in Skandinavien	*Ausdehnung der Germanen nach Mitteleuropa*	*Vökerwanderungszeit*
d	**d => t**	**t => ts (z)**
Dhyaus (Tyr)	Tyr	
	Tio (nicht überlieferte Form)	Zio (Tyr)
		Ciu (Tyr)
	Tiassi (Tyr)	Thiazi
Dise (Göttin, Priesterin)		Zisa (Göttin)
		Cisa (Göttin)
		Cysa (Göttin)
		Ziu (Göttin)
Diar (Priester)		

41. c) Zusammenfassung

Der Name der Göttin „Zisa" ist eine Femininbildung zu dem Gottesnamen „Zio", der eine der vielen Varianten von „Tyr" ist. Diese beiden Namen haben viele Entsprechungen bei den Indogermanen. Die vielen Namensvarianten, die mit „d", „t", „z" und „c" beginnen, haben sich durch die beiden Lautverschiedbüngen im Germanischen ergeben.

Die untenstehenden Beispiele zeigen, daß sich „Zisa" zwanglos in diese Gruppen einfügen läßt:

Volk	Gott	Göttin	Priester o.ä.
Inder	Deva	Devi	Deva
Römer	Deo	Dea	
Griechen	Zeus		
Kelten	(Dag-)da, (Nua-)da		
Germanen	Tyr		
	Dia (?)	Dise	Diar
	Ziu	Zia	

„Zisa" bedeutet somit „Göttin" – entsprechend dem lateinischen „dea" oder dem indischen „deva".

Leider ist über den Charakter dieser Göttin nicht näheres bekannt – evtl. war „Zisa" jedoch wie das altnordische „Dise" auch keine konkrete Göttin, sondern wie das lateinische „dea" nur eine allgemeine Bezeichnung für „Göttin".

42.   Die Göttin Fjötra

Über Fiötra wird ausschließlich in dem Teil der Gautreks-Sagas, die „Gauta-Thattr" genannt wird, berichtet.

42. a)   Der Name „Fiötra"

Dieser Name bedeutet „Fessel", insbesondere die Schnur, mit der man die Beine von Pferden mit nur geringem Spielraum aneinanderbindet, damit sie sich beim Grasen nicht allzuweit entfernen können.

Diese Fessel könnte eine Umschreibung für „Band" („bönd") sein. Mit diesem Wort beschrieben die Germanen die Verbindung der Menschen zu den Göttern. Dies ist dasselbe Bild der „Verbundenheit", das auch dem Begriff „Religion" („Rückverbindung") zugrundeliegt.

42. b)   Gauta Thattr

Die vollständige Gauta-Thattr und ihre Besprechung findet sich unter „Gilling" in Band 6.

Im Folgenden werden nur die Stelle angeführt, in der Fiötra erwähnt wird.

Die Geschichte beginnt damit, daß sich König Gauti auf der Hirschjagd verirrt und zu einer Familie gelangt, die aus Vater, Mutter, drei Söhnen, drei Töchtern und einem Knecht besteht. Der König zeugt mit einer der drei Töchtern seinen Sohn und Nachfolger Gautrek.

Der Vater der Familie ist der ins Groteske übertragene Tyr – die gesamte Geschichte ist fast eine Satire.

Der König sprach: „Erzähl mir bitte, wie eure Leute heißen."

Sie antwortete: „Mein Vater heißt Skafnartung. Er trägt diesen Namen deshalb, weil er so geizig mit seinen Vorräten ist, daß er es nicht anschauen kann, daß sich Essen noch irgendetwas anderes, das ihm gehört verringert. Meine Mutter heißt Tötra. Sie trägt diesen Namen deshalb, weil sie nie andere Kleidung anziehen will, als solche, die bereits zerschlissen und zerfetzt ist, und das hält sie für enorm umsichtig."

Der König fragte: „Wie heißen Deine Brüder?"

Sie antwortete: „Einer heißt Fjölmod, der zweite Imsigul und der dritte Gilling."
Der König sprach: „Wie heißen Du und Deine Schwestern?"
Sie antwortete: „Ich heiße Snotra. Diesen Namen trage ich, weil man mich für die klügste von uns allen hält. Meine Schwestern heißen Hjötra und Fjötra."

Die Namen der Mitglieder dieser Familie haben folgende Bedeutungen:

Die Namen der Mitglieder der „Wald-Familie"		
Stellung	*Name*	*Bedeutung des Namens*
Vater	*Skafnartung*	„Rinden-Nager" (er ist geizig)
Mutter	*Tötra*	„Lumpen" (sie trägt nur Lumpen)
drei Söhne	*Fjölmod*	„der sehr Mutige"
	Imsigul	„Schrecklicher Sieg-Wolf"
	Gilling	„der am Jenseitsfluß"
drei Töchter	*Snotra*	„Kluge"
	Hjötra	„Hindin"
	Fjötra	„Schnur, Seil"

Die Kombination der Namen der drei Söhne ergeben einen passenden Titel des Schwertgott-Göttervaters Tyr, der der Gott der Wolfs-Ekstasekrieger („Ulfhedinn") ist: „der sehr mutige und schreckliche Sieg-Wolf am Jenseitsfluß". Diese drei Söhne entsprechen den drei Söhne des ehemaligen Göttervaters Tyr, die die drei Stände repräsentieren.

Die Kombination der Namen der drei Töchter ergibt eine Umschreibung der Jenseitsgöttin: „die kluge, haltgebende Hindin".

In weiteren Verlauf stürzen sich alle Mitglieder der Familie bis auf Snotra von dem „Familienfelsen" in der „Gillingswand" herab, um zu sterben und zu Odin zu gelangen. Dies ist eine ein wenig groteske Umdeutung des Todes des abendlichen bzw. herbstlichen Todes des Tyr.

Vor dem eigenen Freitod teilt der Vater noch sein Erbe auf, von dem Fiötra das Familien-Gold erhält.

Gilling und seine Schwester Snotra sollen meinen guten Ochsen bekommen. Fjölmod und seine Schwester Hjötra sollen meine Goldbarren bekommen. Imsigul und seine Schwester Fjötra sollen das gesamte Getreide und die Äcker bekommen.

Aber ich bitte euch, meine Kinder, daß ihr eure Anzahl nicht vergrößert, so daß ihr deswegen mein Erbe nicht aufrechterhalten könnt."

Schließlich wählt auch Fiötra aufgrund eines grotesken Grundes zusammen mit ihrem Mann den Freitod.

Eines Tages geschah es, daß Imsigul an seinen Äckern entlang ging. Da sah er vor sich einen Sperling. Das ist ein ziemlich kleiner Vogel. Ihm sah es so aus, als sei Schaden zu erwarten. Er ging am Acker entlang und sah, daß der Vogel ein Korn aus einer Ähre gepickt hatte.
Da sprach er:

„Das war ein Schaden
und ein Sperling verursachte ihn,
auf Imsiguls Acker.
Die Ähre wurde beschädigt
und ein Korn herausgepickt,
das wird Fjötras Familie ewig betrüben."

Dann gingen er und seine Frau uns stürzten sich froh vom Familienfelsen, weil sie nicht öfter solchen Schaden erleiden wollten.

<u>42. c)</u> Zusammenfassung

„Fjötra" („Fessel") könnte eine Göttin der Wiederzeugung sein, da ihr Name vermutlich eine Heiti für „bönd" („Band, Fessel") sein wird und mit diesem Wort die Verbindung zwischen den Menschen und den Göttern bezeichnet wurde.

Ihr Mann ist Imsigul („schrecklicher Wolfs-Krieger"), einer der drei Söhne des ehemaligen Göttervaters Tyr, die die drei Stände verkörpern. Da ihm das Getreide gehört, ist er evtl. der Vertreter des Bauern und Handwerker.

273

42. d)   Traumreise zu Fiötra

„Fiötra?"

... ...

Ich sehe wieder einmal Dunkelheit ...

„Fiötra? Bist auch Du eine Göttin der Grabkammer?"

„Ja."

„Möchtest Du mir etwas sagen oder zeigen?"

„Ich bin die Jenseitsgöttin ... und es gibt nichts, was ich Dir noch zeigen könnte."

„Ja, gut ... Danke."

„Bitte."

Ich kehre zurück.

43. Die Göttin Tamfana

43. a) Der Name „Tamfana"

Ihr Name ist auf eine bei den drei westlichsten Völkern der Indogermanen übliche Weise gebildet worden: (Germanen) Wodanaz = „Herr der Wut"; (Kelten) Bellona = „Herrin des Krieges"; (Römer) Silvanus = „Herr des Waldes". Tamfana ist somit die „Herrin des Tamf".

Weitere auf diese Weise gebildete Göttinnennamen sind Hludana, Bertana, Rapana und Madana.

Die Herkunft des Wortes, mit dem der Name „Tamfana" gebildet worden ist und der das bezeichnet, dessen „Herrin" sie ist, sieht wie folgt aus:

1. Indogermanen
indogermanisch: **temp**, **ten**, **teng**, **tens** = dehnen, ziehen, spannen; **tenk** = ziehen, gerinnen, fest werden; **tempos** = Spanne

Zunächst einmal ist die Bedeutung ganz schlicht das Ziehen und Spannen und die dadurch erreichte Größe dessen, was man gespannt hat.

2. indogermanische Völker
persisch: **dapis** = Teppich
griechisch: **tapes** = Teppich; **teinein** = dehnen, spannen; **tainia** = Band, Binde; **hypoteinusa** = Hypotenuse, darunter ausgestreckte Seite; **tenos**, **tenon** = Sehne; **tonos** = Spannung, Anspannung; **titainein** = ausspannen, ausstrecken, ziehen; **Titanen** = Ausgestreckte, Riesen; **tanyein** = dehnen, spannen, hinstrecken; **tany** = lang; **tanaos** = gedehnt, gestreckt, lang, schlank; **tetanos** = gestreckt, lang, straff; **tennein** = stöhnen, laut klagen; **stenein**, **steinein** = stöhnen, laut klagen, ächzen; **stonos** = Seufzen, Stöhnen, Ächzen; **stenazein**, **stenachein** = seufzen, stöhnen, beseufzen, beklagen; **stenagmos** = Seufzen
lateinisch: **tapete** = Teppich; **temptare** =betasten, befühlen, berühren; **templum** = Tempel; **tempus** = Zeit, Zeitspanne; **temperare** = Maß halten, sich zurückhalten,

sich mäßigen; **antemna, antenna** = Segelstange; **taenia** = Band, Binde, Bandwurm; **tenon** = Sehne, Flachse; **tonos** = Spannen eines Seiles, Ton, Donner; **tenax** = festhaltend, haltend, zurückhaltend, karg, zäh, geizig; **tenuis** = dünn, fein, zart, spitz, schmächtig, mager; **tendere** = spannen, ausspannen; **tenus** = ausgespannte Schnur, Schnur mit Schlinge; **tenus** = sich erstreckend, bis an, bis nach; **tensa** = Götterwagen, Wagen; **tenere** = halten, haben; **tonare** = ertönen, erschallen, donnern; **tonitrus, tonitruus, tonitrum** = Donner; **temo** = Pflugbaum, Wagen; **proteum** = Zugseil, Zug, Fortgang; **fides** = Darmsaite, Saite, Saitenspiel, Saiteninstrument

---

germanisch: **tepid** = Teppich; **tempal, templ** = Tempel, Heiligtum; **temparon** = sich mäßigen; **thendan** = schwellen, spannen; **thengan, thenhan** = gedeihen; **thenhwo, thenhwon** = Donner; **thinstro** = Zugriemen; **thensan** = ziehen; **thanjan** = dehnen, spannen, spinnen; **thuno** = Sehne; **thenga(z), thinga(z), thenha(z)**, = Zeit, Rat, Versammlung, Ding; **tam, tamakon, tamjan, tamon** = zähmen, zahm; **tama** = zahm gezähmt; **tamo** = Zahmheit; **teman** = ziemen, sich fügen; **temi** = geziemend, passend; **temparon** = mäßigen; **thamba, thambjan** = geschwollen; **themb** = spannen

Die indogermansiche Grundbedeutung „ziehen, dehnen, spannen" erweiterte sich in den verschiedenen indogermanischen Sprachen auf die ausgedehnten und ausge-streckten Dinge wie das Band, die Schnur, der Riemen, die Sehne, die klingende Saite und daher auch das Saiteninstrument, die zum Teppich verwobenen Fäden, die Deichsel und davon ausgehend der ganze Wagen und auch der Pflug, die Segelstange und der Riese („Weit-Ausgestreckter").

Von der klingenden Saite ausgehend ergeben sich auch die Bedeutungen Klang, Ton, Stöhnen, Seufzen, Donner.

Analog zu der räumlichen Spanne, die durch das Ausdehnen erreicht wird, wurde auch die zeitliche Spanne gebildet: die Zeitspanne, die Zeit und die Rats-Versamm-lung zu einer bestimmten Zeit im Jahr.

Aus dieser Spanne ergab sich das „rechte Maß" und somit das sich-Zügeln, das die-Tiere-zügeln, die Zähmung und das Maßhalten.

Schließlich war noch der Tempel das im rechten Maß Ausgedehnte, in dem zu bestimmten Zeiten Versammlungen stattfanden.

3. germanische Völker
gotisch: **thund** = schwellen; **theian** = gedeihen, Fortschritte machen; **theiwo** = Donner; **thanjan** = strecken, dehnen; **tamjan** = zähmen; **tams** = zahm (englisch: tame); **temiba**, **tems** = geziemend, passen, angemessen
altfränkisch: **thian** = gedeihen, fortschreiten
althochdeutsch: **teppid**, **teppi**, **teppih**, **tepid** = Teppich; **tempal**, **templum** = Tempel; **temparon** = mischen, einteilen, regeln; **dihan** = gedeihen, zunehmen, wachsen; **dinsan** = ziehen, schleppen, herunterdrücken; **danson** = ziehen, zögern, dehnen
mittelhochdeutsch: **tepit**, **teppit**, **teppet**, **teppich** = Teppich; **tempel** = Tempel; **temperen** = sich mäßigen; **tempern** = schaffen, schöpfen, entstehen; **dihen** = gedeihen, erwachsen, geraten; **dinsen** = gewaltsam ziehen, reißen, schleppen
neuhochdeutsch: Teppich, Wandteppich, Tempel, stöhnen, tüchtig, gedeihen, zunehmen, ziehen, Sehne
mittelniederdeutsch: **tapped** = Teppich
altfriesisch: **thigia**, **tigia** = gedeihen; **thinsan** = ziehen, schleppen; **thing** = Ding, Gericht
altsächsisch: **tempal** = Tempel; **temperon** = begrenzen, mäßigen; **thihan** = gedeihen; **thing** = Ding, Sache, Gericht; **tam** = zahm (englisch: tame) gezähmt; **temperon** = begrenzen, mäßigen; **thempian** = dämpfen ersticken
angelsächsich: **täpped**, **teppid** = Teppich, Vorhang; **temprian** = mäßigen, bezwingen, heilen; **tonian** = donnern; **thindan** = schwellen, zürnen; **thennan**, **thenian** = dehnen, strecken, spannen; **thion**, **theon** = gedeihen, wachsen, blühen; **thingan** = blühen, gedeihen; **thytig** = stark; **thengel** = Fürst, Herrscher; **thister** = Zugriemen; **teme** = angespannt/angeschirrt (Pferde); **temprian** = mäßigen, bezwingen, heilen
altnordisch: **tapid** = Teppich, Decke; **tempra** = stillen, zügeln, mischen; **toni**, **tonn** = Ton; **thenja** = ausdehnen, spannen; **thing** = Versammlung; **tempra** = stillen zügeln mischen; **thambr** = dick, geschwollen, angeschwollen

In den germanischen Sprachen kommt nur noch eine wichtige neue Bedeutung hinzu: Durch das rechte Maß, durch die Rats-Versammlungen und wohl auch durch den Einfluß der Tempel entsteht das Gedeihen.

Als germanisch-lateinische Grundbedeutung für „tamf, temp" ergibt sich zu der Zeit des intensiveren germanisch-römischen Kontaktes ab ca. 100 v.Chr., als die Germanen auch das Alphabeth der Römer übernommen und zu den Runen umgeformt haben, die Bedeutung „rechtes Maß, rechte Zeit, Tempel".

Der Name „Tamfana" wird daher in etwa die Bedeutung „die zum rechten Maß gehörende" gehabt haben. Diese Qualität des rechten Maßes oder allgemeiner der Richtigkeit ist bei den Indogermanen oft der gut gestimmten Leier oder Harfe sowie dem richtig zusammengefügten Rad verglichen worden. In Indien hieß diese Qualität „rita", bei den Römern „rota" und bei den Kelten „fhirinne". Vermutlich ist diese Qualität einst von den Germanen „temp" oder „then" genannt worden.

Diese „Richtigkeit" ist der zentrale Begriff in allen magisch-mythologischen Weltbildern. Es beschreibt das richtige Verhalten und den richtigen Zustand in allen Dingen von der Aussaat und der Ernte über den Kult bis zur geraden, glatten Achse einer Töpferscheibe.

In Ägypten hieß diese Qualität und Göttin „Ma'at", bei den Sumerern hieß diese Qualität Me, bei den Tibetern Tashi, bei den Navaho-Indianern „Ho'zhong" usw.

Tamfana ist somit die „Göttin der Richtigkeit".

43. b) Annales

Diese Göttin ist vor allem aus einer Stelle in den „Annales" des Tacitus (100 n.Chr.) bekannt. Sie lautet:

„*Germanicus ließ eine Strecke von fünfzig Meilen mit Feuer und Schwert verwüsten. Kein Altar, kein Geschlecht fand Erbarmen. Profane und heilige Stätten, darunter auch bei jenen Stämmen* (der Marsen) *hochberühmte Tempel, den sie das Heiligtum der Tamfana nennen, wurde dem Erdboden gleichgemacht.* "

Der hier genannte Tempel wird ein Heiliger Hain und evtl. noch ein Holzbau für die Statue der Göttin gewesen sein. Der Tempel lag zwischen der Ruhr und der oberen Lippe.

43. c) Die Inschrift von Neapel

In Neapel in Süditalien fand man eine Steininschrift, die sich auf diese Göttin bezieht und die „TAMFANAE SACRUM" lautet, was „Heiligtum der Tamfana" bedeutet.

Es sind verschiedene Deutungen dieses Fundes denkbar:

     1. Tamfana war eine römische Göttin, die von den Germanen übernommen wurde (was sehr unwahrscheinlich ist).

     2. Es gab zwei unabhängige Göttinnen mit demselben Namen (was auch nicht besonders wahrscheinlich ist).

     3. Tamfana war eine germanische Göttin, die von den Römern übernommen worden ist (was denkbar, aber nicht sehr wahrscheinlich ist).

     4. Tamfana war eine west-indogermanische Göttin oder der Beiname einer west-indogermanischen Göttin (das ist gut denkbar, aber die Ähnlichkeit der Namen ist erstaunlich).

Somit ist über Tamfana nur bekannt, daß sie von Römern und Germanen verehrt wurde und daß sie bei beiden Tempel besaß – und daß die germanischen Tamfana-Tempel von den Römern zerstört worden sind.

43. d) Zusammenfassung

Tamfana ist eine germanisch-römische Göttin, die in Tempeln verehrt wurde. Ihr Name bedeutet „Göttin der Richtigkeit".

43. e) Anrufung der Tamfana

Die folgende Verse sind keine traditionelle Anrufung, sondern eine Neudichtung.

Tamfana, Du kennst die rechten Maße des Tempels,
der Tore und Säulen und des geweihten Altars;
Du kennst die Zeiten des Kultes der weisen Asen,
Du kannst die Harfe stimmen, die Räder formen[104].

Du richtest die Rhythmen des Jahres, der Saat und der Ernte,
Die Richtigkeit ist das Leuchten Deines liebenden Herzens;
Ich bitte Dich, lasse mich mich selber erkennen,
damit mein Leben in seiner rechten Form erblüht.

---

104 Harfe, Rad: Die gut gestimmten Saiten der Harfe und das rund zusammengefügte Rad
    waren die indogermanischen Symbole für die Richtigkeit.

43. f)　Traumreise zu Tamfana

„Tamfana?“

„Ja?“

„Bist Du die Göttin der Richtigkeit?“

„Ja, ich bin eine Göttin wie Ma'at bei den Ägyptern.“

„Warum wurdest Du bei den Römern verehrt?“

... ...

Es kommt keine Antwort.

„Wann bist Du bei den Germanen verehrt worden?“

„Die Göttin der Richtigkeit ist schon früh in den Hintergrund getreten.“

„Schon vor 500 n.Chr.?“

„Ja.“

„Ist Tamfana am Niederrhein in der Zeit der Matronen verehrt worden und von da aus zu den Römern gelangt?“

... ...

Es kommt wieder keine Antwort. Komisch ...

„Möchtest Du mir noch etwas sagen oder zeigen?“

„Du kennst die Richtigkeit gut genug.“

„Ja, das ist für mich ein sehr wichtiger Begriff geworden. ... Danke, Tamfana.“

„Bitte.“

Ich kehre zurück.

„Ho!“

44. Die Göttin Var

44. a) Der Name „Var"

Der Göttinnenname „Var", „Vor" oder „Wara" bedeutet entweder „Bürgschaft", „Frühling" oder „geliebt". Der Charakter der Göttin spricht für die erste dieser drei Möglichkeiten.

44. b) Thulur

In den Namenslisten („Thulur") des Snorri Sturluson wird „Var" als eine der Asinnen aufgeführt.

Nun nenne ich
alle Asinnen-Namen:
Frigg und Freyja,
Fulla und Snotra,
Gerdr und Gefjun,
Gna, Lofn, Skadi,
Jörd und Idunn,
Ilmr, Bil, Njörun.

Hlin und Nanna,
Hnoss, Rindr und Sjöfn,
Sol und Saga,
Sigyn und Vör,
Var und Syn
sind die edlen Namen,
aber zum Schluß müssen noch
Thrudr und Ran genannt werden.

44. c) Gylfis Vision

In dieser Erzählung wird Wara eindeutig als Göttin der Eide und der Verträge beschrieben. Sie ist vermutlich ein Aspekt einer der beiden Großen Göttinnen – vermutlich der Frigg, da das Einhalten von Verträgen besser zu ihrem Charakter paßt als zu der zauberkundigen Liebesgöttin Freya.

Die neunte ist Wara; sie hört die Eide und Verträge, welche Männer und Frauen zusammen schließen, und straft diejenigen, welche sie brechen. Wara ist weise und erforscht alles, so daß ihr nichts verborgen bleibt; daher kommt die Redensart, daß man eines Dinges gewahr werde, wenn man es in Erfahrung bringt.

44. d) Thrym-Lied

Zu den Aufgaben einer Göttin der Verträge gehört auch Schließen einer Ehe, wie sich in diesem Lied zeigt. Wara könnte daher eine „Freundin" der Liebesgöttin Sjöfn sein …

Da sprach Thrym laut,
der Anführer der Riesen:
„Bringt den Hammer herein
um die Braut zu weihen,
legt Mjöllnir auf die Knie der Maid,
damit uns beide die Hand
der Var segnen möge!"

44. e) Runeninschrift von Bergen

In Bergen in Norwegen wurden bei einer Ausgrabung 500 Runeninschriften aus der Zeit um 1300 n.Chr. gefunden, die z.T. einfach Besitzangaben waren („dies gehört Arni"), Schuldscheine oder ähnliche Kurznotizen, aber teilweise auch ganze Briefe waren. Auf dem „Brief" eines Händlers an seinen Partner hat der Schreiber unter den Brief noch einen persönlichen Kommentar geschrieben, in dem er „Var" in einer Umschreibung für „Frau" benutzt hat:

Die weise Var des Drahtes macht, daß ich unruhig sitze.
Die Eir des Makrelen-Grundes raubt mir oft viel Schlaf.

„Var" ist die Göttin des Rechts und der Verträge und bedeutet hier wohl nur „Frau".

Der „Draht" ist wohl die Filigran-Arbeit auf manchen germanischen Schmuckstücken und bedeutet somit „Schmuck". Eine „weise Frau des Schmucks" ist eine „weise und schmucktragende Frau", d.h. eine „edle Frau".

„Eir" ist hier ebenfalls nur eine Umschreibung für „Frau". Der „Makrelen-Grund" ist der Meeresboden. diese Kenning ist unvollständig und müßte eigentlich „Var des Feuers des Makrelen-Grundes" lauten, da „Feuer des Meeres" eine Umschreibung für Gold ist (die goldene Sonne in der Wasserunterwelt)-

Vermutlich beziehen sich beide Zeilen auf die Frau des Händlers, die fern von ihm in seiner Heimat ist.

Es ist beachtlich, daß die Germanen selbst in solchen Randbemerkungen (die hier durchaus gefühlsmäßige Natur sind) solche Kenningar benutzten.

Diese Zeilen zeigen vor allem, daß „Var" ein geläufiger Name für die Germanen gewesen sein muß.

44. f)   Haustlöng

In diesem alten Lied erscheint „Var" in einer Kenning, in der sie schlicht „Göttin" bedeutet.

Der gnädige Herr der Erde
bat Farbautis Sohn,
geschwind den Wal der Bogensehnen-Var
unter den Gefährten zu verteilen.

Der *„Herr der Erde"* ist Odin.
„Farbautis Sohn" ist Loki.
Eine *„Bogensehnen-Var"* ist eine Göttin, die gut jagen kann. Damit könnte Skadi gemeint sein, da sie eine „Bogen-Asin" ist. Der *„Wal der Bogensehen-Var"* ist somit der erlegte Stier, den die Asen gerade gekocht hatten.

44. g)   Kenningar

In den kurzen Gelegenheitsdichtungen des Skalden Rögnvald-Jarl Koli Kolsson wird eine Walküre mit *„ Var des Odin"* umschrieben.

44. h) Zusammenfassung

Var („Bürgschaft") ist die Göttin der Eide und der Verträge einschließlich der Ehe. Sie sieht und erforscht alles und ist daher weise – und sie bestraft die Vertragsbrüchigen.

44. i) Anrufung der Var

Die folgende Verse sind keine traditionelle Anrufung, sondern eine Neudichtung.

Var, Du Asin der Wahrheit,
wache über uns're Eide,
wahre die Wurzeln der Verträge,
die wir geschlossen haben.

Var, Du weise Göttin,
wachsam siehst Du alles,
wehrst Verrat und Lügen ab
und verwehrst Verrätern Eintritt.

44. j) Traumreise zu Var

„Var?"
„Ja?"
„Ich möchte Dich gerne besser kennenlernen."
„Schau her."
Ich sehe wieder die Dunkelheit in der Grabkammer.
„Bist auch Du die Jenseitsgöttin?"
„Ja."
„Möchtest Du mir noch etwas sagen oder zeigen?"
„Es ist schon gut so."
„Danke, Var."
„Bitte."
Ich kehre zurück.

45. Die Göttin Vör

Diese Göttin ist recht unbekannt und findet sich nur an wenigen Textstellen.

45. a) Der Name „Vör"

Der Name dieser Asin ist vermutlich von dem altnordischen Adjektiv „vörr" für „vorsichtig/sorgsam sein" abgeleitet. Mit diesem Wort ist „vör" für „geschützter Landungsplatz mit Kaimauer o.ä. für ein Schiff" verwandt. Auch die Bezeichnung „vör" für „Kielwasser" sowie „vörr" für „Lippe" könnten im Sinne von „etwas schützend Vorgelagertes" hierhin gehören.

Die Gemeinsamkeit dieser Worte ist die umarmende Geste: die Kaimauern sind wie zwei Arme um das Hafenbecken, die Lippen umgeben den Mund, die beiden Ränder des Kielwassers sind wie zwei geöffnete Arme und zwei Arme können schließlich eine Sache schützend umgeben.

Eine zweite Gemeinsamkeit ist das räumliche „vor, davor" und das zeitliche „vor". In „vör" schwingt also auch die Bedeutung „Schutz, Vorsicht" mit.

Der Name „Vör" bedeutet demnach in etwa „die Göttin, die schützend umarmt".

„Vör" ist auch ein häufiger Bestandteil von Frauennamen, wobei er stets an zweiter Stelle steht und in etwa die allgemeine Bedeutung „Frau, Göttin" zu haben scheint. Der erste Namensbestandteil kennzeichnet diese Frau dann näher. „-vör" tritt jedoch so häufig auf, daß sich aus den Frauennamen die ursprüngliche Bedeutung von „Vör" nicht mehr rekonstruieren läßt.

45. b) Thulur

In den Namenslisten („Thulur") des Snorri Sturluson wird „Vör" unter den Asinnen aufgeführt.

Nun nenne ich
alle Asinnen-Namen:
Frigg und Freyja,
Fulla und Snotra,
Gerdr und Gefjun,
Gna, Lofn, Skadi,

Jörd und Idunn,
Ilmr, Bil, Njörun.

Hlin und Nanna,
Hnoss, Rindr und Sjöfn,
Sol und Saga,
Sigyn und Vör,
Var und Syn
sind die edlen Namen,
aber zum Schluß müssen noch
Thrudr und Ran genannt werden.

45. c) Gylfis Vision

Die zehnte ist „Vör": Sie ist weise und von forschendem Geist, sodaß niemand irgendetwas vor ihr verbergen kann. Es gibt daher die Redewendung daß eine Frau sich dessen bewußt ist, über das sie etwas weiß.

„Vör" scheint der Allwissenheits-Aspekt einer der beiden großen Göttinnen Frigg und Freya zu sein.

Die Erklärung der Namens der Asin Vör mit der germanischen Redewendung beruht auf der Ähnlichkeit zwischen den germanischen Worten für „bewußt, wissen" und dem Namen der Göttin.

45. d) Kenningar

Es finden sich auch einige Kenningar, den Namen „Vör" enthalten bzw. in denen „Vör" als Göttin erscheint.

Asin	*Vör*		anonyme Thulur	Dögra heiti
Frau	*Wein-Vör*	Wortwahl wegen des Stabreimes: „Vör vins"	Gamli Kanon	Harmsol
Frau	*Gold-Vör*		anonym	Mariuvisur 1

45. e) Jakob Grimm: Deutsche Mythologie

Die gothische sprache unterscheidet fein zwischen sunja (veritas) und sunjô (defensio, probatio veritatis), im althochdeutschen recht bedeutet sunna, sunnis excusatio und impedimentum. auch das altnordische recht hat dieses syn, genitiv synjar für excusatio, defensio, negatio, impedimentum, aber die edda stellt zugleich eine personificierte Syn auf, sie war den Heiden göttin der gerechtigkeit und wahrheit, sie schützte den angeklagten.

Mit ihr in gleicher reihe steht Vör, genitiv Varar, göttin der treue und des abgeschlossenen vertrags, eine dea foederis, wie auch die Römer Tutela heiligten. der ausdruck ›vigja saman Varar hendi‹, consecrare Tutelae manu stimmt zu den stellen über des Wunsches hände. so gut neben der abstraction wunsch ein lebendig erhöhter Wunsch, konnte auch neben althochdeutsch wara foedus eine göttin Wara statt finden, neben sunia eine Suniâ.

45. f) Zusammenfassung

„Vör" bedeutet „vorsichtig schützend umarmen" und ist vermutlich ein Aspekt der Frigg oder der Freya, der ihr Sehen und Wissen aller Dinge darstellt.

45. g) Anrufung der Vör

Die folgende Verse sind keine traditionelle Anrufung, sondern eine Neudichtung.

Vör, weise Göttin,
vorhersehende Asin,
hilf mir alles zu hüten:
Haus und Hof und Sippe!

Vör, weise Göttin,
vorsichtige Beschützerin,
leite allwissend mein Leben
und das all meiner Lieben!

45. h)   Traumreise zu Vör

„Vör?"

„Ja?"

„Bist Du dieselbe Göttin wie Var?"

„Nein."

„Wer bist Du?"

Ich sehe wieder die Dunkelheit der Grabkammer.

„Bist auch Du die Jenseitsgöttin?"

„Ja."

„Aber nicht dieselbe wie Var?"

„Nein."

„Wie unterschiedet ihr euch?"

„Var ist die Jenseits-Geliebte, ich bin das Jenseits."

„Var ist Hel als Göttin und Du bist Hel als Ort?"

„So in etwa."

„Warum heißt Du 'die Umarmende'?"

„Schützt die Grabkammer nicht den Toten wie der Bauch der Mutter das Ungeborene?"

„Hm, ja ... so ist das wohl, ja."

„Möchtest Du noch etwas sagen?"

„Nein, es ist schon alles von den anderen Göttinnen gesagt worden."

„Danke, Vör!"

„Bitte."

Ich kehre zurück.

„Ho!"

46.   Die Göttin Modgudr

46. a)   Der Name „Modgudr"

Dieser Name setzt sich aus den beiden altnordischen Substantiven „modr" für „Aufregung, Begeisterung, Ekstase, Wut, Leidenschaft" und „gud" für „Gott" zusammen.

„Modgudr" ist somit die „Ekstase-Göttin". Mit der Ekstase („modr"), nach der sie benannt worden ist, könnte ursprünglich die Jenseitsreise gemeint sein. Dieser Begriff ist auch der Ursprung des Namens des Schamanengottes Odin, in dessen Mythen die Jenseitsreise wie bei allen Schamanen das zentrale Element ist.

46. b)   Gylfis Vision

Sie ist lediglich aus „Gylfis Vision" bekannt:

Von Hermod aber ist zu sagen, daß er neun Nächte tiefe dunkle Täler ritt, so daß er nichts sah, bis er zum Giöllflusse kam und über die Giöllbrücke ritt, die mit glänzendem Gold belegt ist.

Modgud heißt die Jungfrau, welche die Brücke bewacht: die frug ihn nach Namen und Geschlecht und sagte, gestern seien fünf Haufen toter Männer über die Brücke geritten, „und nicht donnert sie jetzt minder unter Dir allein, und nicht hast Du die Farbe toter Männer: warum reitest Du den Helweg?"

Er antwortete: „Ich soll zu Hel reiten, Baldur zu suchen. Hast Du vielleicht Baldur auf dem Helweg gesehen?"

Da sagte sie: Baldur sei über die Giöllbrücke geritten; „aber nördlich geht der Weg hinab zu Hel."

Aus diesem Text läßt sich nicht erkennen, welche Art von Wesen Modgud ist – Göttin, Norne, Walküre, Riesin? Sie wird jedenfalls keine einfache Menschenfrau gewesen sein.

Eine weibliche Wächterin ist ausgesprochen ungewöhnlich in den germanischen Mythen. Am ähnlichsten sind ihr die ebenfalls kriegerischen Walküren, aber auch die Frau/Walküre/Göttin, die die Toten im Jenseits wie die Riesin/Göttin Gunnlöd den Odin mit einem Horn voll Met begrüßt.

46. c) Zusammenfassung

Die Wächterin auf der Brücke über den Jenseitsfluß Gjallar heißt „Modgud", d.h. „Ekstase-Göttin" – ein passender Name für eine Göttin, die mit der Jenseitsreise („Ekstase") nicht nur der Toten, sondern auch der Schamanen verbunden war.

46. d) Anrufung der Modgudr

Die folgende Verse sind keine traditionelle Anrufung, sondern eine Neudichtung.

Modgud, sei mir milde gesonnen,
wenn ich Myrkvid-Wege[105] gehe,
die Brücke über den Gjallar benutzte,
bei den Schatten[106] nach Weisheit suche.

Modgud, leuchte auf meine Pfade,
sende freundliche Mächte zu mir,
wenn ich im Verborgenen
wieder nach Heilung suche.

Walküre über den Jenseits-Wassern,
Wächterin des Tores von Niflheim
auf der Gold-belegten Brücke,
beschütze mich in der Dunkelheit.

Walküre an der Grenze zum Wanen-Heim,
wünsche mir gutes Gelingen hier unten,
und reiche mir auf meiner Reise
das goldene Horn mit dem Met der Heilung.

---

105 Myrkvid = „Düsterwald" = Jenseitswald, Jenseits; Jenseitswege = Weg in die Unterwelt
  bzw. in die eigenen Schattenseiten
106 Schatten = die Toten, das Verdrängte, das Gefürchtete

46. e)   Traumreise zu Modgudr

„Modgudr?"

„Ja?"

„Wer bist Du? Eine Walküre?"

„Ich bin die Sonnenmutter – die Walküre auf der Gjallar-Brücke ist dieselbe Göttin wie die Frau, die das Himmelstor für die Morgensonne öffnet."

„Oh ... ja ... das habe ich noch nicht bemerkt. Dann bist Du eine Form der Gerdr?"

„Man könnte es so sehen."

„Hm ... möchtest Du mir noch etwas sagen oder zeigen?"

„Der Sonnenaufgang ist die Geburt des Tyr. Daher ist das Himmelstor der Schoß der Göttin und die Gjallar-Brücke ihre Vagina."

„Hm ... ja ... das ist ja eigentlich ganz einfach – aber so habe ich die Gjallar-Brücke noch nie betrachtet ... obwohl sie mit Gold belegt ist. ... Gibt es noch etwas?"

„Das genügt, um zu verstehen, wer ich bin. Was ich für Dich bin oder für einen anderen bin – in der Situation, wo ihr zu mir kommt ... das werdet ihr dann sehen."

„Bist Du dann die Hebamme der Seele?"

„Ja. ... Und das ist Dein Beruf und Deine Berufung, nicht wahr?"

„Ja, das ist das, was ich am besten kann ... und weswegen Menschen zu mir kommen. ... Möchtest Du mir dazu etwas sagen, Modgud?"

„Ich werde Dir etwas sagen, wenn es dafür an der Zeit ist."

„Danke, Modgud!"

„Bitte."

Ich kehre zurück.

„Ho!"

47.　Die Göttin Vigglöd

47. a)　Der Name „Vigglöd"

Dieser Name ist eine Parallelbildung zu „Gunnlöd" und hat auch dieselbe Bedeutung, da sowohl „gunn" als auch „vigg" die Bedeutung „Kampf" haben. „Gunnlöd" und „Vigglöd" tragen beide Walküren-Namen, da „löd" die Bedeutung „laden, einladen, rufen" hat und diese beiden Namen daher „Kampf-Einladung" bedeuten.

Da die Germanen kaum zwischen Göttinnen, Riesinnen, Nornen und Walküren unterschieden, sondern sie eher als verschiedene Erscheinungen derselben Art von Wesen ansahen, stehen diese Walküren-Namen nicht im Widerspruch dazu, daß Gunnlöd und Vigglöd als Riesinnen bezeichnet werden.

47. b)　Thulur

Diese Riesin wird nur in den Nafna-Thulur („Namens-Listen") erwähnt.

Namen der Trollfrauen:

Nun zähle ich die Namen
der Trollfrauen auf:
Gridr und Gnissa,
Gryla, Bryja,
Glumra, Geitla,
Grima und Bakrauf,
Guma, Gestilja,
Grottintanna.

Gjölp, Hyrrokkin,
Hengikepta,
Gneip und Gnepja,
Geysa, Hala,
Hörn und Hruga,
Hardgreip, Forad,
Hrydja, Hvedra
und Hölgabrudr.

Hrimgerdr, Hära,
Herkja, Fala,
Imd, Jarnsaxa,
Ima, Fjölvör,
Mörn, Ividja,
Amgerdr, Simul,
Sivör, Skrikja,
Sveipinfalda.

Öflugbarda
und Jarnglumra,
Imgerdr, Ama
und Jarnvidja,
Margerdr, Atla,
Eisurfala,
Leikn, Munnharpa
und Myrkrida.

Leirvör, Ljota
und Lodinfingra,
Kraka, Vardrun
und Kjallandi,
Vigglöd, Thurbörd -
und zuletzt
die Namen Rygi
und Rifingöflu.

47. c)   Zusammenfassung

Der Name der Riesin „Vigglöd" ist eine Parallelbildung zu dem Namen der Riesin „Gunnlöd" – beide Namen bedeuten „Einladung zum Kampf". Diese beiden Riesinnen sind ihrem Namen nach eher Walküren als Riesinnen – beide sind jedoch dieselbe Art von Wesen, lediglich der Schwerpunkt ihres Charakters ist verschieden.

Vigglöd steht den Asinnen aufgrund ihrer Namensähnlichkeit mit Gunnlöd zumindestens sehr nahe.

48.   Die Göttin Hrist

Hrist wird lediglich in dem Frauen-Gedicht des Ormr Steinthor-Sohn als Asin aufgefaßt – ansonsten wurde sie als Walküre angesehen (siehe „Hrist" in Band 31).

Hrist ist wie die im vorigen Kapitel beschriebene Vigglöd nicht eindeutig einer „Kategorie" von Wesen zuzuordnen – aber selbst die Wanen-Göttin Freya erscheint manchmal auch als Walküre.

49. Die Göttinnen Ostara und Hrede

49. a) de temporum ratione

Diese beiden Göttinnen werden von dem Benediktinermönch Beda dem Ehrwürdigen um ca. 700 n.Chr. in seiner Schrift „de temporum ratione" genannt. Er führt die beiden Göttinnen Eastre und Hrede als den Ursprung der beiden sächsischen Monatsnamen für den April (Oster-Monat) und März an.

Da Bedas Schrift der einzige Hinweis auf diese beiden Göttinnen ist und sich zumindestens „Eastre" auch als „Osten" auffassen läßt und zum Frühjahrsanfang die Sonne genau im Osten aufgeht, ist es sehr fraglich, ob es diese beiden Göttinnen wirklich gegeben hat.

Der Name „Hrede" ist vermutlich von „hreda" für „Lärm, Kampf" abgeleitet worden. Sie wäre dann eine Walküre.

Beda der Ehrwürdige schreibt:

„*Der Eosturmonath* (Ostermonat = März), *heute als Passahmonat bezeichnet, war früher benannt nach einer ihrer Göttinnen, welche Eostre genannt wurde, zu deren Ehren Feste in diesem Monat gefeiert wurden. Jetzt benennen sie die Passahzeit mit ihrem Namen, womit die Freuden der neuen Feierlichkeit unter dem Namen der altehrwürdigen Göttinnenverehrung angerufen werden.*"

Jakob Grimm sagt dazu:

„*Die beiden göttinnen, welche Beda (de temporum ratione capitel 13) ganz kurz, ohne nähere schilderung, bloß zur erklärung der nach ihnen benannten monate anführt, sind Eástre und Hrede; von dieser hat merz, von jener april seinen sächsischen namen.*"

49. b) Zusammenfassung

Diese beiden Göttinnen Ostara und Hrede wurden möglicherweise lediglich von dem Mönch Beda zur Erklärung der beiden sächsischen Monatsnamen für den März und den April genannt.

Vermutlich hat er in Analogie zu der Benennung der Wochentagen nach Gottheiten auch aus den Monatsnamen auf die Namen von zwei Göttinnen geschlossen, die seiner Ansicht diesen Monatsnamen zugrundeliegen mußten. Sicher ist diese Deutung jedoch nicht.

Verzeichnis der Themen

(die Zahl ist die Nummer des Bandes, in dem sich das Thema findet)

297

Keiler 42	**Lachanfall** 64	Luchs 43	Miötwitnir 32
Kenningar 75	Lachen 55	Lutr 34	Mjoll 34
Kerbel 45	Lachs 44	Lyngheid 35	Modgudr 29
Kessel 57	Landgeister 36	**Magni** 19	Modgudr 31
Keule 66	Lauch 45	Malseron 34	Modi 19
Kiebitz 40	Laufey 26	Mana 35	Modrädnir 32
Kili 32	Laurin 7	Managarm 43	Modsognir 7
Kisi 34	Laus 40	Mannus 20	Mögthrasir 6
Kiste 57	Leber 63	Mardalla 27	Moin 32
Kjallandi 6	Leib 63	Marder 43	Mökkurkjalfi 6
Kjallandi 35	Leidi 34	Margerdr 35	Molda 35
Klaufi 34	Leifi 6	Margerthur 35	Mona 20
Klee 45	Leifnir 6	Mangold 45	Mond 48
Kleima 35	Leikn 35	Mantel 67	Mondul 32
Knochen 67	Leimrute 66	Mantel der Nanna 67	Moosfrau von
Knoten 64	Leiter 49	Marnar 29	Saalfeld 32
Kobolde 36	Leirvör 35	Märzviole 45	Moosleute von
Kol der Bucklige 39	Leopard 43	Maske => Helm	Arntschgereute 32
Kolfrosta 28	Lerche 40	Maus 44	Mörn 35
Kolga 35	Lidskialf 20	Meer 49	Möwe 40
Kopf 63	Liebestrank 70	Meer der Zeit 55	Mühle 66
Kormoran 40	Liebeszauber 64	Meer-Menschen 36	Mundilfari 6
Korn 45	Lif 39	Mehlbeere 45	Munin 40
Körperteile 65	Lifthrasir 39	Mehltau 45	Munnharpa 35
Köttr 34	Litr 6	Meili 9	Münze 67
Kraftgütel => Gürtel	Litr 32	Meise 40	Muspel 6
Krähe 40	Ljod 29	Menglöd 22	Muspelheim =>
Kraka 31	Ljota 35	Menja 28	Feuer 52
Kranich 40	Lodin 6	Menschenopfer 64	Myrkrida 35
Kräuter 45	Lodinfingra 35	Messer 66	Myrkvid 49
Kreppvör 35	Lodur 16	Midgard 52	**Nabbi** 32
Kriegerin 62	Lofar 7	Midgardschlange 41	Nacktheit 60
Kreuzblume 45	Lofn 29	Midi 6	Nadel 55
Kreuzkraut 45	Lofnheid 35	Midjungr 34	Nägel 55
Krönung 64	Logi 34	Midwitnir 6	Naglfar 49
Kröte 44	Loki 16	Mimir 6	Nain 32
Kuckuck 40	Loni 32	Mist 31	Nali 32
Kuril 6	Lopthoena 28	Mistel 45	Namensgebung 64
Kult 55	Lori 35	Mistkäfer 40	Nanna 21
Kundalini 64	Loricus 6	Mittelpfeiler =>	Nauma (Hel) 35
Kwasir 20	Löwe 43	Yggdrasil	Nar 32
Kyrmir 6	Löwenmäulchen 45	Mittsommer 54	Narfi 6

305